帝國政改

恭親王奕訢與自強運動

雪珥 著

諭在廷王大臣等同看朕奉兩宮
皇太后懿旨本月初五日據蔡壽祺奏恭
親王辦事徇情貪墨驕盈攬權多招物議種種情形
等弊嗣此連情何以能辦公事查辦雖無
實據是出有因究屬曖昧知事難以懸揣
恭親王從議政以來妄自尊大諸多狂敖
以仗爵高權重目無君上看朕沖齡諸多
挾致往往諳始離間不可細問每日召見
趾高氣揚言語之間許多取巧滿是胡談亂道嗣此情形
以後何以能辦國事若不即早宣示朕歸
政之時何以能用人行正嗣此種種重大
情形姑免深究方知朕寬大之恩恭親王
著毋庸在軍機處議政革去一切差使不
准干預公事方是朕保全之至意特諭

臺灣商務印書館

導讀

公孫策

改革比革命辛苦很多。

拿穿衣服為比喻，革命好比買一件新西裝，改革好比修改舊西裝，而且是穿在身上改。年輕讀者沒有「西裝必須訂作的」的經驗，但可以嘗試想像：身上這件西裝是不可以脫下來的，但已經不合身了，不改就捉襟見肘，再拖則脫線落袖，最終將衣不蔽體。可是，穿在身上改衣服，就難免被針扎到、被剪刀刺到，甚至左右不對稱。

然而，改革還是比革命來得容易，因為改革者的必要條件是擁有權力。但擁有權力不代表就能夠從心所欲，因為改革一定是跟既得利益對抗；而既得利益的力量之大，平常不感覺，等到打下去，出現反彈，才知道有多厲害。

歷史上的改革者各有甘苦：漢武帝劉徹的改革最成功，但他得「忍」到祖母去世才能發動。北魏孝文帝拓拔宏的漢化與土地改革，則逼出了六鎮叛變。以上二位本身都是「老大」，可以乾綱獨斷「成大功者不謀於眾」，他們的改革也都能克竟全功。

相較之下，「老二」的改革就辛苦多多：

戰國時商鞅變法，由於秦孝公全力支持，所以能全面推動。但商鞅得罪既得利益最多，下場也最慘——車裂於市。北宋王安石變法，宋神宗支持，可是遭到舊黨（太后支持）杯葛，最終全面失敗。明朝張居正改革，明神宗與太后都支持，因此終其一生都沒問題，但死後仍遭抄家。

本書主角大清恭親王奕訢跟前面幾位都不一樣：他「**處在大於二（老二），小於一（老大），但無**

限接近於一的地帶」。另外，他雖然一度擁有最大權力，可是大清帝國卻處於風雨飄搖之中，外有夷人，內有保守派，政府則上有太后，下有藩鎮，而藩鎮的坐大又是由於經過了一場長毛之亂（太平天國）。如此內外交迫、上下相煎的處境，才造就了這位「難以複製的大清王爺」。

恭親王的改革有多好，在戊戌變法失敗之後看得更清楚。作者雪珥先生一再提及恭親王對光緒說的：「小心廣東小人（指康梁）。」作者更形容戊戌變法是一種「休克療法」，事實上造成了大清這個體質虛弱的病人「休克致死」——武昌起義只是最後一根稻草。

也有論者以為，恭親王奕訢不但不是一位改革者，甚至是反改革份子。公平一點的說法是，恭親王不是主動要改革，可是在那個「京師的御林軍已經潰散，圓明園被洗劫，北京城也已失陷」的情況下，恭親王「肩負著大清帝國最為沉重的擔子」，「髒活累活總得有人做，恭親王並沒有選擇的機會」。

一個毫無心理準備的天潢貴冑，被動地接下了龐大帝國的爛攤子，卻能「宣導、推動並親自操盤大清改革，無論是深度、廣度、還是力度，乃至遭遇的阻力，都可謂前無古人、後少來者」。「同光中興」那一批今人耳熟能詳的名臣「曾國藩、左宗棠、李鴻章等，無一不是在他的保駕護航下，得以保全、發展」。恭親王和他的核心幕僚文祥、寶鋆，不但能賞識、授權，更能駕馭控制這些手握兵權的漢人疆臣，「其政治智慧和手腕不容小覷」。

能夠統馭這一批湘、淮軍頭，恭親王乃能斷掉洋人「不排除聯合地方將領」的念頭，而以總理衙門為唯一打交道的對象。這一點，在八國聯軍時，發生東南互保運動，中國從此成為孫中山口中的「次殖民地」，更可對照出恭親王的可貴（當時他已去世二年）。回頭看那一段歷史，中國沒有陷入跟印度一樣的命運，恭親王奕訢爭取到洋人的敬重，是非常重要的一個因素。作者並沒有用明顯的文字下如此結論，可是書中引用了大量的西方使節、學者，乃至卸任元首對恭親王的描述、印象，足以支持這個論點。

藩鎮配合、夷人敬重，恭親王才能從容應付以倭仁為首的保守派。他甚至發明了「西學源於中學」之說，並得到慈禧太后的支持，認同天文、算學「本為儒者所當知，不得目為求巧」。最後更用上了太極拳的精髓，先讓倭仁「來勁落空」，然後「借力使力」，任命倭仁也為總理各國事物衙門大臣，卒以倭仁墜馬（是意外或故意，仍有爭議）收場。

然而，恭親王再怎麼厲害、機敏、有手腕、得人助，他終究是「老二」，擋不住「老大」慈禧太后的一擊、再擊、三擊。

但本書作者雖然推崇恭親王，卻也對慈禧太后持公平之論。「不要說恭親王當初毫無心理準備，慈禧太后又何嘗有心理準備？這位懿貴妃葉赫那拉氏入宮時，是由大清門進入」（只有皇后過門才由國門大清門抬入），沒有任何儀式，也就是「二奶」。雖說「母以子貴」，可是比正宮慈安太后仍然矮了半截，政權抓在肅順、端華等顧命八大臣手中。她得先跟慈安太后結成「生命共同體」，然後聯合老六（恭親王）鬥垮肅順，之後，還要對付「老五（淳親王）、老六加老七（醇親王）——人家可是骨肉兄弟，凡事可以毫無忌諱的攤開來談。她則是嫂嫂，絕大多數事情只能用「猜」的。

簡單說，「由蘭兒到老佛爺」，慈禧太后的成長、進步，著實令人刮目相看。而她的進步過程，在本書中也可以看到，只不過，作者描述慈禧太后都是側影，讀者必須「別有用心」才讀得到。作者更不認為慈禧太后罷黜恭親王是權鬥，而是一種訓誡，「這種訓誡不是因為政見，而只是因為老二離老大的位置過於接近，老大需時時敲打老二，注意自己的身份和地位」。

本書另一個值得今人參考的重點，是第五章〈美國兄弟〉寫到當年的中美關係，包括喬治．華盛頓如何受到中國人（甚至超過美國人）的高度推崇，以及首任美國駐華公使蒲安臣，居然成為大清首位外國籍「欽差」（正一品頂戴花翎）。」

相對於當年的「己所不欲，勿施於人」（"We should not do to others what we would not that others should do to us." 蒲安臣語）關係，中、美兩國今天在世界上的地位角色以及競合關係，其實頗多啟發，也是作者苦心孤詣，卻未刻意強調的。

在導讀之外，個人有一點異於雪珥先生的見解。第三章〈風中蘆葦〉末尾提及：下崗在家十年，恭親王常去的地方是京西剎戒台寺，寺內有棵臥龍松，馳名京師，很少題詞留墨的恭親王卻為之題寫「臥龍松」三字，刻碑立於松下。逐漸習慣於憂讒畏譏的恭親王，如此不避嫌疑地自比為「臥龍」，究竟是何心意？愚見以為，諸葛亮受劉備託孤，大權在握，卻自始自終不曾取阿斗而代之，杜甫因此稱譽他「萬古雲霄一羽毛」。恭親王奕訢提寫「臥龍松」，應非悲憤失去權位，而是想藉此表態「絕無二心」吧？

代序
難以複製的大清王爺

一五〇年前的一八六〇年九月，英法聯軍的隆隆炮聲將大清王朝的咸豐皇帝趕到熱河「狩獵」，而咸豐則將京城的爛攤子丟給了自己的弟弟——時年二十七歲的恭親王奕訢。幾天後，攻入北京的侵略者悍然將號稱「萬園之園」的圓明園付之一炬。臨危授命的奕訢親歷了種種恥辱，與英法兩國簽訂了《北京條約》，以割地賠款的代價使內憂外患的帝國有了難得的平靜。

可能恭親王本人也沒有想到，在此後近半個世紀的時間裡，他將會在大清王朝扮演一個極為特殊的角色。在歷史浪潮的顛簸中，恭親王站到了舵手的崗位上，極力維持著大清帝國這艘破敗的巨輪緩慢前行，直至心力交瘁。

回顧起來，恭親王奕訢的一生確實具有濃厚的傳奇色彩。先是在與咸豐的儲君之爭中功虧一簣，被封為恭親王後不久便受到咸豐的猜忌和排擠。經過與外國交涉的歷練，勇於任事的奕訢開始奠定自己在政壇的地位。咸豐死後，他抓住機遇，同慈禧共同發動辛酉政變，控制了中樞機關，總攬清朝內政外交，成為權勢顯赫的鐵帽子王。作為清廷貴族中難得的有才識者，恭親王奕訢幾乎一手導演了隨後三十年間的王朝改革，可謂當之無愧的「總設計師」。從總理衙門到洋務運動，從近代海軍到近代教育，使本已痼疾纏身的王朝居然出現了頗具聲勢的「同光中興」，可謂厥功至偉。

遺憾的是，在錯綜複雜的權力鬥爭中，奕訢始終無法擺脫慈禧太后的陰影，不得不一次次在宦海沉浮中掙扎，最終抱憾辭世。但是歷史不會忘記奕訢，他的時代抱負和政治智慧至今仍值得後人思考。

十九世紀後半葉，西方列強的政治、經濟、軍事方面都處於急劇發展時期，中華帝國卻裹足不前。清朝軍隊雖然屢屢在西方列強的堅船利炮面前蒙羞，但多數士大夫仍然頑固地沉浸在天朝大國的舊夢中，無事則空談氣節，有事則顢頇畏縮。即使貴為一人之下、萬人之上的恭親王，也是在極為艱難地實施滿腔抱負。事實證明，在其一生的改革努力中，奕訢幾乎無時無刻不受到保守勢力的牽掣。他首先必須在權力鬥爭的夾縫中謀生存，然後才能小心翼翼地為王朝謀發展，其代價便是個人命運的幾番沉浮以及朝野輿論的毀譽參半。正如本書作者曾經感慨的：「儘管恭親王早已獲得了『鬼子六』的雅號，被人們貼上了自由派的標籤，但是，除了蔡壽祺之類投機鑽營的舉報者外，從來沒有任何一個持不同政見者對他的人品及政治品格有過懷疑。這種穩健的政治手法，使恭親王在關鍵時刻，既能推動改革不斷前進，也能掩護激進的改革者從反對的聲浪中逃生。」

歲月如煙，那位曾經書寫了一段傳奇的恭親王已湮沒在歷史的塵埃中，不過他的府第倒是在歷經滄海之後得以保存。如今，在風景秀麗的北京什剎海西南角，有一條靜謐悠長、綠柳蔭蔭的街巷，當年門前車水馬龍的恭王府就坐落在這裡。作為現存清代王府中保存最完整的建築，恭王府已成為中外聞名的旅遊景點。具有諷刺意味的是，雖然近些年來這裡的遊人如織，但絕大多數看客都是為著恭王府曾經的主人——著名權臣和珅而來的。現代的人們往往會對虛構的電視劇趨之若鶩，卻對真實的歷史漠然置之，這恐怕要算恭親王奕訢的又一重悲哀了吧。

著名學者侯仁之先生曾說「一座恭王府，半部清代史」，在浮躁喧囂的今天，又有多少人能真正體味這其中的含義呢?從這個意義上講，作為現今恭王府的管理者，我由衷欽佩雪珥先生非凡的歷史見地。雖然雪珥自稱為非職業歷史拾荒者，但他多年來始終以獨特的視角致力於中國近代改革史的研究，成果斐然，其已出版的《大東亞的沉沒》《絕版甲午》及《國運一九〇九》等作品均引起了熱烈反響即是明證。在雪珥看來，恭王府曾經的主人——恭親王奕訢堪稱是中國近代改革的源頭。正是基於這種認識，他本人曾多次前來恭王府實地搜尋資料，憑弔歷史，最終寫成本書，為我們展現了一代親王在那個雲詭波譎的年代中的颯爽英姿和痛苦無奈……

毫無疑問，恭親王的傳奇堪稱中國近代史上的絕版，但我希望像雪珥先生這樣的傑出研究永遠不會絕版。

二〇一〇年八月於恭王府

恭王府管理中心主任　孫旭光

光緒皇帝乘坐著奧地利贈送的雪橇，8 名踩著冰刀的太監如同北極犬一般，帶著他在冰面上滑行

自序　欄杆猛拍春夢驚

1

七月的鵝毛大雪，飛飛揚揚地飄落在澳大利亞的阿爾卑斯山上。套在厚厚的雪橇鞋裡，我感覺到前所未有的行路難。只有踏上雪橇板，才能從滑行的輕快中體會到減少摩擦所帶來的快感。

這種快感，應該是大家都喜歡的，至少光緒皇帝也喜歡。

這張發表於英國《圖片報》（The Graphic）的版畫，描繪的是光緒皇帝在北海冰凍的湖面上，乘坐著奧地利贈送的雪橇。拉雪橇的，是極具大清特色的「馴鹿」——八名太監，他們熟練地踩著同樣是舶來品的冰刀鞋，帶著帝國的最高元首，在冰面上滑行。

夜晚，守著熊熊燃燒的壁爐，孩子們熟睡的呼吸在屋子裡輕輕迴蕩。看著手中發黃的老報紙，一八九五年一月十九日的出版日期清晰地標注在報頭邊上。百年的歷史，與窗外那銀裝素裹的無盡山河相比，無非是彈指一揮間。一個帝國，就如同雪橇急速而過留下的雪痕，隨即被時光的嚴寒封上，鏡面似的光亮得幾乎不留痕跡，讓人感慨歲月無情。

雪峰上的天空無比澄澈，南十字星閃爍，北斗星已無處可尋。即便斗轉星移，卻總是有顆星在指引著暗夜的方向，令你無法質疑造物主的神奇。

2

半年前，我也是在漫天的風雪中，第一次走進了後海邊的恭王府。

遊人如織，都是來參觀「和珅他家」的。中國人實在太渴望成功了，對於成功的路徑並不在意，走正途也好，撈偏門也罷，只要能成功，哪怕如同流星般地劃過長空，也能成為萬人仰慕的榜樣。

在一道道流星的燦爛光芒下，那些恆星倒是顯得晦暗、無趣。

恭親王就是這樣的一顆恆星。

作為中國近代改革開放的第一個畫圈者，他不僅將那個被後世描繪為「腐朽、沒落、反動」的大清王朝延長了半個多世紀的生命，並且在歷經千年的自大後，第一次將中央帝國請下了神龕，主動平視——而非俯視，亦非被人打翻在地後被迫仰視——整個世界。

作為一個被革命者痛斥為「韃虜」的少數民族政權，清帝國以自己近三百年的歷史，打破了「胡人無百年運」的宿命咒語，也在中國歷史上留下了一個巨大的問號，拷問著無數後人：走了那麼久，我們究竟離起點有多遠？離終點又有多遠呢？無數的大王旗換了又換，無數的海誓山盟說了又說，彷彿戲臺上的斑斕戲袍和假聲念白，曲終人散，如果失去了戲臺，我們還能找到自己真正的角色嗎？

這是一個吊詭的現象：在主流話語體系對清王朝的普遍貶低和詛咒中，清王朝留下來的各種遺產，尤其是前三十年經濟改革（洋務運動）和後十年政治改革（清末新政）的經驗教訓，卻成為後世自覺與不自覺的效仿對象。歷史的傳承，其實並不是人力所能切斷的。

3

作為大國的「總理」、血統最為高貴的皇族、同時代人中難得的清醒者，恭親王實在是太低調了，他的光芒被掩蓋在太后那巨大的寶座陰影下和那些充滿八股陳詞的公文之中。

後人刻薄地說他「一生為奴」，卻不知這並非個性的選擇，而是中國特色的權力運作的定位結果。作為接近最高權力的「老二」，如果不甘寂寞，就只有兩種結局：成為老大，或者成為零，all or nothing。這種勝者通吃的零和遊戲，注定了中國的舞臺上只能上演獨腳戲，梁啟超稱之為「一人為剛萬夫柔」。於是，恭親王便只能「柔」，在政治精神層面上自我閹割，以便在權力這一強效的春藥面前令人放心。

恭親王故後，這座豪宅很少有人關注，除了後世那位贏得萬千民心的周恩來。不知未來的史家們，該如何解讀日理萬機的周恩來，何以會無數次地、低調地來到這裡，並將儘早開放恭王府作為其政治遺囑之一？

4

恭親王給後人留下了一個懸念。

他曾經寫過一首七律，懷念他曾經的助手寶鋆：

只將茶荈代雲觥，竹塢無塵水檻清。
金紫滿身皆外物，文章千古亦虛名。
因逢淑景開佳宴，自趁新年賀太平。
猛拍欄杆思往事，一場春夢不分明。

這本是一杯盛滿了牢騷的女兒紅，卻在「猛拍欄杆思往事」一句中，露出了燒刀子般的崢嶸烈度。「拍欄杆」這種方式，最早是一位名叫劉孟節的宋人記錄的，劉詩人常感懷才不遇，寫下了「讀書誤我四十年，幾回醉把欄杆拍」。到了辛棄疾那裡，就不僅「欄杆拍遍」，還要「把吳鈎看了」，一手拿著刀劍，一手猛拍欄杆，這就不只是抑鬱，而且十分憤懣了。恭親王為何而抑鬱呢？又為何而憤懣呢？更為吊詭的是，他後來又把「猛拍欄杆思往事」一句刪除，改成了「吟寄短篇追往事」，拿刀子改成了拿筆桿子，拍欄杆改成了寫作文，硬生生地將一盤重辣重痲的川菜，改成了溫潤甜膩的蘇點。

或許，逝者如斯，恭親王想不豁達都難，牢騷太盛防腸斷呀……

5

《絕版恭親王》這個系列在報紙上連載時，一些讀者悄然而熱烈地回饋：這是一本中國官場的教科書。

我不禁愕然。

在我想來，這本該是中國改革史的另類紀錄和解讀。我曾經認真地回頭檢查，看看究竟是什麼原因導致了我有心所栽的花成了無意所插的柳，卻隨即釋然。原來，中國式的花、柳竟是如此難分難解，權謀幾乎無時無刻不是生活中的主旋律。無怪乎我的上本改革史小書《國運一九〇九》，被一些朋友當作了「官場導讀」，相互推薦，居然多次登上排行榜。

這種特殊的市場「被定位」，導致我的讀者大多是沉默的一群。他們在看，他們也在思考，但他們不說。不說，不是因為不會說，而是因為不便說，也不想說。我曾經的師長、紅牆內的一位顯宦，據說看了我的專欄徹夜難眠，長歎一聲後道：不當家不知柴米貴，難啊！

我似乎恍然大悟：他們並非喜歡我的文字，而是與文中的主人公產生了共鳴。體制內的改革者，一面要和光同塵，一面要負重前進，艱難而孤獨。掌聲難得，噓聲易起，本想「左右逢源」，卻往往是「左右為難」，上下不討好，裡外不是人。這種「勢禁形格」下的痛楚，但凡是想有所作為的當家人，都能感同身受。

如果這本小書果能令「當家人」們產生小小共鳴，就算被人稱作「官場教科書」，又如何呢？

6

現今恭王府的管理者們，的確很讓我大吃了一驚。

最初我是純粹從一個遊客和商人的角度，驚歎於這麼一家文化部直屬的文保機構，居然能把一個沒落了百年的王府，經營得有聲有色，再度驗證了體制中本就有不少能人，只是如何發揮而已。

而當我有幸參觀了他們的資料庫，並向他們的研究人員討教切磋後，那種只在象牙塔內瀰漫的書卷氣，十分令我陶醉。作為中國王府文化的研究中心，他們在這個喧囂的年代裡，依然默默地守著古卷青燈，保存和琢磨著民族記憶中最可寶貴的一部分。

我必須向他們表達我的謝意，並在澳洲的星空下為他們禱告祈福：

——孫旭光博士，如今恭王府的「總管」，一位年輕的學者型官員，他的史學修為、開明態度及經營能力，令我折服；

——劉霞大姐，恭王府管理中心副主任，她的熱情及對恭王府一草一木的極度熟悉，幫助我在最短時間內領略了恭王府的底蘊；

——陳光大姐，恭王府的學術領頭人，一位從事過很多年艱苦的野外考古的專家，踏實、勤勉、低調、博學，令我受益良多……

7

又開始下雪了，真正的六月雪，萬里外的故國想必早已一片火熱。

明天不知道是否還能登頂，去拍拍那被冰雪包裹著的欄杆？

二〇一〇年七月六日記於澳洲阿爾卑斯山

目錄

第一章　叔嫂共和

「老二」的身份是尷尬的，不能不做事，卻不能做太多的事，尤其是不能做太大的事。投身於具體而細微的政務瑣事，成為一個「事務主義」者，或許也不僅是其個性使然，而在於更能給老大傳遞一個信號……

風嘯天安門

天很冷了，北京城卻很熱鬧。

安定門上，大英帝國的米字旗烈烈飄揚。從安定門到天安門東側的禮部大院，長達三英里的街道兩側，身著紅色制服、頭頂白色頭盔的英軍士兵，沿街排開，足有三千多人。

軍樂聲中，在兩個軍樂隊的前導下，英軍隊伍分成數個方陣，浩浩蕩蕩地進入安定門。首先是一百名炮兵組成的方陣，隨即是幾個步兵方陣、一百名軍官代表方陣，在這些方陣後面，是英軍司令部參謀們的隊伍。英軍司令格蘭特准將（James Hope Grant）則在其衛隊和助理們的簇擁下，騎著高頭大馬。

他身後三十碼，是一乘大轎，裝飾著朱紅色，十六名中國轎夫身著嶄新的號衣，抬得四平八穩。轎子中，正是英國全權使節、在華的最高長官額爾金勳爵（Earl of Elgin），穿著鮮豔的禮服，正襟危坐。他的坐騎也滿身披掛，跟隨在轎子後面。幾個步兵方陣在他的後方，邁著整齊的步伐行進。

這可是北京城從未出現過的西洋景，北京市民們幾乎傾巢而出，擁擠在街道兩旁，希望能一瞥轎子裡那位「偉大的鬼子」（Great Barbarian，《紐約時報》用語）。記者們的現場報

1860 年 10 月 24 日清晨，英國《倫敦新聞畫報》記者沃格曼從安定門城上用畫筆記錄的英軍進城的情景

導和當事人的日後回憶錄，都清晰地記載道：儘管街道破舊，人群擁擠，但圍觀的中國人幾乎鴉雀無聲。在刺刀和強權底下，散漫慣了的大清人民，終於表現出了很好的文明素質。

這是一八六〇年十月二十四日，一個寒冷的深秋時日。在經歷了多年斷斷續續的戰爭後，中英兩國將在天安門旁簽署和平條約。

額爾金勳爵乘坐 16 人抬的中國大轎，以他自以為的中國特色的方式試圖建立英國在中國首都的威望

愛熱鬧而又「好客」的北京市民紛紛圍觀英軍入城典禮，大看西洋景

英軍發布的安民告示前，圍了好多北京市民（英國《倫敦新聞畫報》記者沃格曼繪製）

城內之盟

對於大清國來說，這是一次城下之盟——不，是城內之盟，北京實際上已經在英法聯軍的佔領之下：十一天前，英法聯軍從安定門入城時，沿街站崗的清軍士兵向這些「洋鬼子」們行跪迎大禮，北京市民則「觀者如堵」，這座千年古都再度習慣性地展現了對戰勝者的順從，一如二百年前跪迎清朝的辮子兵入城一般。半個世紀前，莫斯科為對抗拿破崙大軍而實行的焦土抗戰，在北京人看來，或許實在是太愚蠢了。

佔領軍確定了禮部衙門作為簽約會場，莫非是要給「不知禮」的「韃靼人」上一堂生動的國際禮儀課？

禮部門前的廣場及四周的街道，同樣擠滿了來看熱鬧的北京市民。中英兩軍士兵在兩側站崗警戒。英軍的遊行隊伍足足行進了一個小時才到達禮部，已是下午三點，大大晚於兩國確定好的午時，這對於守時的英國紳士而言，是不可思議的怠慢。

額爾金的大轎直接抬進了禮部大門，穿過前院落轎，口令聲起，兩國衛兵向他行軍禮，英軍軍樂隊高奏國歌《上帝保佑女王》。大清國代表團團長、咸豐皇帝的弟弟、恭親王奕訢在此恭候多時，迎上前去，拱手致意。英軍司令格蘭特准將回憶道：對於恭親王的致意，額爾金答以「驕傲而輕蔑的一瞥」

英軍在第二次鴉片戰爭後所頒發的軍功章

（a proud contemptuous look），只是略略一躬身作為還禮，「這一定令可憐的恭親王怒火中燒」。

《紐約時報》的記者則觀察到，恭親王的行禮顯得十分猶豫和焦慮，而額爾金勳爵更是十分冷淡。法國人記載說，當恭親王上前致意時，額爾金居然佯裝沒有看見，甚至連頭也沒有回一下。額爾金勳爵要求恭親王走在他的前面，「恭親王只得這樣做了，不過臉上卻帶著一種厭惡的情緒」。

恭親王此時年方二十七週歲（不少文獻為二十八歲，當為虛歲），卻肩負著大清帝國最為沉重的擔子之一。一個月前，在聯軍的隆隆炮聲中，咸豐皇帝倉皇出逃，才匆匆起用了這位被自己足足排擠了五年的兄弟。再就業後的恭親王，成了風箱裡的老鼠，一邊是聯軍的刺刀威脅，另一邊則是死要面子強撐的流亡皇帝，經過艱難的折衝與折騰，雙方終於達成了協定。

在這樣不得不「賣國」的「城內之盟」上簽字，當然是件吃力不討好的差事，但髒活累活總得有人做，恭親王並沒有選擇的機會。為了顯示自己的誠意，恭親王本已帶了四百名精兵組成的衛隊出席簽約儀式，但他還是將衛隊留在了正陽門（前門）外，只帶著二十名親隨進入內城。結果，沒想到英國人卻遲到了，令他們在這裡苦候多時。

禮部大堂中間，放了三張桌子，中間一張擺著待簽字的條約文本，兩側分別是給兩國全權使節簽字所用。觀禮的一百名英軍軍官站在左側，這些軍官都是挑選出來的「好幹部」，儘管英法聯軍在京郊大肆劫掠，但在北京城內卻執行了嚴格的軍紀，除了佔領安定門外，英軍官兵除非特批，一律不得擅自進入北京城，因此，能見證並參與簽約儀式，是莫大的榮耀。另一側，則是觀禮的中國官員。

額爾金勳爵入內後，直奔左側簽約桌坐下，然後示意恭親王坐在右邊。英國人留下的所有記載都承認，這是因為中國習俗「左」大於「右」，細節決定成敗，英國在這上面也要壓中國一頭。而根據法國人的記載，雙方在誰先入座的問題上又發生了爭執，經過「相當長時間的談判，結果決定親王和大使同時入座」。總之，對於雙方而言，氣氛似乎都十分尷尬，《紐約時報》的一篇報導，題目乾脆就是《侮辱恭親王》（Humiliation of Prince Kung）。

典禮在恭親王的開場白中開始，額爾金的顧問、日後著名的漢學家威妥瑪（Thomas Francis Wade，「威妥瑪拼音」的發明者）擔任翻譯。

照相機驚魂

簽約儀式按部就班地開始了，在場的英軍攝影師費理斯・畢陀（Felice Beato）卻差點引起了一場大風波。

英軍司令格蘭特准將回憶道：「在簽約儀式中，那位不知疲倦的攝影師畢陀，急於為條約簽訂拍攝一張好照片，就把他的照相設備搬了進來，把它放在大門正中，用巨大的鏡頭對準了憂鬱的恭親王的胸口。這位皇弟驚恐地抬起頭來，面如死灰，朝額爾金勳爵看看，又向我看看，他似乎擔心對面的這門樣式怪異的大炮會隨時把他的頭給轟掉——那架相機的模樣確實有點像一門上了膛的迫擊炮，準備將其炮彈射入他可憐的身體。人們急忙向他解釋這並沒有什麼惡意，當他明白這是在給他拍肖像照時，臉上驚恐的表情頓時轉陰為晴。」

而根據法國人的記載，在攝影的時候，額爾金勳爵一點也不考慮到中國親王的在場，竟下令全體肅立不動。他的話突然一出口，「把那些不懂其意的中國人都嚇得半死，在英國攝影師的機頭轉動下他們連動都不敢動一下」。

由於當時室內的光線不好，這次攝影並不成功。直到一週後，在恭親王與額爾金的再次會晤中，畢陀才拍出了那幅後來聞名世界的恭親王肖像照。

簽約並互換文本後，恭親王和額爾金相繼致辭。雙方共同表示，這一條約將有力地推動中英兩國政府和人民之間的相互理解和永久友誼。額爾金隨即告辭，恭親王起身相送，送了幾步後停住，額爾金便也停下來。這時，恭親王身邊一位主要官員，急忙上前耳語幾句，恭親王猶豫了片刻，還是將額爾金送到了臺階邊。

法國人搶協議

法國人對中英簽約儀式的記載，與英國人的記載區別很大，將英國人在儀式上的傲慢無禮作為嘲諷的重點，儼然自己是大清國的哥們。「中國人總是按照他們的方式來理解優先權和禮儀，而且在這方面很小心，也很敏感，（英國人）這樣做當然嚴重傷害了恭親王的自尊心……（額爾金）對中國親王表現得傲慢、嚴厲和過分地放肆，弄得這位中國親王異常激動不安，並在好幾個場合中都流露出來」。他們認為，額爾金勳爵之所以對待恭親王如此粗暴，是要傳遞一種深刻的政治資訊，要令中國感到「此時所簽訂的不是一個和平條約，而是一個征服條約」。

《中法北京條約》在次日簽訂，法國人似乎的確比英國人客氣多了。法國特使葛羅男爵（Jean-Baptiste Louis Gros）似乎遠比額爾金勳爵要有紳士風度。恭親王事後向咸豐皇帝報告說：「法夷較英夷更為恭順。」英法之間雖然在中國問題上結為盟軍，但算盤卻打得不一樣：法國只想撈一把就走，而英國卻想著要在中國生根開花結果，在葛羅向巴黎的密報中，他堅信額爾金已經得到倫敦的密令，要借此「消滅現今統治的皇朝，可能還要去援助南京叛亂分子（指太平天國），我不願意，也不能夠走到這樣的地

英軍在北京組織的臨時警察

步」。

在中法簽約過程中，也有些插曲。法軍司令孟托邦將軍（Cousin Montauban），因在北京郊區八里橋打敗僧格林沁軍隊而被法皇封為「八里橋伯爵」（comte de Palikao），他在回憶錄中寫道：「（在禮部）當我們坐下來的時候，就按照中國人的習慣上茶，然而我對我的主人們的陰險狡詐一直是這樣的不信任，所以就仔細觀察，看看給我們喝的茶是不是和恭親王的一樣，來自同一茶壺。只有在看見親王首先飲茶後，我才開始喝起茶來。」

而到了互換批准書的時候，法國的外交官和中國官員都有那麼幾秒鐘的猶豫，「因為大家都想晚一些把自己手頭的條約文本交給對方」，結果還是法國的第一秘書佔了上風，走向前去，一把抓住中國官員的條約文本搶了過來，然後才把法國的批准文書遞過去。

與英法簽訂條約，這是年輕的恭親王第一次在外交舞臺上正式亮相，卻受到了英國人慢待。吊詭的是，在大清國的官方記載中，卻很難找到恭親王簽約受辱的細節。相反，在發給咸豐皇帝的報告中，恭親王說道：當額爾金看到自己只帶了二十名護衛時，「誠詐自分」，「桀驁情狀為之頓減」，似乎是自己的坦誠與磊落減少了對方的戾氣。但恭親王話鋒一轉，認為這些洋鬼子的性格就如同犬羊，「時吠時馴，何足為喜怒」。設身處地地想，一個高貴的天潢貴胄，在佔領軍的刺刀下奉旨「賣國」，受到侮辱，必然是深受刺激。這種窩囊氣，他是不可能形諸文字，而只能深埋心中。

無論中英還是中法簽約，在儀式的最後，城門上都會鳴放二十一響禮炮。這樣轟鳴在天安門上空的禮炮，聲聲刺激著恭親王的耳膜，但是，遠在熱河的領導核心，是否也能真切地聽到這命運的砸門聲呢？

（本文所有細節，均來自當事人的回憶錄）

叔嫂共和　一國兩制

這是一個「非誠勿擾」式的故事，與一般愛情故事不同的是，這兩個人的恩怨情仇牽涉到了天下社稷、人間蒼生乃至世界變局的宏大命題。小夥子的名字叫做愛新覺羅・奕訢，人稱恭親王；姑娘的名字叫做葉赫那拉・蘭兒，人稱慈禧太后。

有關恭親王與慈禧太后的故事，至今仍然被如此演繹著。中國人很多時候都願意用這樣家長里短的平民心態和八卦視角，來觀察那些曾經不可望更不可及的偉大人物，以便在艱難的塵世中自我寬慰：彼此彼此，無非如此。

民間對恭親王與慈禧有許多八卦演繹（本圖為筆者用電腦 PS 而成，博讀者諸君一笑！）

八九點鐘的太陽

有關恭親王與慈禧太后的任何八卦，自然於史無證，甚至連那傳誦得更為廣泛的慈禧太后與榮祿的地下戀情，也只是康有為和梁啟超流亡海外後，為了鼓動華僑們捐出自己的血汗錢而炮製出來的唐人街街頭肥皂劇，被英國的無良記者和文人加工後（即所謂的《慈禧外紀》），成了海內外推崇半個多世紀的「信史」。

即使是入關時豪放不羈的滿人，在執政者的位置上坐了二百多年後，於禮教這一基本原則，甚至比

「雙面」慈禧。左圖為美國女畫家凱瑟琳・卡爾（Catherine Karl）入宮數月所畫的慈禧，在她的描繪中，慈禧是一個慈祥、睿智、果敢的偉大女性。而慈禧的政敵們則將她描繪成一個凶殘的老太婆（右圖），更多地顯露她冷峻的一面。多面化，本是常人的常態，慈禧也不能例外

漢人還能嚴防死守。當一八六一年咸豐皇帝在熱河與世長辭時，慈禧太后還只是個二十六歲的「二奶」，作為「大婆」的慈安太后，比她更小，年僅二十四歲，正是流年不利的本命年。留在北京的恭親王，剛剛處理完了與英法聯軍的艱難談判，英法不僅撤軍，而且轉過身來協助大清中央鎮壓太平天國。恭親王成了國際舞臺矚目的政治新星，此時，他也只是個二十八歲的青年幹部。恭親王趕往熱河奔喪，想向兩位寡嫂見面請安，起初遭到「八人幫」拒絕，理由就是叔嫂私晤，不合禮法。十四年後（一八七五年），同治皇帝過世，他的皇后隨即自盡，儘管對其死因有很多猜想，但毫無疑問的是，她立即被中央宣揚為道德模範，樹立了有史以來級別最高的貞節牌坊。

恭親王與兩位寡嫂之間的共同之處，關鍵就是兩點：一、深感以肅順為首的顧命大臣「八人幫」，日益跋扈，貴為太后和親王，卻毫無尊嚴與權威；二、他們都是早上八九點鐘的太陽，深信世界歸根到底是屬於自己的，如果不能犯難一搏，今後的漫長人生都將在「八人幫」的陰影下度過。

在打倒「八人幫」的辛酉政變（也稱祺祥政變）中，除了主流觀點強調的各種利益團體的博弈和鬥爭外，作為政變發動方的兩宮太后和恭親王，他們那飛揚的青春，無疑是難以忽視的因素。正是這種朝氣，形成了他們冒險一搏的勇氣，也奠定了之後三十年改革開放（洋務運動）的基調。值得注意的是，作為這次政變的尖刀，對四十五歲的肅順和五十四歲的端華實行外科手術般「精確打擊」的，正是時年二十一歲的醇親王奕譞（光緒之父、宣統之祖父）。或許，這不只是兩個利益團體的搏殺，也是兩個時代的格鬥。

野史記載，肅順在臨刑前，引唐代杜牧的詩句作為絕筆：「東風不與周郎便，銅雀深宮鎖二喬」（七絕《赤壁》），此事果然為真，則「周郎」「銅雀台」「二喬」的矛頭所指，很值得玩味。而高陽在他那著名的小說《慈禧全傳》中，更是繪聲繪色地記載道，肅順在死前跳腳大罵：「恭六，蘭兒！你們叔嫂狼狽為奸，幹的好事！你們要遭天譴！」凡此種種，皆給熱衷陰謀論、酷愛八卦的看客們，留下了極大的想像空間。

一國兩制

年輕的叔嫂聯手奪得了政權，但在制度設計上卻犯了難。

合法掌握著最高權力的，是年僅六歲的同治皇帝，他需要輔政者乃至攝政者。而合法掌握輔政權乃至攝政權的「八人幫」卻已經被打倒，掃進了歷史的垃圾堆。面對這種局面，叔嫂創造性地進行了一場涉及根本的政治體制改革——「一國兩制」，即太后的「垂簾聽政」制度與恭親王的「親王輔政」制度同時並存。

這兩種制度，雖然史有先例，但都是權宜之策，並不符合大清「祖制」，更不符合中國傳統的防止君權旁落的基本準則。自古以來，後宮、外戚干政都是正統朝廷所不容許的，而且，「垂簾聽政」很容易激發人們對武則天稱帝的無限遐想。至於歷史上的「親王輔政」，大多都演變成為篡位的悲劇，在通往最高權力的臺階上，這些血緣高貴得離帝座只有一屁股之遙的親王們，其實是睡在身邊的最為危險的政敵。

在大清國的現實條件下，「垂簾聽政」和「親王輔政」成為唯一的選項，而且，為了防止出現武則天或多爾袞，這兩種體制必須長期共存、互相監督。

這種「叔嫂共和」的權力格局，在清初的孝莊太后與多爾袞的搭檔中，已經做過試點，積累了實踐經驗。但在那個年代，孝莊的權威遠不如多爾袞，實際上還是「親王輔政」一頭獨大，只是因為多爾袞或出於政治覺悟或出於偉大愛情，才保住了順治小皇帝的皇位傳承。但已經無限接近於最高權力的多爾袞，最後還是沒能逃脫「老二」們慣常的下場：身敗名裂。

如今，兩宮太后既不如孝莊那般具有運籌帷幄的能力，恭親王也沒有多爾袞那樣一句頂一萬句的威望，實力對等的前提下，真正的權力分享與制衡便得以成型，並且日益固化為「一國兩制」，成為大清國「晚年」的主旋律。即使在恭親王被貶的甲申易樞（一八八四年）中，也並沒有出現後世主流史家所說的太后專政的局面，無非以醇親王奕譞頂替了恭親王奕訢，依然是親王輔政。到了宣統朝，則形成了攝政王載灃與隆裕太后的「叔嫂共和」局面。縱觀清史，孝莊太后和多爾袞、慈禧太后和恭親王奕訢、慈禧太后和醇親王奕譞、隆裕太后和醇親王載灃，成為四組「叔嫂共和」的搭檔。

這種「叔嫂共和」的「一國兩制」，不僅形成了皇族與外戚之間的微妙平衡，並且在晚清內憂外患的驚濤駭浪中，維持和保障了領導階層的「圈內民主」，為保持中央政權的基本穩定，凝聚作為統治基礎的大清貴族，起到了保駕護航的作用。從此之後，大清中央核心雖有權力鬥爭，但你死我活的「路線鬥爭」並不多，所謂的「洋務派」「保守派」「清流派」，其爭鬥的焦點更多地集中在權力的分配和改革的節奏、力度、尺度上。除了在戊戌變法／政變、義和團／八國聯軍時期之外，高層的人事更替很少帶來政策的急轉彎，新的領導班子往往蕭規曹隨，以漸進改革為基調的政策貫穿始終，令大清王朝在「三千年未有之變局」中，在同治、光緒和宣統三任小皇帝手上，依然延續了半個多世紀的壽命。

天平的砝碼

毫無疑問，涉及方向和旗幟問題的「路線鬥爭」的安寧，並不代表著涉及利益與勢力的權力鬥爭的消停；「垂簾聽政」與「親王輔政」這「一國兩制」的共存，並不代表著負責「聽」的太后與負責「做」的親王之間的和諧。簾幕內外的爭鬥，成了大清中央內部的主要矛盾。

在「叔嫂共和」的早期，年輕的太后們與親王們（參與政權管理的並非只是恭親王一人），基本奉行了「男主外、女主內」的傳統分工，太后們在後宮負責教育皇帝，而親王們負責在朝廷管理國家。一切政令都通過形式意義上的「諭旨」而下達，太后們更多的是代替皇帝履行國家元首的象徵職能。

根據「一國兩制」原則設定的權力框架，國家大事的處理常式有六個步驟：一、「慈覽」，一切中外章奏，均首先呈遞兩宮皇太后「慈覽」——請注意，是「覽」，而不是直接處置；二、「詳議」，即「慈覽」後發交議政王（即恭親王）和軍機大臣詳議；三、「請諭」，兩宮皇太后代表小皇帝發出具體指示，實際上，基本是軍機處擬好了處理意見報批，形式上的意義為主；四、「繕擬」，根據太后的批復（往往是「知道了」三字），軍機處繕擬諭旨；五、「閱定」，太后審閱；六、「頒發」，發至內閣正式施行。

這一制度的設計，與當時西方的責任內閣有相似之處：太后等於國家元首，代表最高權力，而不介入具體事務；而親王負責的軍機處則等於國家行政機構，負責各項具體工作的推進和落實。

在「叔嫂共和」的早期，實權顯然是在恭親王的手上。辛酉政變發生後，剛剛派駐北京的美國公使蒲安臣（Anson Burlingame），向華盛頓報告了中國的「宮廷革命」，準確地提到了恭親王的攝政實權，卻絲毫沒有提及慈禧的名字，因為他壓根兒就沒搞明白中國還有兩個太后。在一八六八年《紐約時報》對中國政府流程的詳細介紹中，幾乎完全找不到太后在其中的作用。美國有歷史學家相信，在太后與親王的聯合政權中，太后的作用是象徵性的。

在這樣的格局中，恭親王自然成了國家權力的中心。瓜田李下，嫌疑自生，恭親王在日理萬機的同時，令太后們感覺被怠慢，甚至懷疑將遭遇又一個多爾袞，實在也在情理之中。當「叔嫂共和」進入第四個年頭（一八六五年）時，兩宮太后突然發難，一舉褫奪了恭親王的「議政王」頭銜。

後人普遍認為，這是慈禧太后主持的奪權行動，但這實在是兩位年輕寡婦的聯手亮劍。儘管都被尊為太后，但此前慈安太后貴為皇后，她之於慈禧，不僅是妻於妾，更是君於臣。這是很多研究晚清的人所容易忽視的基本定位。作為昔日的正宮娘娘，同治皇帝的教育，乃至日常生活，都是由慈安太后，而非皇帝的生母慈禧太后來負責。在後世的眼中，慈安太后的形象十分和善，甚至懦弱，但在最為關鍵的辛酉政變中，她所表現出來的果決和剛毅，絕不亞於慈禧，而且，「正牌太后」不必依賴「母以子貴」就已天然獲得權威資源和號召力，更是慈禧難以企及的。從公、私兩方面看，慈安太后在捍衛皇權方面都絕非一個唯唯諾諾的跟班。維護和鞏固同治皇帝的地位，應對來自國內外的一切挑戰，兩位太后擔負著共同的使命，其利益是完全一致的，區別或許只在於：一個臺前，一個幕後；一個低調，一個高調。

在慈安、慈禧和恭親王這個年齡相仿的三角組合中，真正的核心是年齡最小的慈安。她在表面上的「清靜無為」，正是一個國家元首應有的超然姿態，從而放手讓其他兩位元首管理具體的行政事務，並且遊刃有餘、不露聲色地調節著左右平衡：在褫奪恭親王的「議政王」頭銜時，她站在了慈禧一邊；而在之後處死慈禧的寵監安德海，尤其在為同治皇帝挑選皇后時，她又聯合了恭親王。如果我們認可恭親王與慈禧均為人中龍鳳，能如此周旋於這對龍鳳之間的慈安太后，就不可能是懦弱無能的庸才。

一八六五年對恭親王的「修理」，效果是顯著的。在一番深刻的自我批判後，恭親王被允許重返領導崗位，但其定位卻迅速地調整為一個大管家，而太后們則超越了「皇嫂」，確定了「女主人」的主導定位。在她們看來，恭親王似乎開始遠離成為「多爾袞第二」的危險。

一八八一年，慈安太后暴斃身亡，普遍認為，這意味著平衡慈禧太后和恭親王的砝碼失落了：三年後（一八八四年），慈禧太后就驅逐了恭親王。但實際上，在一八八四年那著名的甲申易樞後，「叔嫂共和」的「一國兩制」並未結束，頂替上來的醇親王雖然比恭親王的身段更為柔軟，但絕非太后的附庸。

在「垂簾聽政」與「親王輔政」的權力天平上，慈安太后這一砝碼的分量，背後正是大清「部族專政」的堅實傳統，他們念茲在茲所防範的是：不能出現武則天，也不能出現多爾袞。這種原生態的權力分立、相互制衡，或許正是這個被稱為「腐朽、沒落」的政權，居然能活到二百六十多歲「高壽」的主要原因？

總理的勞碌相

儘管早已通過大量的情報及公文往來，對大清國這位年輕的「總理」瞭若指掌，但當英國代表團與恭親王奕訢共處了短短的數小時後，依然為他的風度而折服。

簽訂《中英北京條約》，是二十七歲的恭親王在國際舞臺上的第一次正式亮相。面對著裝備精良、人數眾多的佔領軍，面對著處處故意怠慢自己的英國全權特使額爾金勳爵，這位年輕人從容不迫，應對自如。

英軍司令格蘭特准將在回憶錄中描寫到簽約的情景時，感慨道：「恭親王真是個謙謙君子，他明顯地在控制著自己的緊張恐懼。」額爾金勳爵的助手洛奇（Henry Brougham Loch）則回憶說：「恭親王當時只有二十八歲，但看上去要比實際年齡老多了。他的相貌很睿智，但顯得十分焦慮。其實，考慮到他的處境，這並不奇怪。他隱藏了他的恐懼感，如果有的話。」

缺少「王子相」

自從上一次鴉片戰爭（一八四〇年）之後，二十多年來，英國人似乎從來就沒有對中國高級官員有過任何正面的評價。年輕的恭親王令他們發現，中國除了充斥著大量顢頇、愚昧、貪鄙的幹部之外，也有如此風采照人、作風清新的高官。遍閱史料，無論是當時的新聞報導還是時人的日記回憶，雖然將中國的各個方面都描寫得極為陰暗，卻很難找到對恭親王的負面評價，這位年輕的王爺似乎成了鐵幕後面

1860年11月2日，恭親王回訪額爾金勳爵的時候，英國隨軍的義大利攝影師費理斯・畢陀給他拍攝的兩張肖像照之一

唯一一朵綻放的鮮花。

即使從清代流傳下來的野史看，恭親王也很難稱得上是帥哥。對於恭親王的外表，與恭親王多次接觸的美國傳教士、日後北京大學的首任校長丁韙良（William Alexander Parsons Martin）曾經直言不諱地寫道：「恭親王身形瘦削，膚色黝黑，因為近視而瞇縫著眼睛，並不漂亮」，「他並非很有『王子相』的人」。儘管有的資料說他「俊美」，但那也是相對他的哥哥咸豐皇帝而言。據說，咸豐皇帝在少年時曾從飛馳的駿馬上摔下來，傷及骨頭，雖經名醫多方治療，但終生行走不便。從正史上，可以肯定的是，咸豐皇帝文弱多病，而恭親王卻身體健朗。咸豐皇帝雖然廣儲後宮，甚至在民間也留下了大量無法考證的風流韻事，卻只生下了一兒一女，這種廣種薄收的極為衰弱的生育能力，直接導致了日後慈禧太后的上臺。而咸豐的其他兄弟們，包括恭親王及醇親王，都是枝繁葉茂，子孫滿堂。

正史記載，少年時的恭親王與咸豐兄弟倆，曾經共同習武，還共創槍法二十八式、刀法十八式，令老爹道光皇帝龍顏大悅，將槍法與刀法分別命名為「棣華協力」和「寶鍔宣威」。同時，還單獨賜給恭親王一把金桃皮鞘白虹刀，由此亦可見恭親王在這一「發明創造」中的關鍵作用。恭親王習武善射，在史料中多有記載，而且傳誦至今的眾多詩文，文采飛揚，其文武全才，可謂當時皇子中的絕對佼佼者，但畢竟時運不濟，與皇位無緣，在咸豐即位後更是備受猜忌。

直面暴風雨

儘管丁韙良並不恭維恭親王的外貌，卻依然是恭親王的鐵粉之一。在他的筆下，我們可以看到，那種直面暴風雨的勇氣、決心和智慧，才是恭親王在大清政界光彩照人的風采所在。丁韙良說，「恭親王的命運之星升起在黑暗的暴風雨中」，他靠著「超凡的才智和勇氣」，「在皇室危難的關鍵時刻，不止一次地挺身而出」，「尷尬的局面愈發襯托出恭親王的尊貴與鎮定」。

當皇帝出逃、政局波動時，年輕的恭親王挺身而出，令西方國家刮目相看。恭親王手上並沒有什麼資源，他「從未見過外國人，也沒有顯著的勢力支持他，京師的御林軍已經潰散，圓明園被洗劫，城市也已失陷」，然而，「就像朱爾・法夫爾（Jules Favre，簽訂普法戰爭條約的法國外長）簽訂和平條約時那樣，恭親王沒有表現出絲毫悲傷，毫不示弱，努力爭取最有利的條款」。

即使在簽約前後處處貶低恭親王，英國全權特使額爾金勳爵還是在自己的回憶錄中，表達了對恭親王的敬意，他認為恭親王是個更容易溝通的對手。英國人注意到，即使是在這種簽訂「城內之盟」的巨大心理壓力下，恭親王始終鎮定自若、彬彬有禮。講究等級的英國人甚至驚訝地發現，這位中國「王子」對那些翻譯及協助簽字蓋章的秘書人員，「十分和藹，如同對待一個朋友，而並沒有擺出那種手握特權的皇家威嚴來」。

丁韙良日後總結道：恭親王的虛懷若谷，正是他能團結一大批幹部，在艱難時刻繼續維持政府運轉的關鍵。作為同文館的總教習，丁韙良經常有機會與恭親王見面，恭親王對他特別熱情，每次見面，「都按照滿人的習慣，親熱地握住我的雙手，這與漢人跟我打招呼時的冷淡態度形成了鮮明的對比。漢人即使是親密的朋友，也只是拱手而已，相互間敬而遠之」。因為丁韙良十分熟悉中國文化，恭親王還特別幫他取了個外號「冠西」，意思是「冠絕西方」。從此，丁韙良也被稱為「丁冠西」。

丁韙良說：「他總是聽從下屬的意見，他的講話不過是總結了下屬的考量。作為一個皇帝的兒子和另一個皇帝的兄弟，恭親王是中國當今統治者構成材料的良好例證。」在甲午戰爭後的廢墟中，丁韙良更是毫不隱晦地稱讚恭親王是大清改革的「老舵手」。

魅力來自親和力

丁韙良在他的回憶錄中，詳細地描繪了恭親王的魅力：「他的眼睛、鼻子等，都顯露出他是個相當有內涵的人。當他開始說話時，他的臉部飛揚著智慧的光芒。他說話很快，其話語的準確度遠高於其深刻性。」「他行為舉止既和藹又優雅，說話迅速而有力，給人有自主力量的印象。」

簽訂《北京條約》時英國代表團的成員、日後寫了大量有關東方著作的芮尼醫生（David Field Rennie）回憶道：「恭親王十分和藹可親，他的長相是十分典型的韃靼人：他的右臉頰上有兩顆淺淺的瘢痕，連在一起，看上去似乎是之前長過癤子的痕跡。他的臉和手看上去都很小，手指十分小巧，如同婦人。」芮尼用大量篇幅，詳細地描寫了恭親王在接見過程中展現出來的紳士風度，為之大為傾倒。

恭親王的這種翩翩風采，隨著年齡的增長而更為成熟。一八七九年，美國前總統、內戰英雄格蘭特將軍（Ulysses S. Grant）訪問中國，這是西方國家政治領袖首次訪華。格蘭特隨行的私人朋友、著名記者、日後的駐華公使（一八八二—一八八五）楊約翰（John Russell Young）寫道：「恭親王與之前我所見過的東方王子及政治家們不同，他十分生動。這是一個機敏的男人，直覺敏銳，意志堅定。印度和穆斯

英國雜誌根據想像所繪的咸豐皇帝與皇后畫像

林的王子，以及我們在印度斯坦和埃及的朋友們，往往是呆板地坐著，整個談話中面容呆滯，令你以為是在和石頭對話。但是，恭親王在談話中，卻表情豐富，十分生動。天很熱，他邊說話邊搖著摺扇，說到興起的時候，他就將摺扇半合著，指著格蘭特將軍的胳膊，同時，用熱切的目光注視著將軍的臉。」在美國出版的楊約翰回憶錄中，畫家給讀者呈現了一個美貌若潘安的恭親王形象。

在西方人的照相機和畫筆下，這一時期的恭親王給後世留下了一些影像。英軍攝影師費理斯・畢陀在《北京條約》簽訂後為恭親王拍攝的照片，成為中國歷史上的第一張皇室照片。

根據西方人給我們留下的影像和描述，這位大清國「總理」的形象基本可以還原：

他身材瘦削，甚至雙頰凹陷，其腰圍尺寸似乎與其地位完全不成正比，更與一般高級幹部們腦滿腸肥的形象大相逕庭。這種瘦削，無疑並非福相，多主終生勞苦，卻並非緣於先天體弱，更不可能因為營養不良，或許正是江山社稷的沉重擔子所致。作為最早在大清「鐵屋子」裡清醒過來的人，恭親王卻因為自己的特殊地位，不能大聲地吶喊，只能一邊高舉大旗「抓革命」，另一邊則悄悄改革「促生產」。能做的不能說，至少不能多說；能說的卻不能做，至少不能真做。

在瘦削的外表下，他卻是人格層面上的「美男子」，溫文爾雅，風度翩翩，對待列強佔領軍不卑不亢，對待自己的部屬和藹可親，這令他在國際國內都贏得了相當多的認可。在那批判與鬥爭充斥的高層，他幾乎是所有幹實事者的總後臺，而我們至今耳熟能詳的「實事求是」的口號，就是他當年鮮明地提出來的。在晚清的改革開放中，被後世推崇的曾國藩、左宗棠、李鴻章等人，其實只是改革的槳手而已，幕後的真正掌舵人、伯樂、保駕護航者就是恭親王。

中國繪畫向來不注重寫實，恭親王因此得以成為第一個留下真實影像的中國「總理」。總理往往高居一人之下、萬人之上，戲曲中都尊稱為「千歲」乃至「九千歲」，一個有趣的現象是，恭親王之後的中國總理們，無論賢愚，幾乎都是瘦肉型的，成了這個職位的標準形象，與那些總統、執政的「樣樣都偉大」形成了鮮明的對比。

這自然是因為執掌中國大船的艱難與繁瑣，但或許也來自伴君如伴虎的如履薄冰。「老二」的身份是尷尬的，不能不做事，卻不能做太多的事，尤其是不能做太大的事。投身於具體而細微的政務瑣事，成為一個「事務主義」者，或許也不僅是其個性使然，而在於更能給老大傳遞一個信號：本人只會埋頭拉車，不善抬頭看路，更不會高瞻遠矚，請老大放心，更請老大多批評指正。畢竟，一個能力和品格都完美得無可挑剔的「老二」，是老大心頭最大的痛。

無論在畫像還是相片上，恭親王的眉宇間都顯露著與其二十七歲的年齡完全不符的滄桑，是因為一個龐大帝國的重擔，還是因為這個微妙的地位呢？

第二章　皇家無親

大清國的政治行情，有點陰陽不定。「莊」後有「莊」，「莊」外套「莊」，令人眼暈。官場如股市，慣於追漲殺跌的官員們為此頭疼不已，既怕錯過績優股，更怕沾上垃圾股。風險四伏，三分天注定，七分靠打拚，愛拚卻也未必會贏。

「窩囊」王爺綿裡針

一八八四年四月，世界似乎被北京的「政變」弄矇了。五十二歲的大清總理、恭親王奕訢，在執掌權柄二十三年後，突然被「雙開」，整個軍機處下崗。新的軍機處迅速組建，並且「軍機處遇有緊要事件，著會同醇親王奕譞商辦」，恭親王的弟弟、光緒皇帝的生父、醇親王奕譞實際接替了他的領導職務。這就是清史上著名的甲申易樞。

鮮為人知的Prince Chun（醇親王）突然與曾經如雷貫耳的Prince Kung（恭親王）一樣，成為西方媒體的主題詞，各色人等睜大雙眼，試圖從來自北京的蛛絲馬跡中，尋找中國的未來發展動向。美國《芝加哥每日論壇報》（*Chicago Daily Tribune*）大擺烏龍，報導說「中國前總理恭親王自殺身亡」，用大篇幅回顧恭親王偉大的改革一生。而英國《泰晤士報》則說：「這是一場突然的政變，但政權的易手，只在中國首都產生影響，其後果卻還很難預料。」這家世界第一大報發表了一系列的報導，並且自信地宣稱：「這一事件，標誌著中國歷史、中外關係史的新時代的開始。」

醇親王與恭親王兄弟倆並轡而立。在打倒肅順等顧命大臣「八人幫」的祺祥政變中，醇親王的功績並不亞於恭親王，「親王輔政」其實也有醇親王的份

老七「老氣」

醇親王剛剛取代恭親王的地位，御史們就上書說，作為皇帝生父，醇親王應該避嫌，不可「與聞機務」，參與軍國大事。在中國的傳統政治遊戲中，「避嫌」不僅是「顯規則」和「潛規則」的主要組成部分，更是一門精深的政治藝術。當年，醇親王得知自己的兒子載湉（即光緒）被選為接班人後，焦慮萬分，乃至暈倒在工作崗位上，最後以健康為理由在三十多歲的盛年提前退居二線。這種及時而適度的「暈厥」，體現了這位王爺講政治、顧大局、謙虛謹慎、戒驕戒躁的一面。相比較而言，執政二十多年的恭親王，「暈厥」總是來得不夠及時、不夠徹底。

對於御史們的反對，慈禧太后批示說：「自垂簾以來，揣度時勢，不能不用親藩進參機務。諭令奕訢與軍機大臣會商事件，本專指軍國重事，非概令與聞。奕訢再四懇辭，諭以俟皇帝親政再降諭旨，始暫時奉命。此中委曲，諸臣不能盡知也。」御史們本來也是做做分內的應景文章而已，自然適可而止，皆大歡喜。

與聰明外露、果決剛毅的六哥恭親王相比，排行老七的醇親王似乎多了些「老氣」，表現得更為低調、更為綿

醇親王與福晉葉赫那拉氏。福晉葉赫那拉氏是慈禧太后的親妹妹，在同治夭亡後，慈禧毫不猶豫地選擇了妹妹親生的兒子做皇帝（即光緒）。這種政治上的血緣關係，令慈禧太后的權力有效期延長了半個世紀，醇親王家族因此成為大清帝國歷史上最為顯赫的家族

醇親王與少年載灃的合影。大兒子光緒皇帝入宮後，醇親王小妾所生的載灃成為實際上的長子，並由福晉葉赫那拉氏親自撫養，這也令載灃被慈禧太后當作親密晚輩，為載灃之子溥儀日後登基奠定了基礎

裡藏針，也更為大智若愚。時人就曾以「易中樞以駑馬，代蘆服以柴胡」的尖刻評價，認為這位新任總理的才具，比起恭親王來實在只是「駑馬」「柴胡」而已，這種評價一直延續至今。

在打倒肅順等顧命大臣「八人幫」的祺祥政變中，醇親王奕譞的功績往往被掩蓋在慈禧和恭親王的光環背後：正是他帶兵將肅順和端華從熱被窩中抓住，完成了政變中最艱難、最有風險，也是最為關鍵的任務。在之後的「叔嫂共和」體制中，他執掌首都衛戍部隊的主力「神機營」長達三十多年，實際上形成了恭親王掌握外交、醇親王掌握軍事的基本格局。在醇親王的主持下，「神機營」成為大清國軍事改革的「特區」，「添習火器技藝」，「改弓箭為洋炮」，甚至配備了當時世界上最先進的克虜伯（Krupp）鋼炮、哈乞開思（Hotchkiss）步槍、毛瑟（Mauser）後膛槍等。在裝備和訓練方面，遠超過李鴻章那更為著名的淮軍。

「叔嫂共和」的特徵是「垂簾聽政」和「親王輔政」兩制並存，「親王輔政」是大清親貴們能接受「垂簾聽政」的條件和前提。而醇親王不僅是皇叔，也是慈禧太后的妹夫，這注定了他能被最大多數的人所接受。在慈禧眼中，這無疑也是對恭親王的一種制衡，儘管他在恭親王早期兩次被慈禧修理的時候，都義憤填膺地站出來為六哥說話，卻在第三次成為實施打擊的主力和實際的替代者。

醇親王在取代恭親王前，給世人的感覺相當地「左」，比較保守、排外。對恭親王的改革，尤其「外敦信睦、隱示羈縻」的外交政策，他總是嗤之以鼻，建議太后「擯除一切奇技淫巧、洋人器用」，甚至兩次秘密上書，建議削弱恭親王的權力。野史中說他「疾其兄之專權，久有眈眈之意」。毫無疑問，這樣的互相監督，正是慈禧最希望看到的。

同治死後，光緒即位，醇親王雖然為避嫌退居二線，但作為影子「太上皇」，還是吸引了各種人物紛紛投靠到他的門下。「桃李不言，下自成蹊」，權勢之下，即使自己不想結黨結派，也會自然成黨成派，這是中國政治的無奈之處。恭親王和醇親王作為離最高權力最為接近的「老二」，雖然都十分「憂讒畏譏」，但還是不能不成為遮天的大樹。法國侵入越南，局勢告急，慈禧太后要求閒居的醇親王多挑擔子，並最終用他取代了恭親王。

之前以高調的「極左」面貌出現的醇親王，一旦主政，便令人驚愕地實現了大轉身。在對法戰略上，他幾乎完全繼承了此前所批判的恭親王的「投降路線」，甚至走得更遠，令海內外的觀察家們跌破眼鏡。當「極左派」們指責李鴻章對法屈膝時，老李氣定神閒地說：那都是恭親王和醇親王兩位王爺確定的方針，我老李無非是個執行者而已。

對於自己當看客時的「極左」言論，挑上擔子的醇親王承認自己「嘗持偏論」，不當家不知柴米貴。但事實上，從醇親王變臉之迅速和徹底來看，其之前的「極左」面貌，極有可能只是為了贏取「基本教義派」支持的一種手腕。在野的時候，站著說話不腰疼，可以指點江山、揮斥方遒，而一旦親自執政，為了兒子的江山社稷，他也就只能成為或者還原為一個現實主義者。

作為他的親密戰友，大清國首席洋幹部、海關總稅務司、英國人赫德（Robert Hart）在四月二十七日寫給倫敦的信中，談及中法戰爭時說：「或者恭親王表面上雖然和平，而暗地裡卻在反對進步，排斥外國人，並且主張戰爭。而七爺和他的朋友反倒是主張和平和進步的——我有一半傾向於相信這是正確的解釋。在中國有時須應用顛倒的法則。我想七爺如果控制這政府，很可能中國能夠真正地進步。」

大清國第一輪改革開放，歷時三十多年。以甲申易樞為界，醇親王主政的後十年，與恭親王主政的前二十年相比，幾乎所有的改革措施都沒有被中止，而且在海軍、鐵路、電信等基礎建設方面，得到了更為長足的進步，尤其在新疆和臺灣先後建省，大大加強了對邊疆省份的控制。在外交方面，醇親王也展現了與恭親王一般的靈活身段，以至於後世的主流史學家們批判這位「愛國王爺」一挑起管理國家的重擔，怎麼就和乃兄一般軟弱、一般「賣國」。這類似於恭親王當年發動政變，處決了肅順等人，卻幾乎完整地繼承了肅順的所有政策，尤其是重用曾國藩等漢臣的政策，將權力鬥爭與政策連貫有效地進行了區隔，不因人廢事，更不因人廢制。

更為吊詭的是，野史把恭親王、醇親王哥倆爭權傳得有鼻子有眼，實際上這哥倆時常聚會，並且共同感慨挑擔累，挑這副看客多多的大清擔子更累。或許，那種留在紙面上的「爭執」，只是「前人撒土、後人眯眼」罷了。

綿裡藏針

低調得近乎窩囊的醇親王奕譞，其家卻一連出了兩任皇帝（其子光緒、其孫宣統），一任攝政王（其子載灃），兩個郡王（其子載濤、載洵）。道光皇帝的兒孫當中，風水幾乎都流往老七家中。

和恭親王一樣，醇親王成為中央二號首長、挑上國家重擔後，嘴巴立即閉上，尾巴馬上夾緊，而他對慈禧太后的態度，則成了後人詬病的主要對象。主流的觀點認為，他在慈禧面前，比恭親王更能逢迎、

青年載灃

更為軟弱，而最大的罪證就是不惜拿海軍軍費為慈禧太后建設頤和園，令北洋艦隊成為「房奴」。

頤和園的建設資金來源，一直是蒙在慈禧和醇親王，包括李鴻章頭上的陰影，普遍認為他們挪用了本該用於北洋艦隊的軍費，而直接造成了甲午戰爭的失敗。但這一指控，如同針對晚清的諸多政治抹黑一樣，是完全虛構和曲解的。

這一指控的來源，在於《翁同龢日記》（光緒十二年十月）。慶親王與醇親王見面，「深談時局」，醇親王請慶親王轉告翁同龢等，在為慈禧太后修建頤和園的問題上，要「諒其苦衷」，他的目的就是「以昆明湖易勃海，萬壽山換灤陽也」。這麼做的動機，與其說是逢迎慈禧太后，不如說是營造一種更為和諧、團結、吉祥的氛圍，一則表白自己的忠誠，讓領導放心；二則也希望老佛爺及早放手，使光緒皇帝能夠儘早單飛。這是一種無須言詞、心照不宣的表白。

嚴肅的史學論證卻認為，此「勃海」並非北洋艦隊活躍的「渤海」，而與下句中的「灤陽」一樣，指代的是一處塞上行宮「白海」，其意思也就是讓慈禧就近在京郊修園林，而不是如同祖宗們那樣跑到更為遙遠的塞上去建行宮。

更為關鍵的是，為北洋艦隊預留的經費，是根據收支平衡的基礎所作的國家預算，眾目睽睽之下，根本沒有截留的餘地。為修頤和園而籌集的二百六十萬兩白銀，雖然名為「海軍軍費」，卻並非來自財政撥款，而是各省督撫們的私人「報效」。醇親王同時監管頤和園的工程和海軍建設，就將這筆款項以北洋的名義存入天津的外資銀行生息。取名「海軍軍費」，為的是減少輿論對中央的壓力，卻沒想到效果適得其反。而這些輿論的源頭，來自康梁師徒流亡之後的政治抹黑，如同他們以武則天的小說形象為藍本虛構慈禧的私生活一樣。梁啟超晚年自承當年文字均為政治宣傳所用，不可作為信史。

實際上，圍繞北洋艦隊的軍備更新、擴充，爭論的焦點並非預算經費的運用，而是對軍事改革的不同應對思路。以翁同龢為代表的「清流派」，根本不顧及軍事技術革命的浪潮，對李鴻章提出的北洋艦隊更新方案橫加阻遏，認為噸位數已居世界第八就足以保衛海疆，在國家預算中大量縮減了北洋的軍費，導致北洋的相對戰鬥力大為下降。

同樣，在頤和園的修建上，恭親王的「硬抗」，就遠不如醇親王的「軟受」。而醇親王也從這樣的政治默契中，獲得了更大的自主空間：在他執政期間，所有改革措施都更為直接，時人慨歎醇親王比恭親王要更加痛快果斷。從李鴻章留下的各種文獻來看，他更多地把恭親王當作英明領導，而把醇親王當作知音和戰友。每當李鴻章的改革遭遇阻擊或挫折時，恭親王是暗中保駕，醇親王則是公開護航，旗幟鮮明，態度清晰，毫不含糊。

從醇親王在慈禧面前的柔軟身段來看，我們或許可以說他是綿裡藏針；而從醇親王對待改革和改革者的鮮明態度來看，他更有「針尖帶綿」的一面。這種性格遺傳給了他的兒子、第二代醇親王載灃（溥儀之父），這位末代攝政王在內政（政改力度空前絕後）、外交（既敢於與美德兩國結盟，也敢於派軍艦巡視西沙、東沙等群島）上頻繁亮劍，卻能容納反對勢力，甚至赦免汪精衛那樣的欲取他性命的刺客，而在改朝換代後，甘於乃至樂於被人誤以為「窩囊」。

一八八八年，醇親王一度病危，自以為不久於人世。當慈禧太后與光緒皇帝去看望他時，他的政治遺囑就是「無忘海軍」，並且將當年（一八八六年）檢閱北洋艦隊時慈禧所賜的一塊如意交給了光緒（醇親王兩年後方去世）。無獨有偶，十年後（一八九八年，戊戌年），恭親王在臨終前也是握著光緒皇帝的手，叮囑他要小心康梁等打著改革旗號實現政治野心的「廣東小人」。

作為中央的最核心，這兩位親王和慈禧太后、光緒皇帝的利益是完全一致的，那就是如何加強和鞏固這個政權。改革、開放，與時俱進，乃至後來以擴大執政基礎為手段的政治體制改革，都服從和服務於這一目的。他們比任何人都更清楚地知道「槍桿子裡出政權」的「顯規則」，為修園林而自毀長城的事，從常理上說，應該不可能成為他們的選項之一，除非他們真的如抹黑宣傳所說的愚昧得近乎腦殘。

醇親王給子孫們留下了一副極堪品味的家訓：

財也大，產也大，後來子孫禍也大，若問此理是若何，子孫錢多膽也大，天樣大事都不怕，不喪身家不肯罷；

財也小，產也小，後來子孫禍也小，若問此理是若何，子孫錢少膽也小，些微產業知自保，儉使儉用也過了。

錦衣玉食的鳳子龍孫，能從榮華富貴中勘出此番深意，這是一種什麼樣的胸懷？

偉大領袖六合彩

慈禧太后絕對沒想到，惇親王、在咸豐兄弟中排行第五的奕誴，平日裡看著極為窩囊，而且與老六、恭親王奕訢並不相容，這次卻會跳出來，為恭親王說話。

而且，太后剛剛任命他及醇郡王、鐘郡王、孚郡王四人，取代恭親王，輪流領班朝會，即主持中央的每日國務例會。這等於是讓惇親王中了政治六合彩，可他為何如此不識抬舉呢？

仗義執言　為弟請命

這是一八六五年四月三日，離太后親自動筆，以皇帝口吻撰寫上諭，將恭親王「雙開」才一天。在那篇別字連篇的上諭中，慈禧太后指責恭親王「從議政以來，妄自尊大，諸多狂敖（傲）。以（倚）仗爵高權重，目無君上。看朕沖齡，諸多挾致（制）。往往諳始（暗使）離間，不可細問。每日召見，趾高氣揚。言語之間，許多取巧，滿口中胡談亂道」。

而事件的起因就是翰林院編修蔡壽祺於一週前上疏，彈劾奕訢貪墨、驕盈、攬權、徇私，並要他「歸政朝廷，退居藩邸，請別擇懿親議政」。

太后同時任命了新的行政領導班子，一下子讓四位王爺同時上臺，滿以為這樣就能團結大多數可以團結的人，結成最廣泛的統一戰線。

惇親王幾乎全盤否定了慈禧太后對恭親王的指控：「恭親王自議政以來，辦理事務，未聞有昭著劣

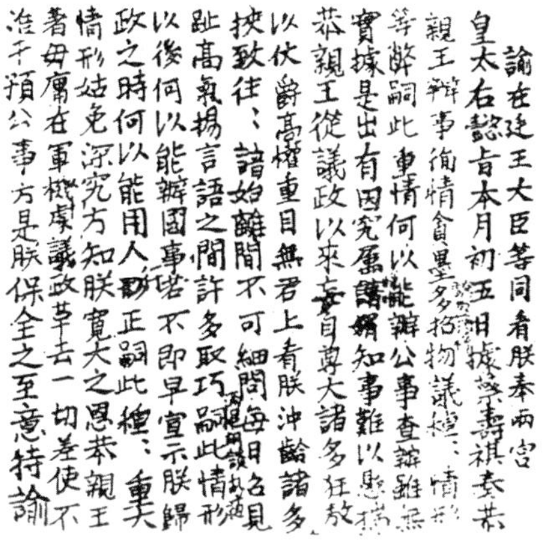
諭在廷王大臣等同看朕奉兩宮
皇太后懿旨本月初五日據蔡壽祺奏恭
親王辦事徇情貪墨驕盈攬權多招物議種種情形
等弊嗣此事情何以能辦公事查辦雖無
實據是出有因究屬曖昧知事難以懸揣
恭親王從議政以來妄自尊大諸多狂傲
以仗爵高權重目無君上看朕沖齡諸多
挾致往往諳始離間不可細問每日召見
趾高氣揚言語之間許多取巧滿口胡談亂道嗣此情形
以後何以能辦國事若不即早宣示朕歸
政之時何以能用人行正嗣此種種重大
情形姑免深究方知朕寬大之恩恭親王
著毋庸在軍機處議政革去一切差使不
准干預公事方是朕保全之至意特諭

1865年4月3日，慈禧將恭親王「雙開」後一天，以皇帝口吻撰寫的那篇別字連篇的上諭

跡，惟召對時語言詞氣之間諸多不檢，究非臣民所共見共聞。而被參各款，查辦又無實據，若遽行罷斥，竊恐傳聞中外，議論紛然，於用人行政，似有關係，殊非淺鮮。」要求「飭下王公大臣集議」，進行集體研究，商議對恭親王的處分。

這份奏摺語氣謙卑，卻帶著骨頭。慈禧太后批閱後，當天就召見軍機大臣文祥等，指示說：「恭親王於召見時一切過失，恐誤正事，因蔡壽祺摺，不能不降旨示懲。惇王摺亦不能不交議。均無成見，總以國事為重。朝廷用舍，一秉大公，從諫如流，固所不吝。君等固謂國家非王不治，但與外廷共議之，合疏請復任王，我聽許焉可也。」下令第二天召開王公大臣翰詹科道等中央全會，專題研究蔡壽祺和惇親王的奏摺。

但是，在第二天的中央全會前，慈禧太后單獨召見了倭仁等大臣，告訴他們說：「恭王狂肆已甚，必不可復用……汝曹為我平治之。」按照她的這個指示，倭仁等確定了中央全會的批鬥會基調。

結果，在會上，文祥和倭仁傳達的太后指示精神完全是相反的。與會的中央幹部們或者就是以惇親王和倭仁為首，分成兩派，相持不下；或者看看水太深了，不敢表態。大家只能確定六天後（四月九日）再議。

第二次中央全會的前一天（四月八日），排行老七的醇郡王奕譞回京，也上疏為六哥恭親王抱不平。醇郡王在報告中認為，要客觀看待恭親王的表現，成績畢竟是主要的，「感荷深恩，事繁任重，其勉圖報效之心，為我臣民所共見」；缺點則是次要的，具體表現在「小節有虧」，而原因也在於恭親王太忙了，「至其往往有失於檢點之處，似非敢有心驕傲」。最為關鍵的是，蔡壽祺的指控「本無實據」，如果因此將恭親王調離了領導崗位，「不免駭人聽聞，於用人行政，殊有關係」。所以，對待恭親王還是要以批評為主，「令其改過自新，以觀後效」。

在第二次中央全會上，大臣們和王公親貴們依然分成了兩派。倭仁起草了一份以「批恭」為主的決議，但遭到王公親貴們的堅決反對，已經六十歲的肅親王華豐（即善耆之祖父、川島芳子之曾祖）乾脆另寫了一份決議。倭仁沒辦法，只好四次修改自己的稿子，王公親貴們依然不同意。最後，與會人員分別按照政治路線站隊簽名：軍機大臣多在倭仁的稿子上簽名；王公親貴們多在肅親王的稿子上簽名；紀檢部門（都察院）、老幹部及幹部子弟管理局（宗人府）等則另行上了報告，五花八門，中央領導班子幾乎分裂。

四月十一日，兩宮太后終於接受了惇親王的意見，表示說，出於「防微杜漸」的目的，必須對恭親王「略示薄懲」，但為了大局的需要，恭親王可以邊工作邊檢查。恭親王的「議政王」頭銜，則再也沒有恢復。

「計畫生育」錯過皇位

在這次慈禧太后與恭親王的頭一回合交手中，慈禧太后對率先抗拒的惇親王十分不滿，她在召見倭仁時，質問道：「惇王今為疏爭，前年在熱河言恭王欲反者非惇王耶？」

原來，一八六一年咸豐帝去世後，兩宮太后與恭親王、醇親王等密謀除掉以肅順為首的顧命大臣「八人幫」。當時，恭親王趕到熱河弔孝，與肅順、惇親王等一起吃飯。飯桌上，被排除在密謀之外的惇親王，當著恭親王的面，手提肅順的大辮子嚷嚷道：「人家要殺你哪！」肅順是個大度慣了的人，只當是玩笑，連聲說：「請殺，請殺。」恭親王卻被嚇得半死。後世多將此解釋為惇親王對恭親王的嫉妒。

其實，惇親王奕誴本來是最有機會成為皇帝的，因為他才應該是道光皇帝的「長子」。在奕誴出生之前的兩個月，道光皇帝剛剛失手踢死了長子，而次子、三子均在二～三歲時早夭。當時，後宮有兩位嬪妃祥妃（惇親王奕誴之母）、全嬪（咸豐皇帝奕詝之母）都懷著身孕，按預產期的測算，祥妃最早生產，即日後的惇親王奕誴將成為道光皇帝的四子，即存世的長子。根據野史的說法，全嬪很有心計，她收買御醫偷偷配了催產藥，實行「計畫生育」，終於搶在祥妃之前，生下了皇四子奕詝。六天後，奕誴來到人間時，卻發現已經有人加塞了，他只好成為皇五子。再一年後，道光的另一妃子，早夭的次子、三子之母靜妃生下了皇六子，即日後的恭親王奕訢。

老媽「搶跑」的結果，令奕詝備受早產的煎熬，體質很弱，加上成年後縱慾，結果在年僅三十歲時即病逝，只留下了一兒（同治皇帝）一女。

遲到的五阿哥奕誴在十六歲那年（一八四六年），被父皇道光下令，過繼給八年前已經去世且無子嗣的惇親王綿愷。綿愷是道光的三弟，因性情粗疏，不斷犯錯，爵位就不斷在親王、郡王間上下。奕誴過繼後，被封為惇郡王。這年正好是道光帝六十五歲，他在考慮接班人的問題，奕誴就算是出局了。據說，奕誴出局，不僅因為長得醜，沒有天子相，而且大大咧咧，不好讀書，十分粗俗。

大大咧咧的奕誴，接了大大咧咧的惇親王綿愷的爵位，倒也是相配。日後，老四奕詝即位，將老六奕訢晉升為恭親王，並將恭親王和惇郡王都安排在中央工作，實際上已經突破了親王們不可兼軍機的祖制。當了中央領導人的惇郡王奕誴，依然不改散漫的習氣，如同他那位嗣父綿愷一樣，不斷「失禮」，不斷被痛責，因此在一八五五年丟了郡王爵位，降級為貝勒，撤銷一切行政職務，下放到上書房學習班改造。估計是學習班教導有方，一年後奕誴撿回了郡王的爵位，數月後又成功晉級為親王。

偶爾露崢嶸

這位惇親王的脾氣，與嚴謹的恭親王截然不同。據說，他在大夏天時會手持大蒲扇，光著膀子在什剎海邊納涼，和下人們也不講究規矩，很有平民色彩，北京城因此留下了不少關於他的民間傳說。

雖然因為媽媽的肚子而錯過了皇位，但這位王爺並沒有對政治徹底死心，在關鍵時刻還是很有權力的直覺的。除了當著恭親王、肅順的面說肅順要被殺頭之外，他在幾次政治風波面前，都有著看似匪夷所思的表現。野史記載，惇親王經常嘲弄慈禧太后，有一次，慈禧想把自己不喜歡的同治皇后阿魯特氏廢位，惇親王當時負責宗人府，堅決反對：「欲廢后，非由大清門入者，不能廢大清門入之人，奴才不敢奉命。」按大清國的規矩，只有皇后過門才是從國門「大清門」抬入的，慈禧本人是「二奶」出身，嫁入皇宮時沒有任何儀式，因此終生耿耿於懷。

正史上記載，一八八四年甲申易樞，就是這位惇親王和恭親王合唱雙簧，在討論對法國的作戰方案時，兄弟倆卻大談當年十月為慈禧祝壽進獻之事。一同覲見的光緒皇帝老師翁同龢覺得他們「極瑣屑不得體」，並在日記裡感慨：「天潢貴冑，親藩重臣，識量如此！」這或許正是恭親王在惇親王的配合下，故意以「極瑣屑不得體」來主動獲咎，給所有人，尤其是老七，光緒皇帝的生父醇親王的上臺提供一個機會。

可以說，在兩宮太后「垂簾聽政」和恭親王輔政的「一國兩制」中，這位「粗俗」「散漫」的惇親王，成為在太后與恭親王之間的另一個平衡物。而恭親王在其執政生涯中，得到了這位比他大一歲的五哥的特殊協助。話無遮攔的惇親王，是慈禧相當忌憚的人物。

惇親王家似乎總是能在關鍵時刻折騰點令全國乃至世界刮目相看的動靜。惇親王有三個兒子，即載濂、載漪、載瀾，在義和團—八國聯軍動亂中，這三兄弟都是義和團的幕後推手，而尤以老二載漪最為著名。載漪自幼好武，加入了滿洲親貴的精銳部隊「神機營」，展露才華，被慈禧太后看中，將自己弟弟桂祥的三女兒許配給了他。

成了慈禧太后的內親，自然能夠在政治上不斷進步。載漪是家中老二，無法繼承父親的爵位，而且，當時惇親王還在世，一門也不可能封兩個王爵。慈禧太后於是下旨，令載漪過繼給剛剛去世且無子嗣的瑞郡王奕志，襲了爵位，但是，在撰寫委任狀時，出現了筆誤，將「瑞」字寫成了「端」，只好將錯就錯，載漪就成了「端郡王」。他的英譯名 Prince Tuan 在西方幾乎家喻戶曉，就是因為他被八國聯軍指定為義和團動亂的「頭號罪魁」。

一八九八年，光緒皇帝及其身邊的一小撮年輕幹部，發動了盲目而操切的戊戌變法，將包括真正在第一線改革的實踐者在內的幾乎所有幹部，都推到了所謂「改革」的對立面。反彈力度之大，甚至威脅到光緒的帝位。已經退居二線的慈禧太后力挽狂瀾，親自出馬，以「戊戌六君子」的腦袋為最小代價，保住了光緒的帝位。同時，為了向「改革」的受害者們妥協，她同意為已經證明是「天閹」（先天的陽痿病患者）的光緒皇帝立嗣。候選人中，只有載漪年方十五歲的兒子溥儁，與她血緣最為接近，是嫡親的侄外孫，於是被冊立為「大阿哥」。沒想到，這一接班人的指定卻引發了國際社會的激烈反彈，列強拒絕承認，載漪終被洋人們逼上「滅洋」的道路，試圖通過義和團這一人民戰爭的汪洋大海，來支撐起兒子將來的帝位巨舟。

溥儁備位東宮，是繼其祖父惇親王奕誴在娘胎中以來，第二次最為接近最高權力寶座。只是，人算不如天算，「放火」發動群眾後，這把群眾運動的火卻最終失控。在八國聯軍的炮口下，載漪差點被當作戰犯扭送聯軍處決，而溥儁自然是與皇位永遠分手了。

龍生九子，在道光皇帝的九個兒子中，除咸豐帝之外，奕誴、奕訢都曾先後有機會問鼎帝位。惇親王奕誴改換了譜系，只能做個「荒唐王爺」，自娛自樂；恭親王奕訢雖然地位崇高，處在大於二（老二）、小於一（老大）但無限接近於一的地帶，卻憂讒畏譏，蹉跎一生，壯志難酬。大清國的政治六合彩，落在了並無任何資源優勢的老七醇親王奕譞頭上，真正可說是漁翁得利。老七一家連出兩任皇帝（光緒及宣統）、兩任醇親王（奕譞與載灃）、兩位郡王（載濤與載洵），炙手可熱。這是造化弄人、天意難測，還是政治行情黑莊盛行、雲譎波詭呢？

王爺藍籌股

大清國的政治行情，有點陰陽不定。「莊」後有「莊」，「莊」外套「莊」，令人眼暈。官場如股市，慣於追漲殺跌的官員們為此頭疼不已，既怕錯過績優股，更怕沾上垃圾股。風險四伏，三分天注定，七分靠打拚，愛拚卻也未必會贏。

這不，恭親王這只堅挺了二十三年的藍籌股，卻在一八八四年的春夏之交突然就崩盤了：撤銷了一切領導職務，徹底被「雙開」。大盤引領者，改為光緒皇帝的老爸、醇親王奕譞。

毫無疑問，有個做皇帝的兒子，哪怕這皇帝當得很窩囊，那也絕對是優質資源。光緒皇帝即位後，醇親王為了避嫌，一度退居二線，深藏不露。如今突然改制亮相，閃亮登場，那些早已看好這只潛力股的官員們，一擁而上，瘋狂追捧，掀起了一輪狂熱的政治牛市。

醇親王的行情高開高走，並且保持高位運行，這其實並無懸念。令眾人驚歎的是，在醇親王的牛腹底下，一只盤口小、價位低的「創業股」，卻以迅雷不及掩耳之勢，一飛沖天。

「創業股」黑馬

這匹黑馬，就是剛剛接替恭親王執掌總理衙門，並被晉封為慶郡王的貝勒奕劻，也就是日後在國際舞臺上大名鼎鼎的 Prince Ching（慶親王）。

奕劻當然是龍種，但有點邊遠，屬於皇族的旁系。奕劻的祖父是乾隆皇帝的第十七子永璘，冊封為慶親王。清代的宗室爵位共分十二級，親王、郡王、貝勒、貝子是高級爵位。隨後是四類「公爵」：鎮國公、輔國公、不入八分鎮國公、不入八分輔國公。「入八分」就是八種標幟，分別是朱輪、紫韁、背壺（車上可帶暖壺）、紫墊、寶石、雙眼（可插雙眼雉翎）、皮條（車上有皮鞭可驅散路人）、太監。再往後就是四類「將軍」：鎮國將軍、輔國將軍、奉國將軍、奉恩將軍，分別相當於一品至四品的武官級別，每類「將軍」中又分三等，俸祿不同。

慶親王的形象，一直不像個王爺，倒像個帳房先生

按照清代的規定，爵位逐代遞減。永璘死後，兒子綿湣襲位，爵位降為慶郡王。綿湣死後無子，先由儀親王之孫奕彩過繼，承繼了貝勒的爵位。但奕彩居然在居喪期間納妾，犯了嚴重的生活作風問題，被革除爵位退回本支。老慶親王永璘的其他兒子們，隨即為了爭奪這個貝勒爵位，展開了殘酷鬥爭，惹惱了道光皇帝，乾脆將爵位降了六級，越過貝勒、貝子及四類「公爵」，飛流直下三千尺，直接降為相當於一品武官的鎮國將軍，而且是其中最低的三等，勉強維持永璘的祭祀而已。這種政治待遇上的高臺跳水，往往能在瞬間摧毀一個簪纓世家，根本不需要等候「富不過三代」的時限。

永璘的第五子綿悌承襲這個「三等鎮國將軍」的爵位。吊詭的是，老慶王家的這個爵位，似乎被詛咒了一般，誰承襲誰就斷子孫，綿悌死後又斷香火。這回，輪到了其六弟綿性的兒子奕劻，過繼襲爵，爵位則按規定遞減為輔國將軍，相當於二品武官。

奕劻承襲了輔國將軍後，第一件事情就是給恭親王奕訢騰房。老慶親王永璘的府邸原是和珅的老宅，

身穿朝服的慶親王，在升遷途中的每個崗位上，都展現出了超人的工作能力。這位貪墨王爺成為大清諸多改革者幕後的保駕護航者

和珅畢竟曾是大清國的首富，而其子又娶了乾隆皇帝的女兒，和府因此又可享受公主府的級別，規制特別宏偉。奕劻以二品級的身份住在這樣一座豪宅裡，實在過於扎眼，極不相稱。或許，老慶王家風波不斷，香火不旺，就是出於這種「傷福」的「逾制」。道光皇帝下旨，老慶王府賞給了剛冊封的恭親王奕訢，這就是至今著名的恭王府，而奕劻則搬入了大學士琦善（就是傳說中那位整林則徐的「奸臣」）那座被查抄罰沒的宅第。

說來也怪，搬了房子後，老慶王家的熊市行情便到頭了，開始春暖花開。一年後（一八五一年），奕劻升到了貝子，十年後（一八六〇年）升到了貝勒，二十二年後（一八七二年）成為御前大臣並且賞加郡王銜，而到一八八四年恭親王倒臺時，出任總理衙門大臣，正式晉封慶郡王。襲爵時的奕劻，和堂兄恭親王的地位至少差了十級。正常情況下，這兩個家族將永無可能並駕齊驅，但到了甲午年（一八九四年），奕劻獲封慶親王，一九〇八年更是獲得了世襲罔替（即鐵帽子王，子孫襲爵時不必遞減爵位），徹底追平了恭親王。而且其妻妾中還封了六位福晉，超出了清制規定的親王只能封五位福晉的限額。

以一個旁支宗親而成長為清代第十二位也是最後一位鐵帽子王，奕劻爆出了大清官場最大的冷門。

陰陽線

慶親王的一大長處，就是特別能團結幹部，這或許來自他早年的坎坷，而絕非簡單的買官賣官的「商業關係」就能建立的

晚清參與中央工作的四大王爺（恭親王、惇親王、醇親王、慶親王）中，單從個人仕途成就來看，奕劻無疑可拔得頭籌。恭、惇、醇三人，均是道光帝的兒子，先天資源就十分豐足。在他們這些鳳凰面前，奕劻就如同草雞。但「草雞」也有「草雞」的優勢，特別諳熟人情冷暖、世態炎涼，特別能辦事，特別能察言觀色，尤其特別能伏低做小，時刻準備著躍上枝頭亮亮翅膀。

四人中，恭親王為人最為周正嚴謹，這也源於他從二十八歲開始就挑起了主持中央日常工作的重擔。從恭親王留下的詩文來看，這本是個內心世界異常豐富的才子，但長期陷入政務和政爭，他的「幸福感」絕對是四位王爺中最低的。從他的照片和西方人的畫像來看，他就是一臉的「苦相」，勞碌命。而他的個人生活似乎也不夠豐富多彩，甚至都談不上幸福，至少連子嗣都不旺盛——考慮到之前和珅、永璘等人如過眼雲煙般的短暫富貴，這座府邸的風水的確令人生疑。

恭親王待人寬厚，這點連西方人都大為認可。這令他的周圍凝聚了一批精英，在內憂外患中，支撐起了政府的運行。恭親王自身崖岸高峻，潔身自好，既不似四哥咸豐皇帝那樣「緋聞」不斷，也不似後來的慶親王奕劻那樣「醜聞」綿綿。對於恭親王個人道德的僅有指控，是說他曾默許門房收取進門費（「門包」），但這也是野史所載，孤證而已。

惇親王奕誴則因老媽不重視「計畫生育」，而錯過了本能成為皇家老大的機會，後來又被老爸道光皇帝送給別人家承嗣，心裡多少有些不平，以王爺之尊跑到街頭小攤大碗喝酒、赤膊躺在什剎海邊納涼等「平民」作風乃至「痞子」作風，也多少有些故作姿態。他在「叔嫂共和」的體制下，也長期在中央工作，敲敲邊鼓，有時倒也能發揮些平衡的作用。

醇親王奕譞，給時人和後人的印象都是「窩囊」，為人低調，不顯山、不露水，卻一門出了兩任皇帝、一任攝政王、兩個郡王，在道光帝諸子中獨領風騷。晚清半個多世紀，實際上就是醇親王家的時代。

在血統上毫無優勢的奕劻，絕對是個另類。他有著恭親王那樣的辦事能力，在恭親王之後實際主持大清外交近三十年，並且成為李鴻章、袁世凱等改革者及實力派的政治靠山，在諸如甲午戰爭、庚子事變、新政改革乃至辛亥革命等重大轉折關頭，他都是主角之一。

奕劻也有著醇親王那樣的隱忍和低調，他的權力伸展和佈局，都是「悄悄地進村，打槍的不要」，對上級從來都是逆來順受，唯唯諾諾之後再想法「遇見紅燈繞著走」。作為一個毫無先天資源的旁系宗室，奕劻只能依靠後天的努力，多籠絡那些能辦事，尤其能辦大事的人，以便形成合力。野史傳言，光緒帝駕崩時，有人甚至想擁戴奕劻之子載振，這雖是野叟村言，卻也代表部分官心民意。

奕劻更有著惇親王那般的大智若愚，他或許是這四個王爺中名聲最不好的。時人說他家是「細大不捐，門庭如市」，「異常揮霍尚能積蓄鉅款」。著名的《泰晤士報》《紐約時報》等，也提到他家就是中國官場「集市」（market），連門房都設了「收費站」（toll）。後世有人稱他為大清「首富」，雖未必盡然，但也差不離了，僅在匯豐銀行就有二百萬兩白銀以上的存款。他與軍機大臣那桐一道，因特別能貪而被時人譏為「慶那公司」。

這四位王爺在大清國的政治行情表中，畫出了不同的曲線。恭親王的走勢基本上是一條下行的陰線，高位開盤，盤中三次劇烈震盪（「三起三伏」），在一八八四年的甲申易樞後，則直線下跌，從此就深度被套；惇親王是中位開盤，中位行走，小有起伏；醇親王則是中位開盤，持續走高，盤中十分活躍，最終成為大盤的領頭羊。最有戲劇性的是慶親王奕劻，低位開盤，急劇拉高，中間甚至連起伏都沒有，亮出了一條極為燦爛的陽線。

四大王爺政治行情示意圖（雪珥繪製）

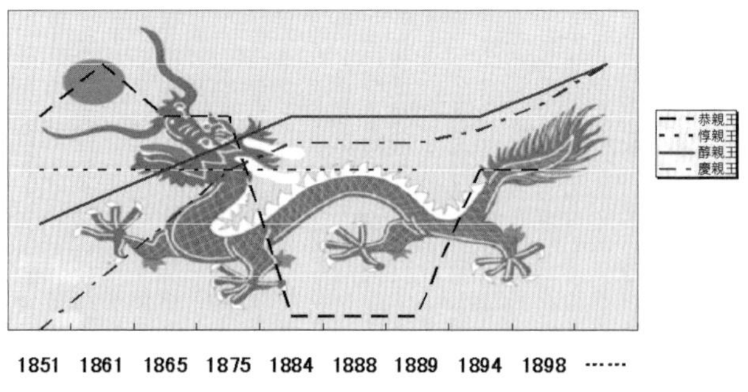

防火牆

四位王爺有一個共同之處，就是都學會了謙虛謹慎、戒驕戒躁，尤其在領導面前多反省、多自我批評。這其中，做得最好的就是慶親王，他的身段最低。當然，因為出身的問題，他也缺乏「強項」的資本。其次是醇親王，這位皇帝的生父，最拿手的就是以柔克剛，綿裡藏針，悶聲不響發大財。然後是恭親王，在慈禧太后的不斷敲打下，恭親王從以批評太后為主，轉變為批評和自我批評相結合，之後就是以自我批評為主。做得最差強人意的是惇親王，他時不時地要和老大們抗上一抗，這與其說他有所圖，不如說是他的心態平衡問題，當然，他也不敢真玩，以裝瘋賣傻為主，留條退路，便於大家一笑了之。

最為低調的慶親王，屬於那種不怕肉麻的主兒，能高舉紅寶書，高喊萬歲，為了鞏固地位，啥都能幹，也啥都敢幹。最令當時的政治觀察家及日後的歷史學家大跌眼鏡的是，這位王爺可算是唯一一個敢於大張旗鼓地貪腐的國家領導人，因此而高調地成為大清國的「首富」之一。晚清兩次以反腐敗的名義出現的臺諫風潮，矛頭都直指奕劻，而奕劻居然依然屹立不倒。能夠做到在這種時候依然雄起，一靠手上的真本事，內政、外交都還算有兩把刷子，甚至連與八國聯軍談判那麼艱難的活兒，都能和李鴻章兩人扛了下來。在晚清改革的幾次反覆中，奕劻都是改革者背後最為堅強也最有技巧的支持者，英國公使竇納樂（Claude Maxwell MacDonald）甚至認為他是「推動中國政府（進步）的一個槓桿」。

本事之外，當然還得乖巧。恭親王未必就對官場潛規則陌生，但他的高貴身份、卓越才華以及巨大的影響力，令他可以不屑於這種面子遊戲，當然最後又不得不伏低做小。奕劻則不僅對官場遊戲爛熟於心，而且敢於放下身段，婉轉歌喉，親身實踐厚黑學。奕劻心裡明鏡一般，在低調地展示著自己駕馭複雜局面的能力的同時，卻高調地展示著自己對醇酒美人的「低級趣味」，表達自己有能力、無理想，以自汙而獲得政治上的安全感。

這種既能幹又安全的幹部，顯然是大多數的領導們最樂意見到的，而這或許也正是奕劻成為大清政壇上增值最快的績優股的根本原因？充滿牛勁的恭親王，最終不得不做熊，而裝熊的奕劻，最後卻成了真正的牛人，也難怪大清官場最後成了一個「熊出沒注意」的樂園……

第三章　風中蘆葦

大清官場如賭場，撐死膽大的，憋死膽小的，愛拚才會贏。風險最大，收益也最大的，就是提前買入政治原始股。垂簾聽政的兩宮太后，只是名義上的代理國家元首，實權都握在恭親王手中，太后們的確如同乏人問津的冷門股。

風中蘆葦

陽春三月的北京城，卻被一場「倒春寒」所籠罩。突如其來的政治批鬥，將大清國總理、恭親王奕訢推向了風暴的中心。代行國家元首職能的慈禧太后，堅決要求恭親王下崗。

這是一八六五年，距離慈禧與恭親王戮力同心，一舉粉碎以肅順為核心的顧命大臣集團，僅僅四個年頭。雙方把政治盟誓寫在了年號「同治」之上，但這來之不易的安定團結的政治局面，如今面臨著嚴峻的挑戰。

北京，乃至全中國、全世界都被震撼了……

「同志」難「同治」

這場風波來得似乎有點突然。

這年三月三十一日，翰林院編修兼日講起居注官蔡壽祺上了一道奏摺，指控恭親王奕訢「攬權納賄、徇私驕盈」。蔡壽祺此時的官職類似大清中央辦公廳的中級幹部，兼國家通訊社的高級記者，有撰寫「內參」的權力。中國官場上，筆桿子從來就是投槍與匕首，有時甚至比槍桿子還管用。但蔡壽祺居然敢炮轟當朝總理，莫非真是書呆子犯了痰氣？

能在高手如林的中央國家機關混到高級筆桿子的級別，蔡壽祺當然有幾把刷子。大清官場如賭場，撐死膽大的，憋死膽小的，愛拚才會贏。風險最大，收益也最大的，就是提前買入政治原始股。垂簾聽

美國《哈潑斯》雜誌 1866 年所刊登的恭親王畫像

政的兩宮太后，只是名義上的代理國家元首，實權都握在恭親王手中，太后們的確如同乏人問津的冷門股。蔡壽祺逆市操盤的算盤打得並不壞：恭親王乃當朝顯貴，投懷送抱的人早已大排長隊，與其錦上添花，不如給另一家雪中送炭，燒燒太后的冷灶。何況，如今已經熬過了太平天國的內亂及英法聯軍的外患，也不怕窩裡折騰一下了。

慈禧太后當然明白，權力爭奪不是請客吃飯，不是做文章，不是繪畫繡花，不能那樣雅致，那樣從容不迫、文質彬彬，那樣溫良恭儉讓。蔡壽祺一搭台，慈禧太后就趕緊唱戲，並且雷厲風行，兩天內就宣佈將恭親王「雙開」：「革去一切差使，不准干預公事。」

這一聲政治炸雷果然不及掩耳，大清官場在醒過神來之後，立即反彈，無論王公勳戚，還是文武百官，紛紛請願，強烈要求挽留大清的好總理恭親王。各方博弈了一個多月，恭親王終於在太后面前「伏地痛哭、無以自容」，做了違心的自我檢討，深挖思想根源，靈魂深處大鬧革命，慈禧則收回成命，歸還了這位前政治盟友的幾乎所有烏紗帽，但依然去除了「議政王」的頭銜。

在一片和諧至上、理解萬歲的歡呼聲中，這場持續了三十九天的政治風波平息了。大清政壇終於換了老大，牝雞司晨的新時代開始了。

「風暴中的蘆葦」

四月十八日，風波還在進行當中，《紐約時報》的駐華記者就發出了報導，將其稱為一場「革命」，認為這一事件足以展示「中國人民」和「中國政府」的某些特性。在詳細介紹了風波過程後，《紐約時報》發出疑問：在恭親王的治理下，統治中國的這個少數民族政權保持了穩定，贏得了持續發展和國際信任，內政外交方面日漸理順，如今風雲突變，「新朝代的黎明是否會蒙上朝臣內訌和內政紛爭的陰霾呢」？

在提到恭親王的妥協時，《紐約時報》將其形容為風暴中彎折的蘆葦，甚至在風暴尚未來臨前就已經屈膝。無獨有偶，長駐北京的另一位美國人、三十八歲的傳教士、同文館教師丁韙良，在其六月一日為《哈潑斯》（Harpers）雜誌寫的文章中，也將恭親王形容為暴風雨中彎折的蘆葦。這位日後北京大學（京師大學堂）的首任校長，憂心忡忡地說：「斯巴達曾經在兩位國王的共同統治下實現和諧，羅馬也曾在兩位執政的共同領導下走向成功。」如今，恭親王已經被打倒，獲得勝利的這兩位「教育程度低下的女性」，能領導好中國嗎？

作為改革與開明的代表，恭親王的落敗被西方普遍解讀為大清政治上的一次倒退和反動。而在後世中國的主流史學者們眼中，這一風波也成為慈禧太后弄權的一大罪證。恭親王當然不是蔡壽祺所指控的「權奸」，但平心而論，他毫無疑問是「權臣」。「君子無罪，懷璧其罪」，整天與最高權力黏糊在一起，招來嫌疑也幾乎是必然的。白居易曾有詩云：「周公恐懼流言日，王莽謙恭未篡時。向使當初身便死，一生真偽複誰知。」恭親王就是大清朝名副其實的「周公」，他的政治命運三起三落，受盡猜忌，其背後的原因無非是：在最高權力的臥榻之側，他發出的鼾聲實在太過於響亮了。

西方人或許不會完全明白，在風暴中低頭，這與其說是蘆葦的屈服，不如說是蘆葦的生存之道。烈風如刀的任何所在，能蓬勃生長的，從來就不是也不可能是參天大樹。儘管幾番沉浮，恭親王卻一直是同治、光緒兩個時代最有勢力和實力的政治人物，即使退居二線、三線，他的影響力依然在左右著大清的內政外交。那些在日後的史書上遠比他更有光彩的人物，如曾國藩、左宗棠、李鴻章，無一不是在他的羽翼遮蔽下，才從官場的刀光劍影中倖存下來，而他大力提倡、呼籲並身體力行的改革，不僅體現在三十年的經濟改革（洋務運動）中，也體現在隨後的政治改革（一九〇一—一九一一年新政）中。

恭親王的「蘆葦」個性，也證明了政治學的一個常識：權力既不是職位，也不是頭銜，而是影響力。一介布衣、一個「群眾」，只要有足夠的影響力，照樣能呼風喚雨，甚至左右政局，後世的李鴻章、袁世凱等等，也都幾起幾落，卻在任何時候都能成為旗幟與方向。

被湮沒的舵手

當然，蘆葦畢竟只是蘆葦，而非參天大樹。

在這場風波中，本是參天大樹，亦有資本可繼續成為參天大樹的恭親王，最終選擇了成為蘆葦的命運。風波持續了三十九天，並沒有在第一時間就顛顛地去作檢討，就足以證明他內心的痛苦掙扎。可惜我們沒有足夠的史料來還原他當時的心態：是顧全大局還是愛惜羽毛？是厭倦內鬥還是害怕對抗？

從此，恭親王從「同治」公司的締造者、合夥股東降級成為職業經理人、高級馬仔，在慈禧太后的眼中，這是個不能不重用，又不能不控制使用的人才。一個優秀得幾乎無懈可擊，小心謹慎得無可挑剔

當時一幅表現搶劫圓明園的素描

的人，這種完美本身就是他最大的缺點。曾經風采四溢、稜角分明的「鬼子六」，自此甘心自我矮化，小心翼翼地讓聚光燈集中在皇座乃至皇座後面的簾子上，在展現超強行政能力和經濟管理能力的同時，還展現了委靡得如同太監般的政治性格，一手硬、一手軟，奠定了一個操盤手、一個管家、一個技術型官僚的典型「老二」形象。

小心謹慎的「老二」，依然不能逃脫生前被清洗、身後被注水的命運。由恭親王宣導、推動並親自操盤的大清改革，無論是深度、廣度還是力度，乃至遭遇的阻力，都可謂前無古人、後少來者。從一八六〇年代開始，恭親王主導的改革涉及方方面面：救亡與啟蒙、禦侮與內治、穩定與發展、效率與公平、擴大執政基礎與維護執政地位等等，舉凡同治、光緒年間的改革，無一不是在他的保駕護航下得以出臺、推進。改革的主要人物，如曾國藩、左宗棠、李鴻章等，無一不是在他的保駕護航下得以保全、發展。但是，因為現實政爭的需要，自一八八四年甲申易樞被逐出權力中心後，他作為「老二」的歷史地位和作用就受到了長期的、持續的、人為的矮化、淡化及邊緣化。

慈禧太后顯然更樂於讓恭親王的親密戰友、屬下、學生李鴻章來充點改革的門面，這不僅是因為「李大架子」那一百八十公分的雄偉身高和「看見紅燈繞著走」的機智靈便，更因為李鴻章無論獲得多麼崇高的地位，也還是安全、可控的。

當李鴻章被當時的國際社會普遍看作是中國改革的旗手時，人們似乎忘記了，在恭親王指揮的航船上，李鴻章只是一個槳手而已；當後世的人甚至喊出了李鴻章是大清改革的總設計師時，人們的確忘記了，在恭親王的設計工作室內，李鴻章只是個描圖的學徒而已。而進入民國之後，隨著整個晚清歷史被有意識地妖魔化，恭親王更被大家忽視了。

恭親王的宅第，至今坐落在後海邊上，如織的遊人中，多是來此瞻仰和珅故居，沾點財氣與福氣，很少有人關心「慈禧太后的小叔子」。一部有關恭親王的電視連續劇，雖然有名角壓陣，似乎並沒受到票房待見，「一生為奴」的標題略顯刻薄，倒也還算符合大多數人的觀感。

似乎是作為另類導遊詞，在整修如故的恭王府內，居然在牆壁上還能清晰地辨認出斑駁的紅色大字標語：

努力學習最高指示
忠實執行最高指示
熱情宣傳最高指示
勇敢捍衛最高指示
……

「謀殺」同治帝

一八七五年二月十二日，美國《紐約時報》和《芝加哥每日論壇報》同時在頭版刊發了一則極短的報導，正文只有十四個英文單詞：「來自中國的電訊表明，這個國家的內戰將無法避免。」

次日，這兩家報紙又在顯要位置刊發了一篇報導，稱雖然醇親王之子（即光緒皇帝載湉）已被選為接班人，但同治皇后阿魯特卻懷有身孕，如果她能誕育一位皇子，則帝位之爭必將趨於激烈。報導說，傳言皇后已經自盡，但無法得到證實。

此時，距離年僅十九歲的同治皇帝駕崩正好一個月，儘管大清國竭力給國民和世界營造一個印象：大清國的形勢一片大好，不是小好，而是大好，越來越好，但在這大好形勢下，西方人似乎並不領情。一月三十一日，這兩家大報的頭版上就同樣刊登了一則短消息：「傳言說，因皇位繼承問題，北京已經爆發騷亂。」

有關紅牆內陰謀的種種揣測，在西方蔓延。主持中央日常工作、時年四十三歲的恭親王奕訢，再度站到了風口浪尖。

「可憐天子出天花」

同治皇帝的夭折，吸引了西方媒體的高度關注，這無疑是因為中國絕對無可否認的大國（並非強國）地位。

同治皇帝給這個世界留下的，並沒有什麼好印象，無非是一個放蕩的少年天子形象。但按照中國式的習慣，同治皇帝的官方標準像（右），依然是英俊瀟灑和法相莊嚴的。而在西方雕塑家的手中，同治帝的形象與東亞病夫無異

《芝加哥每日論壇報》在得到同治帝死亡的消息後，發表了一篇題為《英國與中國》（*England and China*）的文章。文章認為，同治皇帝統治著三億多的龐大人口（英德當時的一些地理學家甚至估計當時的中國人口在四點五億～五億），遠遠超過大英帝國（包括所有殖民地）的二點八億人口。兩國人口相加，就等於人類總人口的半數以上，這是人類歷史前所未有的事情，中英兩國無可爭議地是世界上最大的國家。

如今，這個與英國一般偉大的國家失去了他們的領袖，世界當然表示了濃厚的興趣。官方公佈同治的死因為天花後，一時之間，天花（smallpox）和種痘（vaccination）的基本知識就成了西方各報爭先報導的內容之一，以滿足讀者的強烈需求。

天花之外，有很多非官方的史書認為同治皇帝少年風流，私生活不夠檢點，沾染了嚴重的性病。這些疾病與天花協力，摧毀了這個少年天子。而史家們爭論不休的，就是誰該對同治皇帝的放蕩負責。在這些責任人中，公認的、首當其衝的就是慈

禧太后和恭親王。

慈禧太后被攻擊的理由，是因為她過度干預了兒子的房帷秘事。傳言她並不喜歡皇后阿魯特氏，以至於同治皇帝不敢與皇后同房，卻也不願按照慈禧的心意，去臨幸她所中意的慧妃（富察氏），於是，經常獨宿養心殿，為了解悶，便開始偷偷溜出宮去尋花問柳。而為了防止被官員們撞上，他還不敢去高級娛樂場所，盡選擇那些低檔的、官員們不常去的地方，結果沾染了一身的性病。

恭親王被攻擊，則正是因為他的兒子載澂，充當了皇帝尋花問柳的夥伴。而恭親王又以從兒子那裡逼問得來的實情，作為向皇帝進諫規勸的砝碼，導致與皇帝的關係緊張。雙方關係搞僵，恭親王不久便被同治皇帝以「無人臣禮」為由，予以「雙開」（取消親王爵位，撤去一切職務），引發軒然大波。

接班人選

出來混，遲早是要還的，同治皇帝終於病倒了。在他病重無法辦公的時候，任命了自己的老師李鴻藻代行批答奏章。李鴻藻很謹慎，只敢批示「知道了」「交該部議」等廢話。一週後，在親王們的請求下，同治皇帝同意，除了漢文奏章讓李鴻藻代批外，恭親王代批滿文奏章。慈禧太后則召集軍機和御前大臣，發表了重要講話，談了一個小時之久，大意就是皇帝如今無法親自批閱文件，要大家想想辦法。恭親王帶頭表示，自然還是要請太后出來掌舵。慈禧指示「此事體大，爾等當先奏明皇帝」。次日，同治在病榻前召見恭親王，親自交辦該事，「天下事不可一日稍懈，擬求太后代閱摺報」，並叮囑恭親王「照常好生辦事」，「語簡而厲」。隨後，就發佈上諭，由太后批閱裁定摺件，恭親王到手才五天的文件審批權又消失了。

比文件審批權更重要的，當然是接班人的問題。

同治皇帝死後，有關其接班人的選擇乃至爭論過程，在正史中沒有任何記載，而在野史中，卻存在許多不同的版本。

說法之一，是當時皇后阿魯特懷有身孕。果如此，當然必須等待她臨產，如果所生是男孩，繼承人問題便可迎刃而解；如果所生是女孩，則再另行挑選接班人。史家經常引用的一段「野史」，說是慈禧當時表示：「皇后雖已有孕，不知何日誕生，皇位不能久懸，宜即議立嗣君。」恭親王則認為：「皇后誕生之期已不久，應暫秘不發表，如生皇子，自當嗣立，如所生為女，再議立新帝不遲也。」

其他王公大臣也幾乎贊同恭親王的意見，但慈禧卻堅決反對：「現在南方尚未平定，如知朝廷無主，其事極險，恐致動搖國本。」

這個說得有鼻子有眼的段子，其實連野史都稱不上，來自兩個英國人寫的《慈禧外紀》（*China under the Empress Dowager*），而這本初版於一九一〇年、暢銷世界數十年的「歷史巨著」，已經被無可爭辯地確定為「偽書」——一部徹頭徹尾的歷史小說而已。兩位作者創作同治皇后懷孕的靈感，估計就是來自那與中國御史們一樣「風聞報事」的《紐約時報》駐華記者。

同治皇帝雖然命短，卻開創了中國皇帝接見外賓的先例，這也令他成為首個被西方人士近距離接觸的「天子」。圖為同治皇帝接見外交使團的情景

說法之二，同治皇帝曾想立孚郡王之子、貝勒載澍為接班人。據說同治皇帝已經要求其師傅李鴻藻在病榻前起草這一傳位詔書。但這一說法同樣源自《慈禧外紀》，被國內大量輾轉摘引後，添油加醋，最後說是李鴻藻心中害怕，起草完後就到慈禧那裡去彙報。慈禧一看大怒，下令將皇帝「盡斷醫藥飲膳」，活活餓死了這親生骨肉、少年天子。

說法之三，是同治皇帝選擇了自己尋花問柳的哥們、恭親王之子載澂。據說，因此之故，當同治皇帝駕崩，慈禧召集領導班子商議接班人大事時，恭親王居然說了句：「我要回避，不能上去。」這一說法，來自陳夔龍的《夢蕉亭雜記》。但日後官至直隸總督的陳夔龍，當時還在老家刻苦攻讀迎接高考呢，這當然也是道聽塗說。

說法之四，則是從下一輩的「溥」字輩中選擇。這一輩居長的是當時六歲的溥倫（後出任農工商大臣，擁護共和），但溥倫的父親載治卻是從遠房過繼給隱志郡王奕緯（道光長子，咸豐皇帝和恭親王的長兄，早夭）的，不是近支親室，血統不純。這說法，同樣源自《慈禧外紀》而被廣為轉載，極不可靠。

儘管以上說法的來源都相當不靠譜，但也大致列舉了當時可能的接班人選。從各方面衡量下來，載湉（光緒皇帝）作為接班人的確是相當合適的，尤其在血統上，他不僅是醇親王奕譞之子，最純正的天潢貴胄，而且其生母、醇親王福晉正是慈禧太后的嫡親妹妹，也就是說，慈禧太後身兼載湉的伯母和姨媽雙重身份，這是其他皇侄們（包括恭親王的兒子們）所無可比擬的。

絕路皇后

同治皇帝死後不久，皇后阿魯特便也香消玉殞。

根據官方公佈的文件，這位皇后死於悲痛，「毀傷過甚，遂抱沉疴」，官方的評價很高，說她正位中宮後，「淑慎柔嘉，壼儀足式。侍奉兩宮皇太后，承顏順志，孝敬無違」。悲痛是可以想見的，而一個二十一歲的健康的年輕女子會因悲痛過度而死亡，則是比較離奇的。也無怪乎後來野史中出現很多段子，來試圖重新闡釋阿魯特的離奇死亡。

以《紐約時報》等為代表的西方媒體，樂於從權力鬥爭的角度來解讀皇后之死，而其立足點就是皇后其時懷有身孕，慈禧為了一己的權慾，居然連親生的孫子（或孫女）都不顧，迫害皇后致死。這種說法，到了《慈禧外紀》出版後，輾轉摘引，幾乎成了一種定論與共識，儘管其毫無史料支持。

中國本土產的野史，在更有中國特色的解釋──「婆媳是天敵」之外，也將焦點聚集在權力鬥爭上：阿魯特皇后將是慈禧太后干預政治的競爭對手之一。各種段子綜合起來看，基本說的是同治皇帝死後，慈禧便有逼死皇后的打算，逐漸斷絕了她的飲食供應，皇后無奈，寫信給娘家，其父回信只有四字「皇后聖明」。皇后知道娘家也沒辦法了，只好自殺身亡。關於她的自殺，有說是吞金，有說是絕食。

當後世將所有的指責都指向慈禧時，一個美國學者卻發出了驚人之語：所有這些，都可能是恭親王的陰謀。

兇手就是恭親王？

美國學者西格雷夫（Sterling Seagrave）在他那本極為暢銷的慈禧傳記《龍夫人》（*Dragon Lady*）中，提出了一個大膽的假設：如果說同治皇帝、皇后、榮安公主的一連串離奇死亡背後有陰謀的話，那最大的嫌疑人不是慈禧，而是恭親王。

西格雷夫首先排除了慈禧太后的「作案動機」：無論如何，阿魯特能夠成為同治帝的皇后，必定是經過慈禧的首肯；而自己的孫子（如果阿魯特真懷孕的話）能繼位，對慈禧的地位不僅沒有傷害，而且還將「給她在下一代中的安全提供保證」。其實，西格雷夫沒有提到，作為太皇太后，並不必然喪失自己的權力，清代初期的孝莊太后，就是以太皇太后的身份，在其孫子康熙皇帝的早期成為執掌實權的攝政者。太皇太后攝政的難度，並不比皇太后攝政的難度高多少，兩者都是同樣的權宜之計而已，關鍵在於政治力量的平衡。

西格雷夫還引用了一個此前沒被人關注的細節：就在一連串死亡發生的時候，慈禧本人也身染重病，並且蔓延了八年之久。加拿大華裔學者鄺兆江（Luke S. K. Kwong）在其由哈佛大學出版的英文著作《百日維新的碎片》（*A Mosaic of the Hundred Days*）中，考證了慈禧太后一直患有嚴重的肝病。而一八七五年美國駐北京公使館發回美國國務院的報告中明確地說：「（慈禧）太后，兩位攝政者中更有權勢的一位，也病得很厲害……數月以來，（慈禧）病得如此厲害，以至於街頭百姓中每天都有人預期她會死掉，甚至有好幾次謠傳她已經死了。」

據此，西格雷夫問道：「到底是誰給慈禧所有的直系家庭成員下了毒呢？恭親王毫無疑問有最強烈的動機，但他並不會弄髒自己的雙手。如果真的有必要下狠手的話，自有李鴻章這把老練的解剖刀替他完成這項秘密的外科手術。」而他認為，恭親王的動機在於：「同治已經給親王帶來了十年的麻煩和阻礙，恭親王的惱怒可能轉嫁到了慈禧頭上，怪她沒有對兒子採取強硬手段，因而牽涉到了親王自己的利益……無論是誰做出了這樣的安排，總歸是有人決心要幹掉同治，還有他的皇后、他的母親和他的異母姐姐，就好像是為下一波食客匆匆打掃宴會的餐桌。」

恭親王的性格是綿裡藏針的，在陰柔的外表下，卻是一種果決，這在其打倒肅順等「八人幫」及解散阿思本艦隊時展露無遺。當他在慈禧身後，高舉旗幟、高喊萬歲時，慈禧如果真能對他徹底放心，那慈禧就不會成為慈禧了……

中南海的臍帶

年年端午，今又端午。

端午紀念屈原，本就是個傷懷的日子，而在這個端午的前一天（一八七六年五月二十七日），恭親王奕訢最親密的助手文祥告別了人世，享年五十八歲。

老友新逝，四十三歲的恭親王賦詩一首，悲歌道：「從今別有盈杯淚，不向湘江哭屈平。」案桌上，雄黃酒正散發著苦澀，而哪一杯雄黃酒，能為大清國辟邪呢？

君子不黨

如果說，大清國改革開放的主心骨是恭親王，那恭親王的主心骨就是文祥。

這位主心骨中的主心骨，在恭親王成為大清中央核心之前，就已經是咸豐皇帝麾下的重要幹部。一八五八年他躋身政治局候補委員（軍機大臣行走），次年扶正（軍機大臣），進入了國家最高決策層。英法聯軍來犯，咸豐皇帝逃離京城，文祥奉命留下，出任首都衛戍部隊代理司令官（署步軍統領），「從恭親王奕訢議和，出入敵營」，配合恭親王與英法的外交談判。正是在這一過程中，他與恭親王及恭親王的岳父桂良等結下了深厚的情誼。在恭親王與慈禧密謀發動政變，打倒以肅順為首的顧命大臣「八人幫」時，文祥成為恭親王的主要謀士。在熱河及北京的政變方的密信來往中（「熱河密札」），文祥是密札的主要讀者之一。辛酉政變後，兩宮太后及恭親王組成了「叔嫂共和」的體制，恭親王成為中央日常工作的實際最高領導人，文祥作為他的主要助手，是恭親王的改革開放在中央的主要執行者，與在地方的主要執行者李鴻章等遙相呼應。

文祥在海內外的威望都很高。梁啟超曾認為，一八六〇年代是「文祥和沈桂芬（恭親王的另一得力助手）的時代」。蔣廷黻則稱其為「先天下之憂而憂，後天下之樂而樂」的大政治家，盛讚其「品格可說是中國文化的最優代表」，將其視為與恭親王、曾國藩、李鴻章、左宗棠等並列的「五個大領袖」。

英國駐華公使布魯斯（Frederick Bruce）說，從未遇見過比文祥更聰明的人。大清國的洋幹部、美國傳教士丁韙良則對文祥有著更高的評價：「他影響之大，同時代的中國政治家無人可比。」

更為難得的是，在幾乎無官不貪的大清國，文祥的清廉令中外側目。美國前國務卿西華德（William Henry Seward）訪問大清時，曾想到文祥家中拜訪，要見一見這位運籌長城以內、決勝大洋彼岸的世界級政治家。這一要求卻遭到了文祥的婉拒，他回信說「寒舍凋敝，不宜接待貴賓」，而親自到美國公使館拜訪。「寒舍凋敝」還真非虛詞，貴為國家領導人之一，文祥居然還住著租來的房子，「每月房租僅四塊半，不會多麼堂皇」（丁韙良記載）。

丁韙良堅信：「只要他活著，總理衙門的全部動力都來於他。他智勇雙全，如能活得更長久，他肯定會竭力反對法國人侵吞東京（Tonquin，即越南北部的北圻）……總之，產生了文祥和寶鋆（恭親王另一助手）的種族絕不虛弱。」文祥去世後，以光緒皇帝名義發佈的文告中，盛讚文祥「外交內治，無不盡心籌畫，實為股肱心膂之臣」，這可說是中央對其的蓋棺論定。

吊詭的是，儘管海內外無不將文祥視為恭親王的親密助手，卻並不認為他們是小團夥。丁韙良甚至質疑：如果文祥還活著，「他究竟會阻止恭親王下臺，還是加速其進程，造成更大的災難」？可以說，文祥所效忠的，並非恭親王本人，而是這個政權、這個國家。

不僅文祥如此，恭親王團隊中的幾乎所有人都如此，這些當時中國最有能力又最瞭解世界的頂尖幹部們，並未如他人那樣結成一個「恭黨」。在大清國開始改革開放，直到辛亥覆滅的半個多世紀中，所謂保守派、清流派等，都是門戶清晰、壁壘森嚴、黨同伐異，唯獨以恭親王為開端和代表的改革者卻並不成派。

裙帶 V.S 臍帶

君子群而不黨，如果非得要說有個「恭黨」，那其實就是個「幹活黨」。這樣鬆散的「黨」，其工作「戰鬥力」超強，而應對內部政爭則基本採取太極手法。在以慈禧太后和恭親王為不同核心的政爭中，群而不黨的恭親王總是要落於下風。

婚姻是編織政治蛛網的關鍵，在這方面，恭親王這隻蜘蛛似乎遠不如慈禧太后勤快。唯一能被稱作恭親王靠山的，或許就是他的岳父桂良。

十六歲那年（一八四八年），在父皇道光皇帝親自指婚下，奕訢迎娶桂良之女，作為自己的嫡福晉（即正妻）。此時，六十三歲的老幹部桂良已從雲貴總督的任上調回京師快一年了，不僅擔任鑲紅旗漢軍都統、兵部尚書等要職，而且代理鑲黃旗蒙古都統，是掌握槍桿子的中央實權派。之前，道光皇帝為其四子，即日後的咸豐皇帝所選的岳家，則是地位、名望及權勢遠不及桂良的太常寺少卿富泰。時人及後人一般都認為，這是當時道光皇帝

美國1870年《哈潑斯》雜誌上的桂良像

屬意奕訢作為接班人的又一例證。

沒有任何史料記載，成親後的奕訢如何得到了岳父桂良的精心教導。多年後，奕訢以二十七歲的年齡承擔起救國重擔，且一亮相就在國際國內政治舞臺上縱橫捭闔，遊刃有餘，再考慮到清代皇子不得結交大臣的嚴格規定，我們完全可以肯定，只有岳父桂良才可能是年輕恭親王的政治教父。

一八六〇年，在英法聯軍的炮聲中，奕訢臨危授命，負責與英法談判，桂良與文祥等，都是在他身邊保駕護航的重臣，也是大清中央老中青不同年齡幹部「傳、幫、帶」的經典組合。作為第一次鴉片戰爭的主戰者，桂良卻在這次談判中，以自己的睿智和氣質折服了敵人。英國人俄理範（Laurence Oliphant）一八五八年曾陪同額爾金在天津與桂良會談，他日後回憶說：「桂良是一個值得尊重的人，平靜而慈祥，充滿智慧，雖然艱難的處境令他眼神黯淡。他的姿態優雅而高貴，是一個十足的紳士。」這些當然對恭親王產生了重大影響，形成日後綿裡藏針的外交風範。

辛酉政變中，恭親王與兩宮太后都是不到三十歲的青年，而對手則是以肅順為首的顧命大臣「八人幫」，政治經驗十分豐富。桂良、文祥等政壇老手兼高手，正是指點和策劃叔嫂同盟對抗「八人幫」的軍師。政變後，桂良被提拔為軍機大臣，正式邁入國家領導人的行列，但卻旋即逝世，令恭親王痛失臂膀。

自此之後，恭親王便不再有來自血緣或姻親方面的無條件的支持者。他自己的兄弟，如五哥惇親王奕誴、七弟醇親王奕譞，各有自己的算盤，無法倚靠。而貴族之間最為常見的結親，也沒有為恭親王帶來多

這個相貌實在並不出眾的老太太，就是恭親王長女榮壽公主

大的政治資源，他的兒女或者早夭，或者婚姻不幸。

恭親王長女榮壽公主深得慈禧喜愛，幾乎當作親女一般，親王之女本只能封為郡主，而她卻被破格晉封為品級最高、相當於親王的固倫公主。作為大清國「第一女兒」，榮壽公主年少時相當跋扈，有「粉侯」之稱。儘管恭親王與慈禧權爭中，榮壽公主曾經受過一些影響，但終其一生，都與慈禧保持了極為融洽的「母女」關係，並且與光緒皇帝相處得十分友好。

恭親王最為看好的長子載澂，天資聰穎，文武雙全，像極了父親，但卻放浪不羈，帶著同治皇帝流連於京城各種地下娛樂場所，而且，因擔心被官員們碰見，還不敢去高級場所，兄弟倆沾染了一身的風流病症，雙雙早夭。同治皇帝死在載澂之前，據說他還曾想過把皇位傳給這位一道眠花宿柳的堂兄弟，在前往出席討論接班人的中央會議時，恭親王居然說了句：「我要回避，不能上去。」很是出了一回醜。載澂一死，加上次子載瀅早已過繼給恭親王的八弟，恭親王幾乎斷後。多虧慈禧太后下令，將載瀅的長子溥偉過繼回來，作為載澂的兒子，才算接上了香火。

在那個時代，生育力就是核心競爭力，先有「臍帶」關係，才能帶來更多的「裙帶」關係，恭親王的核心競爭力如此不濟，令其政治影響力缺乏可持續發展的空間，其似乎巍峨的權力大廈，無非是個豆腐渣工程。日後的袁世凱，雖然短壽，卻在這方面頗下工夫，生育力超強，以「臍帶」帶動「裙帶」，造就了一個巨大的「官」系網，受益匪淺。

太后太厚

與身後凋零的恭親王相比，生育力同樣不濟的慈禧太后，卻顯露出了更為深厚的政治功底：她通過插手娘家親戚的婚姻安排及一連串複雜的繼嗣安排，結成了一個牢固的網路。

首先，她將自己的親妹子嫁給了咸豐皇帝及恭親王的七弟醇親王奕譞，成功地將醇親王納入自己的勢力範圍。這是相當有遠見的佈局，同治皇帝死後，就起到了重要作用。慈禧太后力排眾議，將自己的親外甥、醇親王之子載湉過繼為咸豐帝之子，即光緒皇帝，保證了皇座上依然流淌著葉赫那拉氏的血緣。

慈禧太后的弟弟桂祥，則適時地提供了最佳的政治作品：三個女兒，這等於是給慈禧太后提供了三次整合政治資源的好機會。

在她親自做主下，桂祥的長女葉赫那拉・靜榮，嫁給了鎮國公載澤。載澤是滿族親貴中的人才，眼光遠大，思路清晰，日後率團出訪歐美考察政治體制，成為大清第二輪改革開放的旗手之一及政治體制改革的主要推動者。

桂祥的二女兒葉赫那拉・靜芬則成了光緒皇帝的皇后，表兄妹親上加親，只是此女實在太過醜陋，光緒皇帝對她敬而遠之。這就是日後著名的隆裕太后。

桂祥的三女兒葉赫那拉・靜芳，則由慈禧做主，許配給了惇親王奕誴的次子載漪作為福晉。不久，慈禧就下令載漪過繼給剛剛去世且無子嗣的瑞郡王奕志，襲了爵位，這就是日後名震中外的「端郡王」。靜芳之子溥儁，還曾被選為「大阿哥」，作為光緒的接班人。

光緒死後，慈禧選擇了溥儀作為接班人，溥儀的父親載灃雖由醇親王奕譞的側福晉所生，卻從小由嫡母、慈禧太后的妹妹親自撫養，而且，載灃的婚事也是慈禧親自指定的，娶的是榮祿之女，此女與恭親王女兒榮壽公主一樣，也因慈禧養女的身份而成為一代「粉侯」。

如此親上結親，枝蔓瓜葛，形成了「閥閱世家，連淵貴胄」。大清國晚期半個多世紀，女人當國，牝雞司晨，雖然不符合體制，也不符合禮制，卻並沒有遭遇激烈的抵抗，原因是多方面的：一、這種政權實質上是「叔嫂共和、一國兩制」，太后垂簾作為國家元首，而親王輔政則真正執掌中樞；二、慈禧太后本身有能力、有魄力，總是能在適當的時候知道自己權力的適當邊界在哪裡；三、慈禧太后以「臍帶—裙帶」為紐帶，結成了一個牢固的利益共同體，雖談不上肝膽相照，但絕對是榮辱與共。

據說，恭親王曾經感慨，大清國終究要亡於方家園（慈禧太后娘家故居）。記載此事的王照，是操切的戊戌變法的參與者，其抹黑宣傳的能力絲毫不亞於梁啟超，可信度極低。

在一個講究門第、世系、關係的社會中，讀書人尚且一邊飽讀聖賢書，一邊使勁通過同學、師生的關係結為利益團體，恭親王的土地上卻是一片荒蕪，禾苗沒有茁壯生長。他莫非不知，政治的土壤也要靠「鋤禾日當午，汗滴禾下土」嗎？權力絕對需要生物學和生理學意義上的播種，放下清高與孤傲，尋找合適的土地，燃燒激情，生根、開花……

紫禁城的平衡木

一八八四年五月二日，美國《芝加哥每日論壇報》發出了一篇震撼性的報導：「中國前總理恭親王自殺身亡。」這篇報導回顧了這位中國總理「兩起三落」（他的第三「起」要等到十年後的甲午戰爭才會來到）的政治生涯，給予了他很高的評價，並且拿美國國務卿西華德來做陪襯。據說，每當西華德談起中美關係，為了強調自己的權威性，最愛將恭親王掛在嘴邊：「恭親王與我共同認為……」

這篇長達近千單詞的報導，代表了當時美國及國際社會對恭親王的主流評價，但其核心內容卻大擺烏龍。五十二歲的恭親王還好好地活著，在他那四周環繞著綠樹紅牆的王府中，蕩起雙槳，推開波濤，看著陽光灑在海面上。

無風不起浪，恭親王的確在二十多天前（四月八日）被判處了政治上的死刑。

不需杯酒釋兵權

引發恭親王下崗的直接導火線，是日講起居注官、左庶子盛昱在四月三日上的一道奏摺，從題目就能看出其鮮明的立場：《疆事敗壞請將軍機大臣交部嚴議》。此時，中法戰爭已經爆發，清軍在越南北圻喪失失地，朝野震驚。盛昱奏摺中的攻擊目標是政治局委員兼中組部部長（軍機大臣兼吏部尚書）李鴻藻，正是他推薦任命了前敵將領，但是，恭親王作為首席軍機大臣，不能不承擔領導責任。盛昱的本意在於敲打敲打軍機處，推動善意的批評和自我批評。

但是，五天後，慈禧太后的批復令眾人大吃一驚：軍機處全體下崗。

這一天，慈禧太后反常地沒有召見軍機大臣，而只是召見了軍機處的秘書長（領班軍機章京），按照她的思路擬定了聖旨，指責恭親王等軍機大臣「委蛇保榮」，地位越來越高，卻越來越不思進取（「爵祿日崇，因循日甚」），「每於朝廷振作求治之意，謬執成見，不肯實力奉行，屢經言者論列，或目為壅蔽，或劾其委靡，或謂簠簋不飭，或謂昧於知人」。處理結果是，恭親王奕訢開去一切差使，家居養疾；寶鋆原品休致；李鴻藻、景廉降二級調用；翁同龢革職留任，退出軍機處，仍在毓慶宮行走。

同一天，慈禧太后宣佈組建由禮親王世鐸，戶部尚書額勒和布、閻敬銘，刑部尚書張之萬，工部侍郎孫毓汶組成的新的軍機處，隨後又宣佈「軍機處遇有緊要事件，著會同醇親王奕譞商辦」，至此，以醇親王奕譞為首的新的行政核心組成。

這就是清史上著名的甲申易樞。在主流史家眼中，甲申易樞普遍被看作是慈禧太后搶班奪權的「疑似政變」，是以慈禧太后為首的保守、「反動」勢力向以恭親王為首的改革派們的反攻倒算。利用中法戰爭的失利，慈禧太后甚至不用一杯酒，就成功地解除了恭親王的權力，至於李鴻藻等人，則成了陪襯而已。

瑣屑的總理

甲申易樞當然有極為濃烈的權爭色彩，但在慈禧太后奪權之外，恭親王也的確在此前暴露出了極大的破綻。

根據當時的末班軍機大臣、光緒皇帝的老師翁同龢的日記記載，三月三十日，慈禧太后召集緊急會議，討論越南軍情。當天，軍機處已接到電報，確定了北寧、諒江失守。會議上，恭親王卻大談當年十月為慈禧祝壽進獻之事，「極瑣屑不得體」。慈禧太后終不耐煩，表示說早已決定不為生日搞什麼「進獻」了，何必請旨呢，「且邊事如此，尚顧此耶」。但恭親王「猶剌剌不休，竟跪至六刻（一個半小時），幾不能起」。第二天的會議還是如此，還增加了一個惇親王奕誴，兩位王爺兄弟「所對皆俗語，總求賞收禮物」，慈禧太后的話就開始說得重了：「心好則可對天，不在此末節以為忠心。」翁同龢看不下去，只好「越次」發言，勸兩位親王「宜遵聖諭，勿再瑣屑」，總算給大家找了個臺階，「兩王叩頭，匆匆退出」。翁同龢則在當天日記裡感慨說：「天潢貴冑，親藩重臣，識量如此。」

翁同龢的日記，雖然經過他日後不斷地修正調整，但基本事實的可信度還是相當高的。吊詭之處在於，此前在處理一系列內政外交中殺伐果斷的恭親王，何以此時變得如此瑣屑？年齡上，他此時才五十歲出頭，作為國家領導人，正是年富力強之時，雖然從一八八三年開始他休了一年的病假，但已經病癒；經驗上，從二十多年前臨危授命，與兵臨城下的英法聯軍談判開始，他長期主持中央日常工作，大清國上下沒有任何一個官員比他更能駕馭複雜的局勢。只有一種合理解釋：恭親王的變化，非自主也，實無奈也。

八年前（一八七六年），恭親王的得力助手文祥病逝後，慈禧太后將同治皇帝的老師李鴻藻安插進了總理衙門。李鴻藻是倭仁一類的人物，能唱出調門很高的政治高音，但基本不幹事，只管挑刺，做監工。毫無疑問，這種組織措施上的「摻沙子」，就是為了防止恭親王在這個幾乎等於「國務院」的衙門中尾大不掉。曾經團結一心的總理衙門，從此派系林立，只在表面上維持著一團和睦。在這之後，無論軍事、經濟、人才建設等任何改革，都無不遭遇重重阻力，打橫炮的，使絆子的，弄得恭親王也心灰意冷。一八八二年他因病離職，病是真的，但身病的根源仍是心病。病癒後返回工作崗位，又碰上了中法在越南對峙。以李鴻藻等為首的「清議派」高喊主戰，實際上既不知彼，也不知己，他們的背後是光緒皇帝的生父醇親王，這位王爺此時也政治春情萌發，希望能貢獻力量了。而以李鴻章為代表的務實派，則認為此時最好還是避免戰爭，以外交手段為主，韜光養晦，夾緊尾巴，先把國內建設搞上去，厚植國力。瞭解家底的恭親王是傾向於韜光養晦的，但卻架不住主戰派的道德攻勢，十分為難。同樣地，作為最後拍板者的慈禧太后，也左右為難、上下搖擺。顯然，無論戰還是和都有風險，而無論出現任何風險，其責任當然不能由太后來承擔，恭親王就是那個注定要做「檢討」的冤大頭，這是他的角色注定了的「臺詞」。而在「戰無可勝」的情況下，本就不主張冒險一戰的恭親王，選擇以婆婆媽媽的瑣屑來主動獲咎，是給所有人包括他自己找到一個最合適的臺階。

盛昱彈劾軍機處的奏摺，被慈禧太后足足壓了五天。收到奏摺的次日，正是清明節，慈禧太后將恭親王打發出京，隨後多次秘密召見了光緒皇帝的生父醇親王，確定了中央新的領導班子。以恭親王二十多年執掌最高權力的苦心經營，他必然也能及時掌握這些異動情報。如果說甲申易樞是慈禧太后發動的不流血政變，那恭親王絕對是心照不宣，並且默契配合地「被政變」了，一個願打，一個也願挨。

「政變」後，時人嘲諷新的領導班子比老班子無能，寫了一幅後世傳誦的對聯：

易中樞以駑馬

代蘆服以柴胡

但包括西方記者在內，有多少慷慨激昂的人能夠理解高層政治中的無奈？

平衡木上騎毛驢

恭親王在中法戰爭中表現出來的無奈、無力和無能，並不是第一次。與他相熟的丁韙良就說：「總理衙門這臺機器是根據測微螺旋的原理製造的，將震動最小化，但並不促進問題的解決。」這並非「機器」本身的品質問題，而是定位問題。中國數千年的歷史早已證明，一個執政者，尤其是改革者，如果沒有足夠的權威資源做保障，他的改革是難以推進的。而恭親王所能掌握的權威資源，並非完全自主，在很大程度上還必須取決於他和慈禧太后之間的權力平衡。大權旁落，除了作為減震器外，還能做什麼呢？

在整個大清國的權力架構中，隨著恭親王地位的不斷下降，他也日益成為一個大管家而已，平衡著上、下，平衡著左、右，平衡著「抓革命」與「促生產」。另一個近距離觀察紫禁城政治的美國傳教士學者明恩溥（Arthur H. Smith），就將恭親王形容為「朝廷統治機器的重要的平衡輪」。這種「平衡輪」的重要作用，總是要在失去後才體現出來。當一八九八年恭親王去世後，大清國果然失去了平衡，先是向右急轉彎（戊戌變法），期間令那位被恭親王稱為「廣東小人」的康有為暴得大名，然後是向左急轉彎（戊戌政變及義和團），國家元氣被折騰殆盡。

八國聯軍侵華期間所拍攝的北京前門外大街

對於大清改革的艱難，總稅務司、英國人羅伯特・赫德看得很清楚。恭親王去世三年之後，在八國聯軍佔領下的北京，他為英國《雙周評論》（*Fortnightly Review*）撰寫了〈中國、改革和列強〉（*China, Reform and the Powers*）的著名論文。在這篇文章中，他不厭其煩地講述了一個毛驢的寓言：

老人和男孩牽著毛驢去趕集，路上碰到一個主張改革的經濟學家，教導他們說讓驢跟著走而不利用實在是一種浪費，於是老人騎上了驢。另一個鼓吹兒童權益的改革者，卻斥責老人怎麼忍心讓孩子在一邊跟著毛驢跑，於是，換了孩子騎驢。第三個改革者責怪健康的孩子，豈能讓患有風濕病的爺爺踉蹌步行，於是，一老一小同時騎驢。動物保護協會的人就不答應了，大聲斥責他們，告訴他們最適當的方式就是牽著驢走。最後，老人、孩子和毛驢都掉到深溝裡，而各位出主意的改革者們，只能站在溝邊束手無策。

赫德的結論是，不要對中國的改革橫加指責，「人們最熟悉的可能僅僅是自己所在的那個領域」而已。

而恭親王的艱難之處，不僅在於很多人對是否騎毛驢、如何騎毛驢七嘴八舌，而且，日漸喪失權力的他，還只能在狹窄的平衡木上騎毛驢。體操中的平衡木沒有男子選手，原因據說很簡單，如果摔落後正好跨坐其上，會導致生命危險。政治體操中的平衡木也如此，「欲練神功，必先自宮」，才能杜絕「雞飛蛋打」的危險，除非你不玩。因此，包括恭親王在內，作為權力排行榜上的「老二」，中國歷史上的總理們，總是不得不告別陽剛、走向陰柔，只關心問題、不關心主義（或假裝不關心），只埋頭拉車、不抬頭看路（或假裝不抬頭），並且在任何必須向老大低頭的場合，主動、深刻地檢討自責，從而即使在暴政、庸政氾濫的年代，也能離奇地建立起自己在民眾心目中的操勞、親切、忍耐、值得無限回憶的好管家形象。

中國的宰相，其職責就是「調和鼎鼐」，做好政治大廚。所謂「治大國如烹小鮮」，當所有的烹飪用油都已經是被深度汙染後「漂白」的「地溝油」時，大廚所能做的，也就只能是儘量可口些，當毒性發作時，口舌至少還能享受到致命的快感……

周公之死

恭親王奕訢遺像

一八九八年五月二十九日，農曆四月初十。

大清中央向全國幹部群眾沉痛宣佈：久經考驗的、忠誠的大清王朝戰士，努爾哈赤、皇太極等的優秀兒子，大清國改革開放的總設計師和重要旗手，長期擔任大清「總理」並受封為世襲罔替恭親王爵位的愛新覺羅・奕訢，因病醫治無效，已於本日與世長辭，享年六十五歲（虛齡六十七歲）。

在恭親王病重期間，慈禧太后、光緒皇帝都親自到恭王府探望病情，並以其他各種方式表達對恭親王健康的關注。

「平衡輪」停擺了

國際社會也對恭親王之死表示了高度的關注。美國傳教士明恩溥在其著作《中國在激變中》（*China in a Convulsion*）認為，恭親王的逝世，令中國這架「錯綜複雜的政府機器失去了一個重要的平衡輪」。大清國的洋幹部、美國人馬士（H. B. Morse）在他那本著名的《中華帝國外交史》中認為：「一般人認為如果恭親王不死，可能會挽救國家很多的不幸。」《泰晤士報》駐華記者濮蘭德（J. O. P. Bland）認為「恭親王的死是一件嚴重的事……如果他還活著，或許不會有義和團亂事」，這是一九〇〇年義和團—

八國聯軍動亂後，西方人的普遍觀感。

對於恭親王的地位，美國外交官何天爵（Chester Holcombe）曾在恭親王最後一次復出時（一八九四年），有個精彩的論述。何天爵認為，只有恭親王才能「為帝國政策帶來改觀和進步」。他認為，恭親王是精通東方外交藝術的老手。他總是將外交對手放在假定的情境中去認真研究，而不是放在具體的問題上。他既高傲又謙和，既粗魯又文雅，坦率而有節制，有時辦事迅速有時拖拉磨蹭，顯得既有耐心又脾氣暴躁——所有這些特點都根據他的需要，按照角色的變化隨時轉換使用。他成功的最大秘訣在於他能夠事先判斷出需要妥協的時機，他不斷轉換面具並不說明他是個優柔寡斷之徒，隱藏在眾多面具之後的恭親王在認真琢磨著對手，判斷對方的意圖政策，再決定自己的對策。在最後時刻來臨之前，他絲毫沒有妥協投降的跡象，顯得積極對付，毫不屈服。正當他的對手集中全力要發動最後一擊的時候，對手會發現恭親王突然消失了，取而代之的是一個滿臉微笑的謙卑的夥伴。作為所謂的「防禦外交政策」——中國迄今為止只有這一政策——的領導者，恭親王顯得出類拔萃。帝國中還沒有人像恭親王那樣明白帝國可能的未來和帝國自身的弱點。帝國活著的人中還沒有人像恭親王那樣富有經驗，擔當重任……實際上，在他的整個政治生涯中，恭親王是政府政策制定的主心骨，也是執行這些政策的精明強悍的政治家與外交家。

「反動」遺言

在恭親王病重期間，慈禧太后、光緒皇帝以各種方式向他表示了慰問，並且就恭親王身後的國家大事，進行了廣泛而坦率的探討。

從戊戌變法開始，中國近代史幾乎成了一部謊言編織的歷史。康有為顯然是一位傑出的謊言策劃大師

一個廣為傳說，但顯然無法從正史上得到確證的故事，是說恭親王在生命的最後時刻，告誡光緒皇帝：「聞有廣東舉人主張變法，當慎重，不可輕任小人。」（《戊戌履霜錄》）高層密談，自然是不可能洩漏給位卑言輕的史家的。而人們更願意假定此一政治遺言為真，並將其廣泛解讀為恭親王「反動」的證據。康有為、梁啟超師徒也在各種場合，強化了恭親王反改革的形象。從各種可靠及不可靠的史料來看，恭親王「反改革」似乎是真的。但是，那只是反康梁的所謂「改革」而已。

有關戊戌變法的真相，近年來已經被越來越多地揭示出來，康梁在變法過程中的地位、作用，都被他們自己後來的精心宣傳所拔高。在他們倉皇出逃的時候，給予他們掩護的日本和英國的外交官，無人認為他們是大清改革的所謂先行者，是能為理想而獻身的勇士，相反，在發往各自政府的報告中，外交官們對康有為的評價十分糟糕，之所以伸出援手，一是出於所謂的「人道」，二則是考慮到各自國家的在華利益，手上握住了康有為，就多了一個與中國政府討價還價的籌碼。

戊戌變法的實質，與其說是一場改革，莫如說是一群急於獲得政治地位的理想主義者（如康有為等），與一部分不諳世事的理想主義者（如譚嗣同等），聯合推出的一場政治大躍進。盲目而操切的「變法」，自發動之初，就貿然地將重點放在了打破中央國家機關公務員們的鐵飯碗上，一夜之間就裁撤了詹事府、通政司、光祿寺、太僕寺、鴻臚寺、大理寺六個中央部委；裁撤了湖北、廣東、雲南三省巡撫，因為他們與總督同在一地；裁撤了全國那些沒有運輸業務的糧道和沒有鹽場的鹽道……這種組織人事上的「休克」療法，令全國公務員，尤其是省部級以上高級幹部們，人人自危，將他們中的大多數人，無論是改革者還是保守者，都推到了這場所謂「改革」的對立面。

而這些，正是改革經驗豐富、政治嗅覺靈敏的恭親王至死反對如此「改革」的原因。其實，恭親王之外，幾乎所有的改革實踐者們，包括李鴻章、張之洞、劉坤一等，與這場以濫發紅頭文件為主要方式的「改革」保持了相當的距離。而後世比較公認的看法是，如果恭親王不死，這一以文字上的虛幻快感取代應有審慎的兒戲「改革」，將可能無法推行，而這究竟是因為恭親王的「反動」，還是因為他的明智加睿智呢？

打倒翁同龢

在提醒光緒要警惕「康梁小人」之外，恭親王還有道同樣難以證實或證偽的政治遺言：打倒翁同龢。

這一記載的來源是《申報》。恭親王死後一個月，這家大清國最為主流的媒體，發表報導稱，恭親王重病期間，光緒皇帝前來探視，詢以朝中人物，誰可大用？這等於是要恭親王推薦幹部。

恭親王首先提到了李鴻章，但他因甲

翁同龢是那種在儒家光輝下正襟危坐的偽君子，他在政治上的破產，恰恰是他的學生光緒皇帝的自我覺醒、不留情面

午戰敗而積謗過多（「合肥相國積毀銷骨」），一時難以重用，因此，恭親王認為中央只有榮祿，地方上只有張之洞、裕祿三人「可任艱危」。光緒皇帝專門問及如何評價自己的老師、擔任財政部長（戶部尚書）的翁同龢，恭親王毫不猶豫地回答說，翁同龢是國家的罪人，「所謂聚九州之鐵不能鑄此錯者」。報導進一步指出，甲午戰爭前朝鮮局勢緊張，高層曾經拿出了三套方案：一是將朝鮮降格為行省，把朝鮮國王遷回內地供養，參照孔子後裔的榜樣，「世襲罔替」；二是派遣重兵進駐朝鮮，代理其國防；三則是將朝鮮列為各國利益均沾、共同保護的「公共之地」，以便相互牽制。但當時已經執掌中央財政大權的翁同龢，一味高調主戰，卻又不積極備戰，導致主戰的偏激輿論佔了上風，錯過了外交解決的最佳時機，並未準備就緒的陸海軍一敗塗地，「十數年之教育，數千萬之海軍，覆於一旦，不得已割地求和」，列強趁機掀起瓜分浪潮，「德據膠澳，俄租旅大，英索威海、九龍，法貰廣州灣，此後相率效尤，不知何所底止」？

客觀地說，將甲午戰爭的失敗只歸罪於翁同龢一人，與只歸罪於李鴻章一人一樣，都是過度之責。但是，翁同龢這類將自己的名聲、「羽毛」看得重於國家利益的「清流」，的確對李鴻章之類「幹活的人」造成了巨大的掣肘。李鴻章曾經激烈指責「言官制度最足壞事」，「當此等艱難盤錯之際，動輒得咎，當事者本不敢輕言建樹，但責任所在，勢不能安坐待斃。苦心孤詣，始尋得一條線路，稍有幾分希望，千盤百折，甫將集事，言者乃認為得間，則群起而訌之。朝廷以言路所在，有不能不示加容納。往往半途中梗，勢必至於一事不辦而後已。大臣皆安位取容，苟求無事，國家前途，寧復有進步之可冀？」

甲午戰前十多年，日本侵略琉球和臺灣，李鴻章就向中央發出了警報，應將日本作為中國國防的主要假想敵。但翁同龢為了政爭的需要，死死捂著錢袋子，導致北洋海軍多年未進行軍備更新，卻又逼著李鴻章與日本決戰。甲午戰敗後，日本方面指定只和李鴻章進行和談，中央在商議時，翁同龢明知不割地不可，但為了愛惜自己的名聲，堅決要求絕不可割地，實際上是想洗清自己。李鴻章也急了，乾脆表示自己沒這本事，還是請翁師傅親自去趟日本，這才令翁同龢改口。從個人政治品格上來說，李鴻章遠比翁同龢要坦蕩磊落許多，更有擔待，更有責任感，更勇於任事。從後世我們所能看到的史料來看，李鴻章未必是個「真小人」，而翁同龢卻絕對可稱得上是個「偽君子」。

無論恭親王驅逐翁同龢與警惕康有為的兩個口頭遺囑真實性如何，他作為一個實幹家，對翁、康之類玩嘴上虛工夫的人，是有足夠警惕的。實際上，在此之前，翁同龢已經表露了對康有為的極大支持，多次表示贊同康有為等提出的「從內政根本」進行改革的「休克」療法，而這將導致國家機器的重建，「休克」將完全可能造成大面積的癱瘓和崩潰。

恭親王去世後不到一個月，剛剛成為事實上的「總理」並啟動了戊戌變法的翁同龢，就被突然「雙開」，送回了常熟老家。這是戊戌年眾多撲朔迷離的怪事之一。一直以來，史家對此的解釋都是歸因於慈禧為首的「后黨」與光緒為首的「帝黨」進行權力鬥爭，慈禧將翁同龢清除出中央，以削弱光緒的力量。這種已被廣泛接受的論點，近年卻發現是天方夜譚，更多的證據表明，正是光緒皇帝本人不滿於這位「居心叵測，並及怙權」的老師，而親自下旨令老師下崗的。在恭親王臨終發出對康有為和翁同龢的警告後，光緒皇帝還曾親自測試了翁老師對康有為人品的評價，卻發現翁老師前後不一，十分可疑。這在翁同龢自己的日記中，也有閃爍其詞的記載。

至死方忠

恭親王身後得到的哀榮，是不同尋常的。

甲午戰爭期間清軍士兵在北京街頭練習弓箭

他去世後的次日，慈禧太后和光緒皇帝就親自前往恭王府悼念，對恭親王的一生功績給予了高度的評價，賜謚號為「忠」，配享太廟，入京師賢良寺。慈禧太后還下令「輟朝加兩日」，即中央的喪假從三天改為五天，同時，「皇帝素服十五日」，這是人臣罕見的哀榮。

慈禧太后與恭親王是掰了近三十年手腕的老對手，恭親王在政治上的三次大崩盤，除了第一次之外，都與慈禧有著直接的關係。「周公恐懼流言日，王莽謙恭未篡時。向使當初身便死，一生真偽複誰知。」作為大權在握的「老二」，恭親王永遠都是最高權力的最大威脅者，只要看看不絕於史的殘酷的權力鬥爭和血腥的宮廷陰謀，就會明白，對於恭親王既利用又防範，絕非出自慈禧太后神經質的多疑，而只是一種權力的常識而已。「老二」的忠誠與否，只能到撒手人寰的最後時刻才能真正得出結論，謚號為「忠」，絕非對過程的描述，而是對結局的概括。

下崗在家十年，恭親王常去的地方是京西古剎戒台寺。寺內有棵臥龍松，馳名京師，很少題詞留墨的恭親王卻為之題寫「臥龍松」三字，刻碑立於松下。逐漸習慣於憂讒畏譏的恭親王，如此不避嫌疑地自比為「臥龍」，究竟是如何心意?或許，一條不能騰飛的臥龍，在一個只以成敗論英雄、信奉張牙舞爪的社會裡，就只是一條爬蟲而已……

第四章　老大帝國

在大是大非的關鍵時刻，恭親王旗幟鮮明地捍衛了自己的立場：大清國的槍桿子，必須永遠聽從大清召喚，必須堅定地服從大清指揮，這是大清國武裝力量的基本政治要求，這是不可讓步的基本原則。

英國議會：大清穩定壓倒一切

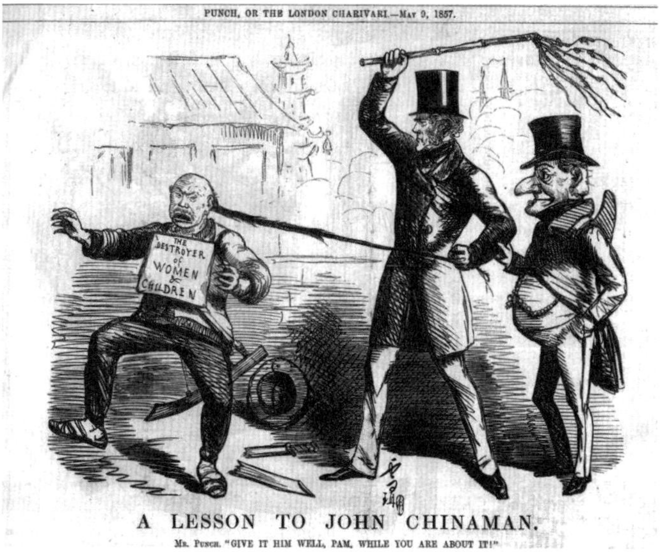

1857 年英國報章上的漫畫《教訓中國人》。無論是鷹還是鴿，在英國人眼中，中國總是需要引導和訓誡的，無論是用棍棒還是用胡蘿蔔

大清國的穩定壓倒一切，大英帝國應當不遺餘力地幫助大清國進行全面改革，乃至幫助大清政府平息任何動亂。維持中國穩定、推進中歐貿易符合英國的最大利益，英國的對華政策必須是「忠誠、坦率及友好的」；英國如果不能支持大清國的改革，那無異於自殺。

這樣的論調，並非出自某位「大清人民的朋友」之口，卻恰恰來自英國著名的鷹派、兩次鴉片戰爭的主要決策者巴麥尊勳爵（Henry John Temple Palmerston）。這位曾經使勁鞭打中國龍的強硬主義者，卻在一八六三年七月六日，以首相身份向英國議會發表了長篇演說，鮮明地提出要扶持中國。

究竟是什麼，令一隻咄咄逼人的雄鷹變成了一隻溫順友好的鴿子呢？

一切都源自恭親王奕訢那務實的外交政策。

英國人筆下的太平天國將士們，剪去辮子，恢復蓄髮的習俗。變更衣冠服制，在中國歷來具有社會政治含義，往往是改朝換代的標誌

大清國的大訂單

再顢頇、再腐敗的政權，到了生死存亡而被迫著發出最後的吼聲的時候，多少都會變得與時俱進起來。一八六二年初，隨著太平軍相繼攻陷東南財賦重地寧波、杭州等地，兵鋒直指上海，大清國的領導核心真切地感受到了沒頂的壓力。

戰爭處於膠著狀態，主持中央日常工作的恭親王敏銳地意識到，必須動員一切可以動員的力量，包括不久前還在刀兵相向的英法等列強，結成最為廣泛的統一戰線，才能在關鍵時候挽救東南、挽救大清。拖延已久的艦隊採購計畫，被迅速地擺上了議事日程。

早在上一年（一八六一年），大清國的洋幹部、羅伯特・赫德就向恭親王建議，可以從英國購買幾十艘艦艇組建新式海軍，這將大大加強前線官軍對太平軍的軍事優勢。這項建議得到了英國公使布魯斯的大力支持。赫德建議說，此費用可以通過提高鴉片關稅和對鴉片徵收貨物稅來籌措。

布魯斯是英國第一位常任駐華公使，他的哥哥正是著名的額爾金勳爵（James Bruce，額爾金 Earl of Elgin 其實是爵號），恭親王的第一位洋對手。

赫德和布魯斯的計畫，立即受到了恭親王的賞識。在他的盤算中，這是個一箭雙鵰的好事：既可以打擊「長毛」，又可以「籠絡」列強。他向當時

英國人畫下的從水路上看到的太平天國首都的情景

重病中的咸豐皇帝寫了報告，咸豐皇帝也很是興奮，立即批轉曾國藩、官文、胡林翼等前線將帥，徵求意見。雖然得到了朝野上下的基本支持，但赫德開出來的預算高達一百五十多萬兩白銀，這令囊中羞澀、兩袖「清」風的大清中央很是為難，只好不斷折衝，壓低預算。直到太平軍飲馬西子湖，此時赫德的預算也調整到了八十萬兩，恭親王便不再猶豫，指示赫德，授權正在英國老家休假的總稅務司李泰國（Horatio Nelson Lay，赫德此時還是代理他的職務）採購這些軍艦。

這是一張龐大的訂單，中國人的購買能力令英國朝野大為興奮：六艘炮艇和三艘快艇，外帶全套的人馬，每艘炮艇配備艦長一人、軍官二人、輪機手二人、炮手二人、水兵十人；每艘快艇則配備艦長一人、軍官一人、輪機手三人、炮手四人、水兵三十人。這不僅能大大拉動英國軍火行業的GDP，而且英軍官兵到大英帝國之外再就業，將大大加強英國對中國的影響力。

這是大清國第一次國際大採購，也是恭親王奕訢主持中央日常工作以來，拍板決定的最大一筆財政支出。吊詭的是，這樣一個動作極猛的改革舉措，卻出乎意料地沒有遭到來自保守派的反對。沒有喝彩，也沒有反對，萬馬齊瘖，在來勢兇猛的太平天國面前，衛道士們終於學會了什麼是顧全大局。

這是大清國在引進技術和人才方面的重大嘗試，這樣一支完全採購自「洋鬼子」的艦隊，加入到「國有資產」的行列後，無疑將令大清中央更有決心、有能力應對國內外敵對勢力，主要是國內敵對勢力的挑戰。此時，清政府另一個「引進—消化—吸收」的項目洋槍隊（後更名為「常勝軍」，Ever Victorious Army），正在與太平天國的對抗中發揮巨大作用，一支「水上洋槍隊」無疑將令「對外開放」的偉大成果首先在對內戰爭中綻放。

大清國的集權體制，在這種關鍵時刻體現了高度的制度優越性。中央迅速拍板，赫德立即（一八六二年二月二十四日）急電英國，通知李泰國，北京已經命令兩廣總督勞崇光為艦隊支付第一期款項。此時，李泰國已經與英國海軍上校、著名的北極探險家阿思本（Sherard Osborn）進行了接觸，邀請阿思本出任擬議中的艦隊司令。採購開始緊張地進行，但此時，英國議會卻開始杯葛這一受到政府支持的軍火外援專案。

英國議會大辯論

太平天國運動之前及運動初期，英國對華政策的主流還是炮艦政策，對清政府以打壓為主。但中國內戰所造成的巨大破壞力，令英國在華最為重要的商業利益受到了嚴重的影響，他們這才看清了清政府在穩定中國局勢方面的關鍵作用，遂開始調整政策，轉而扶持清政府，同時在中國的「改革」和「開放」過程中加緊滲透，力圖將中國政權「英國化」，這成為英國政界有遠見者們的共識。

這些人與目光短淺的傳統炮艦政策的支持者，以及出於宗教或政治理想等各種原因而親太平天國的人，發生了激烈的爭論。

阿思本為中國「打工」的申請，令英國內部就中國政策的分歧公開化和表面化。一八六二年七月二十五日，英國下院會議辯論中，議員海亞（Sir J. Hay）提出，阿思本作為英國軍官，究竟是否可以服務於「中國的叛亂方」或者「那個腐朽的王朝」？一旦處理不慎，這就完全可能將英國拖入一場預料之外的中國內戰衝突之中。

議員塞克斯上校（Colonel Syke）指出，英法軍隊協助中國官軍「解放」寧波後，「解放者」們對這座城市造成的破壞遠甚過太平軍。當時在華的一些英文報紙對此也有報導：「（官軍）於數小時內所破壞的較之叛軍佔領寧波的五個月內破壞的要多得多。」（《中國郵報》）「再沒有比聯軍從太平軍手裡奪取寧波的行動更荒謬、更無理、更不義的了。我們應該公正地把英國皇家兵艦丟樂德艦長的永垂不朽的可恥行為載於史冊。」（《香港日報》）一年多後的《泰晤士報》（一八六三年七月十七日）也承認，毫無軍紀的聯軍和中國官方雇傭的洋槍隊在寧波進行了大規模破壞，遭到西方商人和中國官方的一致抱怨，不得不安排他們撤離。

塞克斯上校說，在上海，沒有任何西方人受到太平軍的威脅，相反，太平軍總在不斷尋求與西方人的友誼，然而西方人卻主動協助官軍參戰，「我們對待太平天國的態度，就是狼對待羊的態度，不管羊是在河的上游還是下游喝水，結局都是一樣的」。他認為歐洲雇傭軍要從太平軍手中「解放」嘉定，實際上就是搶劫「搶劫者」「黑吃黑」而已。上海其實並不存在危險，「黃浦江平靜得就如泰晤士河一樣」。他質疑道：「這些在中國的軍事行動，駐紮當地的英國官員是否瞭解情況？是否已向議會報告？」

塞克斯上校是英國少數對太平天國持同情態度的議員，他曾經質疑英國外交系統，為什麼沒有將在華出版的英文報刊上有利於太平天國的報導送交倫敦，這極大地誤導了歐洲輿論。他認為布魯斯等人稱太平軍為土匪「顯然是在有意顛倒黑白」，他在報端撰文道：「如果說他們是土匪，那麼，當荷蘭人民起來掙脫西班牙的枷鎖時他們都是土匪；我們自己的英聯邦也是由土匪建立的；當美洲殖民地人民從宗主國手中爭得獨立時他們也是土匪；美國的南方同盟在抵抗北方聯盟時也是土匪！如果夏福禮領事（英國駐寧波領事）更好地溫習一下歷史，他就不敢貿然斷言。」

議員維特・布萊德（Whit Bread）則要求議院明確，如果英國軍官們為中國政府服務，其服務年限不可視為在英國海軍的服務年限；在中國所獲得的薪水、晉升等，也與英國政府無關，不被皇家海軍所承認；而如果在中國受傷或陣亡，也不可能享受英國的任何撫恤。這等同於要求他們「留職停薪」。

這樣的爭論，雖然最終是「親華」的一方獲勝，但在阿思本艦隊的整個籌建過程中，反對的聲音還是時有所聞。為了得到議會的支持，英國首相巴麥尊勳爵親自出馬，向議會發表長篇演說，為阿思本艦隊辯護，提出了親華政策。

作為一名鷹派，巴麥尊不僅因主導兩次鴉片戰爭而聞名，也在鎮壓印度民族起義、發動對俄的克里米亞戰爭、支持美國內戰時的南軍等大事件中，十分活躍。在演說中，他對一些議員質疑阿思本艦隊清剿「海盜」的使命大為惱火，嘲諷他們真是站著說話不腰疼，絲毫沒有認識到，只有阿思本艦隊才能將中國海流域的「土匪」徹底掃清，確保中歐之間的貿易暢通。

他提出，俄國和法國對中國覬覦已久，英國應該大力幫助中國整頓財經體系、建立強大的陸海軍，以抵禦可能的侵略。只有英國力量的存在，才能令俄法不敢輕舉妄動。這幾乎與恭親王所分析的基本一致：列強之間即使「同床」，也必然無法「共夢」，中國大可從中獲得寶貴的支援，無論對內對外都是大有裨益的。

巴麥尊的演講，高屋建瓴，釐清了大英帝國在對華政策上的模糊認識，據《泰晤士報》報導說，在巴麥尊演說結束時，激動的議員們起立並長時間歡呼。一個多月後，維多利亞女王批准了阿思本艦隊計畫，英國樞密院隨即正式發佈敕令，批准這一行動。

恭親王在合適的時機打出了一張合適的牌，僅僅用兩年多的時間，就將一個攻入自己首都的武裝到牙齒的強敵，變成了同志加兄弟，從此，大清帝國與大英帝國保持了長時間的友好關係，大清國獲得了三十年寶貴的國際和平時間，得以聚精會神搞建設、一心一意謀發展，史稱洋務運動及同光中興……

槍桿子裡出政權

主持中央日常工作、一向溫文爾雅的大清「總理」、恭親王奕訢，終於發怒了。

在給英國公使回復了多封態度和藹但措詞強硬的信後，恭親王下令：解散大清國的首支新式艦隊，還未正式上任的艦隊司令、英國籍的洋幹部阿思本連同艦隊全體英國籍官兵一律下崗。

在大是大非的關鍵時刻，恭親王旗幟鮮明地捍衛了自己的立場：大清國的槍桿子，必須永遠聽從大清召喚，必須堅定地服從大清指揮，這是大清國武裝力量的基本政治要求，這是不可讓步的基本原則。

大清國採購整支海軍

這是一八六三年十月。那支懸掛著黃龍旗、裝備著最新式艦艇及武器、由清一色的英國官兵組成的「中英聯合艦隊」（英國報章的習慣稱法，中國史書普遍稱為阿思本艦隊），正停泊在大清帝國的東部沿海。如果沒有這一波折，這支艦隊將成為大清帝國及東亞地區的首支現代化海軍（北洋艦隊在此後十一年才出現），地區平衡、世界均勢乃至中國和世界的近代史都將因此而重寫。

英國人對這支艦隊是全力支持的，自英國議會在立法方面放行之後艦隊的組建工作飛速進展，英國軍方不惜將最先進的艦艇賣給中國政府。負責採購和組建的大清國總稅務司、英國人李泰國，看中了英國海軍上校阿思本，此人在軍界以北極探險而著名，並曾經親自參與過兩次鴉片戰爭，是大清人民的老對手了，對中國相當熟悉。李泰國代表中國政府，正式聘請阿思本擔任這支艦隊的司令，任期四年，並且簽訂了一份共有十三款內容的協定。

在「李阿協議」中，明確約定，阿思本作為艦隊司令，只服從由李泰國轉達的中國皇帝的諭旨，而且李泰國對於不合理的諭旨還可以拒絕轉達。這一明顯侵犯中國主權的條款，實際上將艦隊變成了李泰國的私人武裝，這成為日後爭議的焦點。熟悉中國國情的赫德立即給李泰國寫長信勸告，但毫無效果。

有意思的是，李泰國和阿思本兩人，在這份日後頗多爭議並導致艦隊計畫流產的協議後，加了不少注解，詳細解釋他們設立這些條文的考慮，但這些注解似乎沒有得到中國歷史學界的足夠重視。

其中第一條注解明確說明：「我們不得不和善於欺騙和背信的亞洲人打交道，他們會隨時以眼前利益和自己的觀點進行修正。我們畢竟給他們提供的是實質的軍事援助，必須防止這種援助被濫用，給我們自己及大英帝國中我們的支持者們帶來醜聞。我們要保證女王樞密院所給予我們的巨大權力和責任，不至於被我們自己、我們的繼任者乃至中國政府所濫用。」

從這一注解可看到，李泰國在作為中國政府的代表與作為大英帝國的臣民兩種身份之間，毫不猶豫地選擇了後者。這樣的身份衝突，也是他一直找不準自己定位的原因。而依照這一注解，整個艦隊計畫似乎不是中國的政府採購行為，而更像是英國的一個政府援助專案。

李、阿兩人在注解中詳細說明，中國的地方官員們是靠不住的，在沒有帝國政府授權的情況下，中國地方官員居然可以自行購買歐洲艦艇、自行招募各國水手，「揚子江上的艦艇一半屬於（招安改編的）海盜，一半屬於此類武裝民船」。李泰國和阿思本因此認為，他們經手的艦隊必須確保直屬於中央政府，以與這些「海盜」們相區別。

致命的是，這兩位似乎處處為中國利益著想的英國紳士，沒有解釋，也無法解釋李泰國憑什麼可以選擇性地遵從或拒絕中國皇帝的諭旨。

當李、阿兩人在倫敦沉浸於千秋偉業的大夢時，中國的形勢發生了巨大的變化。因清軍圍攻南京（太平天國的天京）日急，太平天國最驍勇的忠王李秀成率大軍回救首都，上海之圍遂解，李鴻章所部淮軍在英法軍、「常勝軍」配合下，收復嘉定。軍事態勢對太平天國越來越不利，恭親王已經完全不需要依賴阿思本艦隊來實現軍事救急。

「總統」之爭

李泰國會同阿思本制訂了將艦隊分階段開往中國的計畫後，就攜眷趕回了上海，與代理其職位的赫德見面，然後一同趕往北京，覲見恭親王。

恭親王給了興沖沖的李泰國兜頭一瓢涼水：中國政府拒絕接受李阿協議，艦隊必須接受身處前線的地方督撫的節制，才能保證其在戰場上發揮作用。李泰國堅持艦隊只能接受中央政府的直接指揮，他的觀點得到了英國公使布魯斯的堅定贊同。雙方形成了僵局，多次聯席會議均不歡而散。

布魯斯於六月十六日致函恭親王，要求中央政府必須將關稅和指揮權抓在手中，以保證艦隊的運轉費用和軍餉，且不受地方當局節制。

恭親王則毫不客氣地回信指出：是否准許英國軍官為中國效勞，當然是英國公使的職權範圍，不同意就拉倒；但如果同意，則英國軍官由誰指揮，餉銀從何開支，這就是親王的權力範圍，不用英國人瞎操心。

其時，布魯斯的處境相當尷尬，因為戈登率領的「常勝軍」就是由地方政府節制的。如果也要「堅持原則」，則戈登等軍官就必須離開「常勝軍」，赫德認為這將成為英國遠東政策的噩夢。

在這些談判中，赫德敏銳地發現：中國皇帝雖在形式上是最高權威，但這種權威並非無限的。皇帝對官員的監督管理是在事後，地方事務，包括當地的對外事務在內都是由地方官員們自行掌管。任何「直屬於北京」的艦隊，如果不在曾國藩和李鴻章的指揮下，其實難以在南方的戰事中發揮作用。

經過幾輪辯論，最終雙方同意在阿思本之上設立一位中國「總統」（總司令），由曾、李推薦人選；而阿思本則擔任「幫同總統」（副總司令）。雙方達成了五條協定，對艦隊的維持費用等做了詳細安排。七月二日，赫德在日記中寫道：「解決艦隊的事情成功了。」

現在就等著艦隊及阿思本的到來。

最後通牒

阿思本的到來卻令情況再度惡化。

阿思本艦隊的第一批艦艇於八月一日到達長江口，阿思本本人則率領第二批於九月上旬到達，最後一批艦艇在十月六日進入中國港口。

阿思本到華後，在上海逗留了幾天。據他後來所寫的備忘錄，當時李鴻章在上海大挖他的牆腳，其代理人積極遊說阿思本艦隊官兵，承諾更高的薪水，甚至可以將第一筆報酬先打入這些官兵的英國銀行帳戶。阿思本在備忘錄中對這樣的「中國特色」大吃一驚，隨即開除了牽涉其中的十四名官兵，這加劇了他對李鴻章的不信任感。

阿思本於九月二十五日到達北京，獲悉了李泰國此前與總理衙門達成的五條協議，勃然大怒，他認為這不僅與此前的協議大相逕庭，而且海軍艦隊要聽命地方政府，這是大忌，「如果這就是中國特色，難怪他們無論陸戰和海戰都要打敗仗了」。他認為，此前所簽的官兵雇傭協議，前提就是他必須作為艦隊司令，如果另設中國統帥，那這些合同就全部無效了。

隨後，阿思本將自己對李鴻章的怨憤都發洩出來，「李鴻章是個能幹的中國人，但也是個不守規矩的人，他的行為就是想削弱我的權力，然後可以更好地駕馭我或拋開我，就像他對其他歐洲軍官一樣」。他認為，自己的使命是傳播西方文明，推進全人類的商業利益，如果聽命於李鴻章，這些從英國海軍中精挑細選出來的將士，就和被李鴻章招安而來的海盜們沒有區別了，「聯合艦隊就會從蒙上帝賜福的艦隊，墮落到被中國人民和在華歐洲人詛咒的地步」。他毫不隱諱地寫道：「我如果在這問題上軟弱，就會如戈登那樣被李鴻章玩弄。」

阿思本艦隊配置了當時最先進的艦艇，比圖中這些同時期停靠在香港的英國艦隊更為先進

強悍的阿思本和李泰國兩人聯手，與恭親王及總理衙門之間的衝突日益激烈，而唯一能在其間迴旋的赫德，則又已經南下上海，出任他的「上海稅務司兼管長江口及寧波關務」。

在沒有赫德斡旋的情況下，只經過了三天的激烈辯論，阿思本就直接給恭親王寫信，指責恭親王的決定「直接違反我和李泰國先生的正式協定……我到中國來是為皇帝效勞……而不是僅僅充當地方當局的僕人……中國總理衙門認為『恭親王所議之辦法係中國的常理』，對此，我的答覆是，我以及我的追隨者到這裡來，不是為了使我們習慣於中國水兵或士兵所受的通常待遇，也不是為了幫助他們在對待歐洲雇員或一般歐洲人方面執行一項倒退的政策」。

其後三週，李泰國和阿思本在總理衙門「誘騙、爭論和咆哮」，恭親王均未露面。十月十五日，作為「客卿」的阿思本居然向恭親王發出了「最後通牒」，限四十八小時內批准他和李泰國的協議，否則他就立即解散艦隊。在這封「最後通牒」中，他辯護說自己和李泰國的一切言行均嚴格執行了恭親王最早的指令，抱怨中國政府沒有遵守諾言。

他的信終於激怒了恭親王及總理衙門，即使一向十分溫和的大清外交部副部長（總理衙門大臣）文祥，也甩出了重話：大清國即使退回到關外，也絕不會屈服於阿思本的無理要求。

十月十九日，沒有得到回音的阿思本請示英國公使布魯斯，說明他想解散艦隊，但由於所有艦艇是清帝國的財產，他無法處置，但又擔心如此強大的艦隊若落入地方政府手中，會出現大的風險。

布魯斯回信說，他已經告知恭親王和總理衙門，這支艦隊的指揮權只能由女皇政府信得過的人指揮；他要求阿思本想方設法先將艦隊留在手上，在得到英國政府指令之前，不得移交給任何人。

隨後，在美國公使蒲安臣斡旋下，總理衙門和英國公使進行了緊急磋商，最後雙方同意由阿思本遣返所有人員、艦艇，中國政府承擔所有的經濟損失。

這一爭論，令大清國損失了八十萬兩白銀。但經此

阿思本官方畫像

折騰，恭親王再度以實際行動表明了：即使是「腐敗無能」如大清者，也同樣甚至更加理解「槍桿子裡出政權」的中國式真理，什麼都可以丟，就是槍桿子不能丟，什麼都可以犧牲，就是槍桿子不能犧牲。在這一原則問題上，不得有絲毫的鬆懈與讓步。

阿思本艦隊解散十一年後（一八七五年），在赫德牽線下，恭親王再度拍板，向英國採購軍艦，但從艦隊司令到普通水兵，都是清一色的大清子民，這就是日後大名鼎鼎的北洋艦隊。後人無從得知，恭親王在槍桿子問題上如此堅持原則，究竟為大清國帶來了什麼，但可以肯定的是，一個因內憂外患而危在旦夕的政權，此後又支撐了四十多年之久，並且還時不時地迸發出貌似中興的星星之火……

洋幹部下崗

一八六三年十一月十六日，大清國又一名高級領導幹部被「雙開」，這回輪到了英國籍幹部李泰國。

洋幹部也能上能下，說換就換，這當然是新鮮事，表明了大清中央在幹部人事任免乃至外交方面的日漸雄起。

擔任了九年的大清國海關關長（總稅務司），李泰國在大清中央政府中很有些分量：他不僅執掌著海關這一大清國的主要財源，而且在大清國與西方各國，尤其是老大哥英國的雙邊及多邊關係中，扮演著重要的角色。大清國將自己的第一支新式海軍的採購大訂單交給他去執行，這本身就說明了中央對他的倚重和信賴。

撤換這樣的洋幹部，牽一髮而動全身，能有魄力下這個決心的，只有綿裡藏針、外柔內剛的恭親王奕訢。

越位

導致李泰國與其「老闆」奕訢翻臉的導火線，是其在經辦「英中聯合艦隊」時對中國主權的蔑視和踐踏。從那時開始，

清朝的早期海關

這一事件一直都被作為「帝國主義侵略」的經典案例，也是歷經清朝、民國直至今日而評價依然的極少數「鐵案」之一。

在購置艦隊和招募外籍官兵中，恭親王及中國政府給李泰國的授權僅僅局限在經濟方面，他可以在審定的預算額度內自主開支。但李泰國卻擅自突破了這一授權，在他與這支「混血」艦隊的未來司令阿思本簽訂的勞動合同中，兩人居然約定了阿思本只接受由李轉達的中國皇帝的命令，而李泰國還可以對其認為不合適的聖旨不予轉達。同時，雙方還約定將艦隊官兵四年的薪水一次性提前支取。

這當然深深傷害了以恭親王為核心的大清政府和人民的感情，他們無法接受這樣一個將海軍大權拱手相讓的合同。在李泰國和恭親王等人的激烈爭論中，他堅稱中國地方官員過於腐敗，因此艦隊不能聽從前線統帥的調度，而必須直屬於皇帝，這又激起了曾國藩、李鴻章等前線大員們的激烈反對，並被迅速上升到軍隊聽誰指揮的國家原則高度。

毫無疑問，在這樣的局面下，恭親王只能選擇玉碎而非瓦全，艦隊最後被解散。大清國第一次大張旗鼓的人才、技術雙引進項目宣告破產。

對於涉嫌瀆職的李泰國，恭親王十分惱怒，他在給皇帝的報告中，用罕見的尖刻語言說，「李泰國辦事刁詐，以致虛糜鉅款，實難姑容」，處分結果是「將其革退，不准經理稅務」。恭親王隨即嫻熟、辯證地將這件壞事說成了一件好事：「該夷狡獪異常，中外皆知，屢欲去之而不能，今因辦船貽誤，正可藉此驅逐。」如果李泰國敢於不遵，則將通過英國公使對此進行懲辦。

強悍的李泰國在這樣的打擊面前終於低下頭，之後與恭親王的幾次見面，「詞色之間，業已神喪意沮，迥非來時桀驁情狀」。但恭親王依然擔心他「野性難馴」，為了防止他回到英國後「顛倒是非，處心積慮，遇事思掣中國之肘，不可不預為設防」，於是將詳細的經過，發文告知英國駐華公使布魯斯及李泰國的好友、中國通威妥瑪，以徹底杜絕李泰國「造謠簧惑」的可能。

在這封以外交部副部長（總理衙門大臣）文祥名義發出的信中，中國政府詳細羅列了李泰國所犯的嚴重錯誤。在艦隊指揮權這樣的原則問題上，除了阿思本艦隊的越位簽約外，居然還要求將中國各港口的輪船歸其一人調度，將上海的「常勝軍」（即華爾、戈登等人率領的外籍雇傭軍）歸其一人指揮。信中還指控李泰國缺乏職業操守，其既然在中國擔任領導職務，「食中國之俸，即與中國屬員無異，其職分亦與各省關道相等」，但此次購置艦隊回京後，卻以其與英國公使級別相等為理由，不再給恭親王呈送「請示報告」，而使用平行書信。大清本來給了他優厚的待遇，為他在句欄胡同購買了居所，有一百多間房，現在他居然嫌小，指名要換到肅王府去，或至少要將肅王府分給他一半。肅親王可是世襲罔替的鐵帽子王，其坐落在東交民巷使館區的王府關係到國家的臉面，此前法國就曾要求將此定為使館，但被大清政府嚴拒，肅王府後來在義和團及八國聯軍動亂中成為戰場被毀壞。李泰國要求，如果不給他肅王府，那就要把肅王府邊上的詹事府衙門的房子騰給他。其實，李泰國指定的兩處新住宅都緊靠著英國使館，幕後顯然是英國想在北京擴大使館區。

美國歷史學家費正清等人認為：「李泰國給中國自尊心造成的巨大傷害，不可寬恕。他所要求的權力，任何主權國家都不可能交給一個外籍雇員。他甚至要求取消妨礙他染指海關稅收的北洋和南洋大臣，要求一套皇親國戚才能用的府第；他表現得與總理衙門大臣平起平坐，只有恭親王才是上司；而在實際工作中，他總是不能及時拿出艦隊的開支帳目。」

野性

在恭親王看來，李泰國不僅在政治上，而且在人品上都有大問題，但接替李泰國的英國老鄉赫德並不這樣認為，他否認李泰國有任何侵奪中國軍權的主觀願望，其問題僅僅是過於「英國化」的個性，忽視了中國國情，提出了過於激進的改革要求。赫德本人也認為「這種要求很可能推遲而不是加快有益的變革」，而以開明著稱的總理衙門大臣文祥很明確地告訴赫德，中國需要改革，但改革需要時間，不能急躁。

比起祖國英國來，李泰國其實更熟悉中國。他的父親李太郭（George Tradescant Lay）是英國聖公會的傳教士，長期在華傳教。第一次鴉片戰爭後，老李被英國全權代表璞鼎查（Henry Pottinger）聘為翻譯和顧問，此後投身外交界，出任英國駐廣州的首任領事，後又轉任駐廈門領事。老李在四十歲那年（一八四五年）早逝，留下六個孩子，李夫人難以承受經濟壓力，只好將十五歲的長子和十三歲的次子李泰國送到中國，請德國傳教士、同為璞鼎查顧問的郭士立（Charles Gutzlaff）代為撫養。

逆境中的李泰國十分勤奮，十六歲那年便因地道的中文而被英國駐華使團聘請為翻譯，成為「外交童工」。二十二歲時，李泰國出任英國駐上海副領事。此時，太平軍已佔領南京，位於上海的江海關失控，英、法、美三國遂各派一名稅務司「協助」清廷徵收關稅。李泰國成了英方代表。不久，法美兩國相繼退出，李泰國獨攬大權，遂根據西方模式對海關大舉整頓。他建章立制，廢除「稅額包乾」的陋習，所有稅款「盡收盡解」、點滴歸公，並對腐敗的海關官員和從事走私的外商船隻進行嚴厲打擊，成了雙方共同的「敵人」。在李泰國主持下，已近停頓的江海關在戰亂期間居然穩步發展，為清廷戰時財政雪中送炭。鐵腕的李泰國也因此得到了恭親王的讚賞，在全國海關實行統一管理的重大體制改革中，他被任命為全國總稅務司，成為官階最高、權力最大的外籍雇員。

然而，作為大清公務員，李泰國在最為關鍵的國家忠誠問題上面臨尷尬。第二次鴉片戰爭期間，他不顧利益衝突，擔任了英方代表額爾金的翻譯和顧問，參加天津條約談判，並為英方起草了大部分條款。父子兩代在兩次鴉片戰爭中擔任同樣的角色，在大英帝國看來，自然是忠君報國的典範，而在恭親王看來，李泰國多少有點「吃裡爬外」。

一八六一年，李泰國回英休假，一方面為購置艦隊奔波，這導致了他與恭親王的最後決裂；另一方面，他為了抵制領事裁判權侵入中國海關，而向國際法專家廣泛諮詢，釐清了相關法律界定，客觀上維護了中國利權。

因此，赫德認為，李泰國在中國官場的失敗，其實是個性使然，他「甚至在自己家裡也有對手」，其粗暴言行，令他本可以成為「中國的朋友」的一切努力都付諸東流。此後的大清洋幹部們似乎在耐性方面都大有長進了，赫德本人就遊刃有餘地周旋於大清官場達四十七年之久，反倒令英國方面懷疑他對祖國的忠誠。

軍旗

李泰國在中國歷史上還留下了另一個深刻的烙印：與恭親王「合作」設計了第一面中國軍旗。

購置阿思本艦隊的工作啟動之時，英國政府就要求這支艦隊必須懸掛清晰的軍旗，以免造成不必要的誤解。李泰國設計了一面軍旗，綠色為底，配以黃色的「X」十字。在他與阿思本簽訂的協議中，對

大清國的黃龍旗

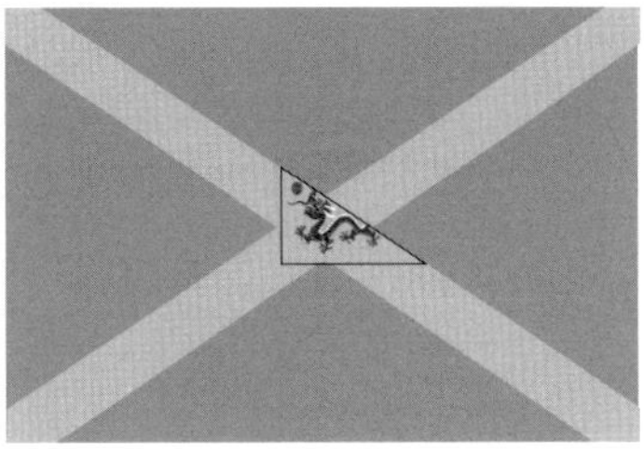

李泰國設計的軍旗

此做了說明，之所以選擇綠色，只因為從來沒人將此作為海軍旗底色，容易辨認（戈登率領的「常勝軍」也使用罕見的綠色軍旗）。而「X」十字則是大英帝國國旗的基本圖形，將「X」十字換成黃色，融合了中英兩國的元素，設計者不可謂不煞費苦心。

但這一設計遭到恭親王反對，他認為，中國的軍旗必須是黃色，必須要有龍，龍必須在旗幟的上方，而且此前的中國官旗都是三角形的。李泰國最後綜合了意見，新的軍旗為綠底黃色「X」十字的長方形，中間是繪有藍色龍的黃三角。

一八六三年二月十三日，這面軍旗在官方的《倫敦政報》（*London Gazette*）上公佈。這是中國第一面獲得世界認可的軍旗。

一八六四年一月九日，李泰國由上海起程，黯然返回並不熟悉的祖國英國。恭親王雖然在政治原則上毫不妥協，但在經濟上還是給了他很高的補償：多發了四個月薪水，另送了六千兩銀子，總計折合約一萬四千多英鎊。這在當時也是一筆不菲的收入，英國駐印度海軍司令的年薪才三千三百英鎊。

經此事件，恭親王為大清國今後任用洋幹部設立了規矩，一方面大膽起用，另一方面嚴格管理。從此，在遍地腐敗的大清官場，洋幹部以其專業、敬業、廉潔，在軍事、財政、教育等領域建樹頗豐，大大延緩了帝國的衰亡。當然，他們也被後世普遍看作了「帝國主義侵略的急先鋒」，看作了大清政府「賣國求榮」的人證……

誰家的走狗

一八六六年四月五日，一份特殊的中央文件用快馬送往沿江沿海各省督撫。中央要求各省領導們務必要對這三份文件認真研究，儘快回復，「共體時艱，勿泥成見」。

這三份文件，都來自英國人：

大清國的洋幹部、擔任海關總稅務司的赫德撰寫的〈局外旁觀論〉；

英國駐華公使館參贊、著名漢學家威妥瑪撰寫的〈新議略論〉；

英國公使阿禮國（Rutherford Alcock）為提交〈新議略論〉而發出的一份外交照會。

這三份文件主題鮮明：為大清國的改革開放畫圈圈。英國人尖銳地分析了大清政府所面臨的內憂外患後，督促大清政府加大改革力度，膽子再大些，步子再快些。

一場解放思想的大討論，摻雜著捍衛主權和面子的目的，席捲大清國的高級幹部。

「綿羊」為何作亂

赫德的〈局外旁觀論〉，其實在半年前就提交了（一八六五年十一月六日）。一八六五年八月，海關總稅務司剛剛從上海搬到北京，正式廁身於在京中央國家機關的行列。

這篇約四千字的建議書，是赫德以客卿的身份第一次向大清政府提交完整的建議，因此自稱為「局外旁觀」，以圖達到「旁觀者清」的效果。因為旁觀，所以不必在乎大清官場的潛規則，話可以說透，甚至說絕。這篇建議簡直就是一篇檄文，幾乎徹底否定了自從粉碎肅順為首的顧命大臣「八人幫」以來，大清國在以慈禧太后和恭親王為核心的中央領導集體帶領下所取得的「偉大」成就，並且將矛頭直指大清國的幹部隊伍，直指大清國自認為舉世最為先進的社會制度。

赫德的指控包括：

有法不依、執法不嚴——「律例本極允當，而用法多屬因循。制度本極精詳，而日久盡為虛器」；

官員腐敗——「外省臣工，不能久於其任，以致盡職者少，營私者多。寄耳目於非人，而舉劾未當，供貪婪於戚友，而民怨弗聞」；

官場形成了「劣幣驅逐良幣」的「逆淘汰」——「在京大小臣工，名望公正者，苦於管轄甚多，分內職分，反無講求之暇；部員任吏胥操權，以費之有無定準駁，使外官清廉者必被駁飭，如是而欲民生安業，豈可得耶」；

幹部人事制度務虛不務實——「俸滿即應升調，於地方公事，未及深究，胥吏反得久踞衙署以售其奸。年滿更換之說，盡屬虛語」；

幹部隊伍徹底糜爛——「文武各事之行，盡屬於虛，執法者唯利是視，理財者自便身家，在上即有所見，亦如無見，遠情不能上達，上令不能遠行」；

軍隊也被腐敗侵蝕，毫無戰鬥力——「兵勇之數，動稱千百萬，按名排點，實屬老弱愚蠢，充數一成而已。平日挑抬營生，未經訓練，一旦令其戰陣，實驅市人而使鬥；以刀矛為耒耜。駐

大清海關總稅務司赫德

防人等，平時拉弓舉石，只講架式，股肱怠惰，只得養鳥消遣。賊至未決一死戰，而全家自盡請恤矣」；

軍隊甚至擾民——「對敵之時，賊退始肯前進；賊如不退，兵必先退，帶兵官且以勝仗俱報矣。及殺一二平民，或由賊去而未遇未剃髮之村農，且以斬馘發逆無算，入告邀功矣」；

知識份子毫不關心民瘼——「通經原為致用，而今之士人，書籍非不熟讀，詩文非不清通，使之出仕，而於人所應曉之事，問之輒不能答，一旦身居民上，安能剔弊釐奸……」

赫德甚至認為：「法本善而反惡，種種非是，以致萬國之內，最馴順之百姓，竟致處處不服變亂！」在晚清西方人的觀察中，幾乎都認為中國百姓是世界上最容易管制的百姓，但就是這些要求極低，僅得溫飽即會熱淚盈眶地歌頌偉大政權的「綿羊」，卻不斷地爆發群體性事件，乃至公然扯旗放炮。赫德這一指責，幾乎一筆抹黑了欣欣向榮的大好形勢。

對於外交關係，赫德指責中國官員「初視洋人以夷，待之如狗」，試圖對抗通商、傳教自由以及條約體制，而兩度陷於戰敗（指兩次鴉片戰爭），「皆由智淺而欲輕人，力弱而欲伏人」。「外國所請，以力可得」，如果建立條約體制，「某事當行，某事不當行，已有條約可憑，一經背約，即有問故之患……若仍貿貿而行，必啟外多進一步之釁」，「無不知中外交兵，外有必勝之勢」。這話當然刺耳，卻是實情，正因為西方「有必勝之勢」，條約才是對作為弱者的中國的保護。他認為，中國必須與世界融合，才能逐漸提升自己的國際地位，而改革是唯一的出路，如不實行革新，則「數年之內，必為萬國之役」。他提出中國應該信守條約，嚴格按照條約辦事，並且應與列強互派外交官，打開大門，引進外資，建設合資企業。

穩定壓倒一切

赫德畢竟是客卿，畢竟是高薪聘請的打工者而已，如此尖銳的建議書，恭親王只得暫時壓著，不能報給中央，「未敢上瀆宸聽」。但恭親王對他的認真態度給予了表揚：「於中外情形，尚能留心體察。」恭親王此舉，被後世不少人解釋為大清中央對改革缺乏誠信，或解釋為大清中央對「帝國主義急先鋒」的猖狂進攻十分不滿。而其時，恭親王剛剛因規勸同治皇帝減少娛樂活動，多關注本職工作而被這位輕狂的少年天子下詔「雙開」，經兩宮太后親自干預才甘休。這對自信「周公吐哺、天下歸心」的恭親王，打擊是十分巨大的。他絕對不想在這個時候再轉奏一個老外的狂言，他需要一個更合適的時機，利用老外們的「危言」，令中央「聳聽」，從而得到振聾發聵的效果。

這個機會迅速到來。一八六六年三月五日，剛「進京三月有餘」的英國公使阿禮國，要求威妥瑪向總理衙門提交改革建議。這份改革建議以威妥瑪個人身份所寫，字裡行間威妥瑪都謙稱自己為「弟」，但卻通過官方的正式管道遞交，阿禮國為此還發出了外交照會。這是一個十分怪異的安排，內中大有乾坤。

儘管稱兄道弟，儘管本身學養深厚，威妥瑪卻與受到大清官場熱烈歡迎的赫德完全不同，幾乎很少有人喜歡他。崇厚曾經說：「威妥瑪的話是不能當真的——一會兒這個，一會兒那個——今天說是，明天又說否……暴怒、憤恨、咆哮、任性而發，使我們只好不理他。」

在這份名為〈新議略論〉的建議中，威妥瑪提出了與赫德的〈局外旁觀論〉相似的觀點，批評中國的改革步子太慢，「緩不濟急」，如果中國無法「借法自強，改革振興」，那必然將招致列強更大的干預。

赫德在他的建議中，只提出違約啟釁將引發中外衝突，威妥瑪則乾脆指出，中國內部的各種腐敗現象本身，就足以對英國利益造成損害：「因中外諸務較之從前頗為膠漆之至，內或受危，外亦不免其害……中華所有諸病，亦為我國嗣後受害之漸。」「蓋中華果至終衰之時，諸國各有要務，見必受險，難免於預保全，一國干預，諸國從之，試問將來中華天下仍一統自主，抑或不免各屬諸邦，此不待言而可知。」

比赫德更為直接而且透徹的是，威妥瑪認為「中華日後能否保其自主」的關鍵，在於大清政府對內政的控制能力，西方本來並不想干預中國，但如果中國內政改革再不展開，則情況就難以樂觀。

地方激烈反彈

收到了英國的正式照會，恭親王只能向中央彙報，並將威妥瑪與赫德的兩份建議同時提交。報告中，恭親王指責這兩份建議「措詞激切」「恫詞挾持」，「窺其立意，似目前無可尋釁，特先發此議論，以為日後藉端生事地步」。這等於是否定了這兩份建議的任何正面意義，而日後的史家也大多因循恭親王的口氣，將這兩份文件看作是「帝國主義急先鋒」的傑作。

耐人尋味的是，恭親王同時認為，既然人家發出了言詞威脅，「若不通盤籌畫，事先圖維，恐將來設有決裂，倉卒更難籌措」。他建議中央將這兩份充滿敏感詞的文件，下發沿江沿海各省的督撫們「供批判用」，令這兩份文件的「流毒」大大擴大。

恭親王確定的討論主題，為「如何設法自強，使中國有備無患」。吊詭的是，各省的表態一亮相，

威妥瑪是一位學者，卻奇怪地能將學者的溫文爾雅與外交官的咄咄逼人結合起來，成為一個最讓大清官方頭痛而無可奈何的洋「刺兒頭」

就分成了壁壘清晰的兩個陣營：幾乎所有的滿族幹部都認為這兩份報告是列強「求媚於中國」的表現，對此不必抱持敵對心態。三口通商大臣崇厚主張「借法自強」，認為英國人「所言類多要求，其所論不無可采」；湖廣總督官文則認為，兩份建議「若其論中國政事之得失，雖辭多謬妄，而深切事機之處，亦復不少，中外臣工自當隨事隨時，力圖整飭」，對西方「不必處處疑其挾詐懷私」，而可以「推誠相與」……

而幾乎所有的漢族幹部，包括那些在改革第一線的實踐者，都對這兩份「危詞恫嚇」「傲慢之談」的建議，表示了極大的憤慨：

左宗棠痛罵赫德與威妥瑪，甚至認為英國根本不值得效仿，他舉例說連英國產的來福槍都比不上廣東土產的無殼抬槍；

劉坤一認為絕對不能派遣外交官，以免被敵對勢力「挾以為質」，鐵路、電報也不可行，至於鑄錢、造船、軍火、練兵等，可以「斟酌仿行」；

翁同龢則在日記中將這兩份建議書記載為「英夷又屢有要脅」，而北京知識界「相與談夷務，悲懷慷慨，莫能伸也」。

曾國藩在致丁日昌函中說：「聞洋人在京陳說多端，詞意激切，有所謂局外旁觀論者，新議論略者，呈辨尋釁，咄咄逼人。」繼而，在提交給中央的心得體會中，認為大清應該謝絕這種「勸告」，「如果洋人爭辯不休，盡可告以即使京師勉強應允……而中國億萬小民，窮極思變，與彼為仇，亦斷非中國官員所能禁止」。這等於是要中央向威妥瑪、赫德等發出「反威脅」。

曾國藩最親信的幕僚趙烈文在日記中記載道：「見示洋人在總理衙門所遞議論二篇，均言中國政治之不綱，不日將為萬國之役，盡情醜詆，而託為友朋勸諫之語，欲中國改從其國之法，庶可自立，否則至危險之際，彼國各有難棄之事在中國（通商、傳教等），只得自己護持，不能由中國做主。又力言欲行輪車電器諸事，中國若不聽從，彼當自行……閱之令人髮指。竊其意旨，蓋以中國捻肆猖獗，兵力不敷，故敢為此恫喝，從之則墮其計中，不從則將來起釁之端，隨時皆有。」

趙烈文對恭親王的評價一向很低，這次更是認為恭親王讓地方督撫討論兩個洋人的建議是驚慌失措，他感慨道：「嗟乎！自強之道，端在政本，疆吏能設法乎？枋國若此，夷言殆必售矣。大江以南必淪異域，其事不遠，如何可言！」

在這次小範圍、高規格的大討論中，呈現了一個奇特的現象：真正在第一線身體力行進行改革的漢臣們，卻在言詞上激烈批評這兩份改革的建議書，高調地強調自己對傳統和中央的認可；而那些對兩份建議主張寬容接納的滿臣們，則多數並非改革的先行者。從日後的歷史走勢來看，漢臣們對兩份建議的「批判」，更多地是出於政治表態的需要，這與之後改革過程中，中央的所謂「保守派」往往以漢人居多，言詞也較滿人更「左」、更保守，是一致的。改革是一場利益調整，本就錯綜複雜，而漢臣們因為血統的關係，還擔心被扣上一個「以改革的名義反對現政權」的帽子，不得不言行分裂，旗幟被高高舉向左邊，腳步卻實實在在地踩在了右邊。這種體制內改革者的無奈，卻往往難以被時人及後人諒解。

一臺「雙簧」？

洋人們並沒看錯的一點是：大清國的最大隱憂，的確是中央權威的淪喪和政權的失控。利用威妥瑪和赫德的兩份建議，組織地方督撫大討論，也是恭親王「以夷制藩」的手法：強化危機感，強調改革的緊迫性，在救亡圖存的名義下，加強政權的凝聚力建設。確切地說，要爭取將全國的注意力都集中到理解、貫徹和執行中央的路線、方針、政策上來。

剛剛平定了太平天國動亂的大清國，勝利的喜悅並沒有維持多久，一面是列強要求在剛剛收復的南方加快落實各項條約，另一面是長達十年的內戰所造成的地方諸侯的實際割據。在大清國的政治棋盤上，力量過於強大的地方諸侯已經取代了太平天國，形成了列強、中央與地方的新的三角關係，「強枝弱幹」成為中央必須首先解決的主要問題。那些手握重兵的諸侯們，並非沒有乘時而起、黃袍加身的機會與誘惑。

與此同時，中外關係進一步改善：大清中央正式任命英國人赫德出任海關總稅務司；在總理衙門的全力支持下，美國人丁韙良翻譯的《萬國公法》一書刊印出版；因鼓吹「自由化」而被貶官十年的徐繼畬，被任命為總理衙門大臣，他那曾經被冷凍的舊作《瀛寰志略》，也獲得了公費印刷出版，成為省部級官員的學習資料，美國總統還專門給他送來了國禮。

地方諸侯們卻挾勝利之威和傳統的天下觀，對中央業已確定的對外條約體系實行抗拒和抵制，這實際上威脅到了以恭親王為核心的大清中央好不容易爭取到的和平發展的外部環境。在赫德與威妥瑪建議書中提到的一些具體事件，如廣東潮州拒絕洋人進城、貴州教案等，都不僅是「對抗列強」的「愛國」

表現，也是「對抗中央」的「離心」表現。

「削藩」實際上已經成為大清中央與列強的共同利益所在。因此，當英國公使提交照會後，恭親王立即心照不宣、大張旗鼓地強化了這兩份建議背後的英國官方色彩，拉響了警報，從而得以在「批判」的外衣下，借英國人「製造」的危機感，發起了一場特殊的改革大討論和動員。

儘管被掛上了「批判」的標籤，赫德和威妥瑪建議中的絕大多數內容，都還是被融進了恭親王日後的改革措施中。而那些高聲譴責洋鬼子的漢臣們，則成為改革的中堅。喧天的鑼鼓聲中，赫德和威妥瑪高唱的，究竟是誰家的主旋律呢？

【資料】
刺破大清的泡沫——赫德〈局外旁觀論〉原文

矮人立於長人肩上，所見必遠於長人。廬山真面，惟在山外者得見其全。旁觀敢抒所見，或效一得之愚。

立事必察真實，始能扼要，以虛為實，所議浮誇；以實為虛，所見無確，況事之情與日變遷，勸行之道，貴因乎時。惟望當局者採聽焉。

立論貴乎實，自有紀載以來，歷數千年莫古於中國。而自四海各國觀之，竟莫弱於中國。自古不通之外國，近數十年漸漸與中國往來，拒絕不得，不此之計，立言施行，果何主哉。

中華情事，一曰內情、一曰外情。今日之外情，係由前日之內情所致；而日後內情，亦必由外情所變。

內情局外難言，止可轉傳。如律例本極允當，而用法多屬因循。制度本極精詳，而日久盡為虛器。外省臣工，不能久於其任，以致盡職者少，營私者多。寄耳目於非人，而舉劾未當，供貪婪於戚友，而民怨弗聞。

在京大小臣工，名望公正者，苦於管轄甚多，分內職分，反無講求之暇；部員任吏胥操權，以費之有無定准駁，使外官清廉者必被駁飭，如是而欲民生安業，豈可得耶？

各省籌劃款項，動逾萬萬，而兵丁欠餉，竟致累月經年。

兵勇之數，動稱千百萬，按名排點，實屬老弱愚蠢，充數一成而已。平日挑抬營生，未經訓練，一旦令其戰陣，實驅市人而使鬥；以刀矛為耒耜。駐防人等，平時拉弓舉石，講架式，股肱怠惰，止得養鳥消遣。賊至未決一死戰，而全家自盡請恤矣。

對敵之時，賊退始肯前進；賊如不退，兵必先退，帶兵官且以勝仗俱報矣。及殺一二平民，或由賊去而未遇未剃髮之村農，且以斬馘發逆無算，入告邀功矣。

通經原為致用，而今之士人，書籍非不熟讀，詩文非不清通，使之出仕，而於人所應曉之事，問之輒不能答，一旦身居民上，安能剔弊釐奸？

定制為上下遵守，如居官者回避本省一條，係為防弊，然人品豈無正直？原籍情形既熟，言語皆通，名望素孚，乃格於成例，而使官別省。

俸滿即應升調，於地方公事，未及深究，胥吏反得久踞衙署以售其奸。年滿更換之說，盡屬虛語。此例所欲禁，弊即由例而生，禁止邪教，原為崇正，乃各省以神靈顯佑，奏請匾額者屢屢。各省撥款疊催，而民言剝皮，及至大內所需，飭令捐備，例不准銷，是令人舞弊也。

法本善而反惡，種種非是，以致萬國之內，最馴順之百姓，竟致處處不服變亂。吁！事不以實，而徒飾虛文可乎。

文武各事之行，盡屬於虛，執法者惟利是視，理財者自便身家，在上即有所見，亦如無見，遠情不能上達，上令不能遠行。以上各情，局外常論中國似此懦弱，若不致外有探伺之患，即內與外來往者，連聞此說，難保無藐上不服作亂之災。

今日之外情，由昔日之內情所致何耶？中華土產，本為外國所缺，外國各貨，內地可銷，由此有通商之舉，其勢日密。居官者初視洋人以夷，待之如狗，人來日多，身物無可倚恃，必須定章，方有可憑。

是以道光年間，始動干戈，嗣有條約，均以日後必妥為喜，惟條約所允，地方常有違背，今洋人疑係上司未知所致，而上憲不悟，無奈復動干戈。得有隨時赴京明文方息。

迨後因可赴京，以為更妥，乃大臣初次北上，仍以夷相待，違約阻止，復致興兵，在京換約，派常住之大臣，致有庚申年之事。

似此各情，皆由智淺而欲輕人，力弱而欲伏人，現在某事當行，某事不當行，已有條約可憑，一經背約，即有問故之患。所言外患由內召此也，若仍貿貿而行，必啟外國進一步之釁。

外情係內情所致，而外情何也？前數十年中國與外國並無來往，亦無所謂章程，且中國或不知外洋有如許國，現在議定條約，有十國之多。住京有外國所派大臣，新設有衙門專辦各國事務，且數年間幾次有事，可見外國所請，以力得通商條約，並非中國本意，係由外國而定。

外國定約，係因保全來往之故，各國來往之故不同，為通商有三大國，而定約之要又有三，曰邊界、曰傳教、曰貿易，而其國為俄法英也。

至邊界一節，俄國與中國有萬里之相連，畫界辦交涉事件，非有定章不可，是以俄國較別國為早，現在邊界已與昔年不同。

至傳教一節，奉天主及耶穌教者，以此為正，以別教為邪，傳教者皆謂盡此之本分，而使益於彼，傳耶穌教者，非止一國之人，且小有不同，皆係民間捐資，令往各處傳教，以為善舉，與國家無涉。

傳天主教者不同，各國之人皆有，然教內有教皇，統轄各處傳教之人，不特與各國國君為平等，而各國以天主教為教之國，皆當為之護法，奉此為國教，而法國為首。

通商各條約內，皆有准傳教，並保護奉教之章程，奉教者交接周密，無處不聽傳教之言，傳教者無不奉教皇之命，儻教內有故，奉教各國，必來調理。即如法國因廣西有害死傳教之事，致派兵直抵京門。

至貿易一節，各國雖有分，而英國為首，論貿易之事，不過以貨納何稅、何處作口岸、何處准居住等項為要，有章程可憑，各商皆有著落。若一違章，均與各國有關，不得輕視。

以上三節，既定有條約，必應於邊界循照定章，必應准傳教而保護奉教，必應於貿易之事遵守各章，此數言係保外情。

外情如此照辦與否，於內情有何關係？

民間立有合同，即國中立有條約，民間如違背合同，可以告官准理。國中違背條約，在萬國公法，准至用兵，敗者必認舊約賠補兵費，約外加保方止。

中國初次與外國定約，並未以條約為重，不過聊作退敵之策。至今萬眾之內，或有一二人知有條約，然未承認條約之重，未知違約之害。

照約辦理，內情如何？曰民化而國興，外國所有之方使，民均可學而得，中國原有之好處，可留而遵。外國之方便者不一而足，如水陸舟車、工織器具、寄信電機、銀錢式樣、軍火兵法等，均極精妙。國民兩沾其益，願學者皆能學，故曰民化。中外來往日多而敦好，外無多事之擾，而有學得之益，故曰國興。

不照辦如何？照辦則年比年相識，日比日相好，民化而國興。若違章有動兵之舉，國亂之災，違約者或因不肯照約，或因不能照約，若不肯，必有出而勉強者，若因不能，必有起而代行者。

考前次動兵，可見泰西最小之國，尚有必得之力。或者邊界有事，俄國何難佔地？若教內有故，致由外進兵，奉教者何難相助？若貿易有阻止，而英國進兵，各國必從，一經動兵，外國有得而無失，是以當留心而免之。

常聞外論，中國官民，大半可以利動，勢處極弱而不守信，若再有動兵之事，成敗得失，不待智者而決矣。是以或有應辦，或有請辦，不如早辦，不致日後為人所勉強也。

內情壞至此，外情險至此，內事旁觀者自不敢多勸行，外事已有章程，旁觀者祇可指出日後外必欲行之事。

內所應行，其難辦首在無財。然無財非因民間真無財，亦非因理財所得之少。惟官之下取於民者多，而上輸於國者少。民力亦可多輸，難在無財，是以各項錢糧，均應整頓，即如地丁、鹽課、稅餉三項，各項應派明幹大員，將各處情節細查，從新定日後之辦法。

地丁一項，本係甚輕，無人耕地，自無地糧。既耕地，糧本輕，或可照土產貴賤，分別徵多徵少，浮耗當去而正供增。

鹽課一項，無私鹽之處甚少，而辦鹽課之員，未嘗無財。

稅餉一項，沿海各口、內地各關，均有飽私囊而漏公項之弊。以上三項，若認真整頓，日後所得之銀，可敷國家之用。錢糧之外，應派大員查各舊例之應變通刪改者，不致於日後應辦之事有窒礙，財既得而例無礙。文武各事，不難更正，大之要惟各官俸祿、各等官員，應予以足敷用度定數，不致在外設法得錢。

升官加俸，查明署內應用人若干，並准開銷經費，官署各人，雖數不少，向係均得度日之銀，左右之民，均言被勒，其民不服，並非因被勒之多，因無定時、無定數，而係私取，若因國家用度，新定民間應納各項銀兩，必無不服，所交之銀，並無格外為難，反或較少，仍足各官重祿、各署定費。

若將此意向外任詢問如何，均不願，必答不行，惟若法善政，豈有外不遵內，而必以內聽外之理？

武之要在兵精不在多，兵法兵數兵餉，均有應改，各省若有兵五千人，常留營內操練，不准出外謀生，十八省不過九萬之多。比此時百萬，得力而省，京都另養一萬之數，此費可於洋稅扣滿四成之後支銷。

再文武應准本省居官，為官係明理之人，在本省熟悉風俗語言，若署內有舞弊，較外省來人，更易查出，其餘一切事宜，日後可隨時設法整頓，必致國安民富。

凡有外國可教之善法，應學應辦，即如鑄銀錢以便民用，做輪車以利人行，造船以便涉險，電機以速通信。外國之好法，不止四條，然旁觀勸行之意不在此，係在外國日後必請之事。

大皇帝召見各國住京大臣，若不允見，雖不便遽至失好，想必籍他端而生事，不如先告以可見，一派委大臣駐劄外國，於中國有大益處。

在京所住之大臣，若請辦有理之事，中國自應照辦，若請辦無理之事，中國若無大臣駐其本國，難以不照辦。一准洋商合華商會制輪車、電機各等事。

以上所勸行，內係將舊例，地丁、鹽課、稅餉、官俸、兵制整頓。外係召見、派使、會製。召見無損，派使自護，會製民富。

內外所勸行者，若云非一日能辦，然愈早辦則愈好，惟另有數事，立應料理，若不將此數事辦完，想辦餘事，恐晚船夜沈，白日不及修矣。

係潮州進城之事，經五年之久，文書來往，至今領事求曾進城，而事愈久愈難，多年不照條約辦理，均言或以未肯，或以未能之故，若再不辦，必致生事。一係田提督未拏，上次所錄諭旨，與先數日給住京大臣閱看之稿，有不同之處，以致幾生釁端，現雖奉有上諭，若得知其人仍安居無事，後辦此案，不足了事，至其餘未完各事，不如早了。

未了各案，勸早料理者，不早了必動干戈，無不知中外交兵，外有必勝之勢，中若敗而始了各事，外必不能以此罷兵也。外所欲得之事，現已深知，若再戰勝後，其事更不可問矣。

旁觀所論，並非恐嚇之輕語，而外國日後必行各事，並非欲害中國，各國所欲，並無他意，惟願中國能守和睦，如上年照約退兵，並各處會同剿賊，可見實心相待之意。中外通商，若以後不再動兵，外亦甚悅，即如求益免損，各顧體面，各國來往，常有因此等事而用兵也。

潮州進城一節，事關大局，宜派大員往辦，或請旨命廣督前往，或命李宮保前去。

至田提督一節，不如由京派大員跟兵役數名，由內江輪船，直赴川查提到案。二事尤須速辦，數月後新到有英國大臣，若知有五年未辦之事，難以再行將就。

法國因貴州事未完，必不甘服，一處有事，各處必群起相向，中國有失而無得。

所說日後內情，必由外情而變，此意可明，奉勸各事，若不試辦，無庸提及，泰西各國左近日本暹羅各小國，若要作亂，無可抵擋；若照行，泰西各國，必致欣悅，無事不助，無時不合。蓋萬國來往，向來各國讓各國之事，中國若仍不讓，各國必不服，若讓而中國作萬國之友，其地廣大，其民眾多，文義均通，安分務工，止有國政轉移，無難為萬國之首，若不轉移，數年之內，必為萬國之役，日後之內情，均由此日之外情而生。此日之外情，在王爺大人之手，能臣之決斷，萬民之造化也。

第五章　美國兄弟

美國人事後總結說，作為中國的權力核心，恭親王對於西方和世界大勢，十分瞭解，遠遠超過他的同胞們。但是，與李鴻章不同，他首先必須服從和服務於作為政權基礎的大清貴族，而這個團體十分保守排外，這就注定了恭親王「不可能如李鴻章那樣走得那麼遠」。

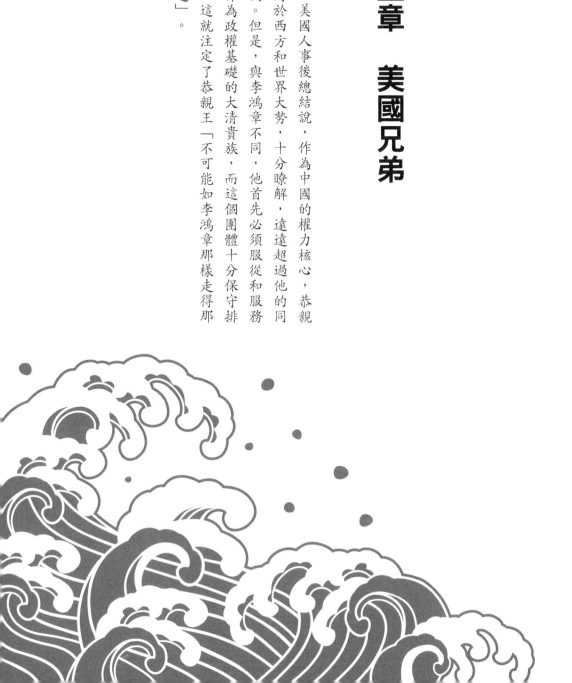

華盛頓的定情信物

美國政府向徐繼畬贈送的華盛頓畫像

一份定情禮物越過了大洋，從美國首都華盛頓來到了大清首都北京。這是美國國父華盛頓的油畫肖像，當時的美國總統詹森（Andrew Johnson）指令國務卿西華德，由專人臨摹複製著名畫家斯圖爾特（Gilbert Charles Stuart）的作品，贈送給大清國作為禮物。

這封禮物的收件人，是大清國外交部排名最後的一位副部長（總理衙門大臣）徐繼畬，一位在恭親王的力保下，重新走上領導崗位不久的老幹部。而這背後，則是美國政府對以恭親王為核心的大清領導集體的一種友好姿態。

美國堯舜

時年七十二歲的徐繼畬，是大清國官場中相當著名的有「自由化」傾向的大「右派」。他受到美國人的推崇，主要在於他將美國國父華盛頓描繪成了美利堅的堯舜。

在徐繼畬於一八四八年寫就的《瀛寰志略》一書中，在述及美國時，徐繼畬對美國開國總統華盛頓給予了高度的評價，將其視為西方最偉大的人物，並將其放到中國歷史的參照系中進行對比。他認為，華盛頓率眾起義，堪比陳勝、吳廣；割據一方，堪比曹操、劉備；等到功成名就時，卻「不僭位號，不傳子孫」，這種「天下為公」的高風亮節，堪比堯、舜、禹（「駸駸乎三代之遺意」），「合眾國以為國，幅員萬里，不設王侯之號，不循世及之規，公器付之公論，創古今未有之局，一何奇也！泰西古今人物，能不以華盛頓為首哉！」

徐繼畬的這段話，後來以中文直接鐫刻在了美國首都的華盛頓紀念碑（Washington Monument）上，至今為人憑弔，一九九七年美國總統柯林頓在北京大學發表演講時，還引用此文。

徐繼畬對華盛頓的評價之高，大大超過了美國人的想像，美國公使蒲安臣專門向美國國務院做了專題彙報。當徐繼畬復出擔任總理衙門大臣，尤其是主持大清國第一所幹部學校同文館後，美國政府決定向他贈送華盛頓的畫像。

這幅華盛頓畫像的原作者斯圖爾特，是美國著名的肖像畫家，他一生創作了無數華盛頓的肖像，其中最為著名的一幅題為《圖書室》，該畫中的華盛頓頭像被印在了一美元的鈔票上，廣為流傳，其複製品在當年成為美國政府及議會向國際友人贈送的國禮。徐繼畬所收到的，應該就是這幅畫的摹本。

大清「右派」

徐繼畬寫作《瀛寰志略》，是因為深受鴉片戰爭的刺激。一八四〇年鴉片戰爭爆發時，他在福建任官，直接見證了戰爭。此後，他一直在福建，累遷到了巡撫，並且代理閩浙總督。就是在這段時間裡，他寫作了《瀛寰志略》，全面介紹了世界地理、風物人情、軍工器物乃至政治制度。

作為體制內的開明官員，徐繼畬的「自由化」言論令自己迅速成為靶子。與之前「睜眼看世界」的《海國圖志》等著作不同，徐繼畬的《瀛寰志略》在「睜眼看世界」的同時，還「睜眼看中國」，第一次不再端著天朝上國的架子，書中也很少出現「夷」之類的蔑稱。最為關鍵的是，徐繼畬大大超越了魏源等「師夷長技以制夷」的策略，鮮明地提出了全面學習西方，包括政治體制的觀點。

一位省部級高幹，居然明目張膽地宣揚西方政治體制，貶低有大清特色的先進的社會制度，自然遭到了守舊者及政敵們的廣泛打擊，他被抨擊為「輕信夷書，動涉鋪張揚厲。泰西諸夷酋，皆加以雄武賢明之目。佛英兩國，後先令辟，輝耀簡編，幾如聖賢之君六七作……似一意為泰西聲勢者，輕重失倫，尤傷國體。況以封疆重臣，著書宣示，為域外觀，何不檢至是耶」。按照美國學者龍夫威（Fred Drak）的說法：「因為他（徐繼畬）對中國之外世界的開明觀點，搖撼著中國文化至高無上的傳統觀念，他變成了守舊的反動派的靶子。」

最為痛苦的是，在最猛烈地攻擊他的敵人中，就有大名鼎鼎的林則徐。一八五〇年，因為一名英國醫生及一名英國牧師租住了福州城內的神光寺，引起謠傳說英國人將來進攻。正在福建老家養病的林則徐，魯莽地要求徐繼畬驅逐英國人，並且備戰，遭到徐繼畬的反對，便告上了北京。咸豐皇帝很重視，派員調查，結果發現整個福州城內僅有五名洋人而已，完全是風聲鶴唳。但徐繼畬依然被迅速內調，從一個封疆大吏改任「弼馬溫」（太僕寺少卿。太僕寺主管皇家的馬政，類似中央機關事務管理局汽車管理處），不久便下崗回到山西老家。吊詭的是，徐繼畬走後，福州的「愛國者」們便不再限制洋人入住，「神光寺事件」其實成了驅逐徐繼畬的一場權爭遊戲。

徐繼畬下崗後，他的《瀛寰志略》也是「罕行世，見者亦不之重」，倒是在日本先後兩次翻刻，風行一時。這倒與《海國圖志》命運相仿——一八六二年，日本維新人士高杉晉作隨同「千歲丸」前往上海，吃驚地發現在日本暢銷的《海國圖志》居然在大清國絕版。

東方風來滿眼春，一八六五年隨著英法聯軍的撤退和太平天國的滅亡，執政的恭親王決心在推進改革方面，膽子更大一些，步子更快一些，外交事務需要像徐繼畬這樣的老「右派」來推動一下。於是，大清組織部門一紙調令，賦閒了十三年、年逾七旬的徐繼畬「臨老上花轎」，並且從原來的從四品一躍到了正三品，煥發了政治上的第二春。與恭親王有著密切關係的丁韙良對此評價道：「前福建巡撫徐繼畬由於地理知識豐富，得以進入總理衙門任職……他的復出是好的跡象，儘管他的考古學不無錯誤。舉國皆盲人，獨眼稱大王。」

隨後，恭親王又大力推薦徐繼畬出任總管同文館事務大臣，認為他「老成望重，品學兼優，足為士林矜式」。徐繼畬到任後，同文館進行了大刀闊斧的改革，在與倭仁等守舊派的激烈衝突中，徐繼畬成了恭親王最為得力的助手。

美國國禮

就在恭親王、徐繼畬等為同文館的改革而與倭仁等相互鬥法時，美國人及時地給這位大「右派」送來了國禮。沒有史料顯示，美國人是否想以此給中國的改革派增加點砝碼，但是，美國人卻毫不掩飾地承認，贈畫的目的正是希望恭親王、徐繼畬等人能在同文館這個大清國的幹部搖籃中，大力宣揚美國精神。

一八六七年十月二十一日，簡樸而鄭重的贈畫儀式在總理衙門內舉行。主持贈送儀式的，是即將離

美國人畫的中國式婚禮。在恭親王和美國最高領導層的大力推動下，中美開始了持續半個多世紀的蜜月，共結秦晉之好

任的美國駐華公使蒲安臣，隨行的有作為翻譯的美國傳教士丁韙良、衛三畏（Wells Williams），此二人都是大名鼎鼎的漢學家，在中國官場有相當人脈。蒲安臣十五歲的兒子沃爾特（Walter Anson Burlingame）也隨行觀禮。

美國官方十分重視這次贈送儀式，美國國務院專門向蒲安臣發佈了詳細的指示，對儀式上的措詞等做了細緻的安排。相對於官方的乾巴巴的紀錄，小沃爾特在兩天後寫給爺爺的家信中，生動地記錄了這一在他的「一生中最重要的事件」的全過程，並且毫不掩飾那種能見到「控制世界四分之一人口的統治者」的欣喜。

根據小沃爾特的家信紀錄，舉行典禮的地方是總理衙門內一間很小的會議室，只有三十平方公尺左右。顯然，總理衙門內傢俱和裝潢之簡樸，辦事員們穿著之樸素，都大大出乎小沃爾特的預料。他所不知道的是，大清國雖然成立了總理衙門，並且以恭親王領銜，卻總是心不甘情不願的，給總理衙門安排的辦公室相當破敗，以此表達內心對「夷務」的蔑視。

中國官員們陪同美國人在圓桌旁坐下，蒲安臣身邊是徐繼畬，花白頭髮花白鬍子，看上去「沒幾天好活了」；徐繼畬邊上則是主持總理衙門日常工作的文祥，在小沃爾特看來，文祥相貌堂堂，身材很好，充滿智慧，「不像普通中國人」。蒲安臣事後向美國國務院發送的電報中，只是簡單地提及總理衙門的成員們都出席了儀式，但從小沃爾特的家信中可以確認，總理衙門的一把手恭親王沒有出席。似乎並沒有人對此大驚小怪，顯然，恭親王在一般情況下並不出席類似的禮儀性活動，但是人們依然能隨時感覺到他的存在。

蒲安臣首先發表了致詞。他說，華盛頓不僅是屬於美國的，也是屬於世界的，他的光輝也必將閃耀在中國。他說，華盛頓所實踐的，正是中國孔夫子的思想，「己所不欲勿施於人」（"We should not do to others what we would not that others should do to us"），中美兩國應當互相學習，加快改革和進步。他提到，徐繼畬因寫書介紹華盛頓及西方國家而被貶十多年，如今被重新重用，並且主持重要的教育機構，這是件值得慶賀的大好事，希望徐繼畬能將華盛頓的思想傳遞給中國的年輕人。

徐繼畬作了答謝詞後，眾人就起立，圍觀那幅華盛頓的畫像，並就廣泛關心的中美關係和國際問題交換了意見。而在大人們講話的時候，僕人們絡繹不絕地端上了各種點心，把小沃爾特高興壞了。細心的主人還為客人們準備了刀叉，小沃爾特埋頭大吃他盤子裡的各種糕點，而主人們也不斷地給他添加，最後實在是撐飽了。在他的家信中，孩子還寫道：「所有這些都讓我對中國更加充滿好感。必須承認，中國人就是東方的新英格蘭人（即美國人）。」

美國各大報紙對此贈畫儀式都紛紛做了報導，一時之間，這幅畫成為恭親王為首的中國改革者們牢牢掌握權力，並且得到美國大力支持的象徵。

美國幹部

贈畫儀式前幾天，蒲安臣曾徵詢總理衙門的意見，贈送儀式究竟在總理衙門還是美國使館進行。其實，美國政府很希望中方能同意在使館內進行，但他得到了毫不含糊的答覆：在總理衙門內舉行。外交無小事，要在自己的外交部內接受國禮，這毫無疑問必須經過恭親王的首肯。

那時的大清上下，對美國都充滿了好感。列強之中，似乎只有淳樸的美國牛仔是真心幫助中國的，從洋槍隊首領華爾到總理衙門的丁韙良等，都表現出了與他國人士不同的品性，甚至連美國派駐大清國的「欽差大臣」蒲安臣，也在國際糾紛中努力幫助中國——在解散阿思本艦隊的複雜事件中，如果沒有蒲安臣的協助，中英雙方剛剛好轉的關係將迅速降溫，甚至可能爆發衝突。

蒲安臣的友善與能力，受到了恭親王的大力讚賞。贈畫儀式後，蒲安臣再度到總理衙門與恭親王道別。此時，大清國正準備派遣一個代表團，到西方列國巡迴，恭親王居然創造性地想到了由蒲安臣出任中國的「欽差」。在隨後總理衙門為蒲安臣安排的告別宴會上，恭親王親自出席，並由丁韙良為他做翻譯。在席間，總理衙門的二把手文祥鄭重地提出了邀請。不久之後，卸任公使的蒲安臣，披掛上了正一品的頂戴花翎，在黃龍旗的護衛下，率領大清代表團走向了世界。而他們的第一站，就是華盛頓。

中美之間的蜜月開始了，橫亙在兩國之間的太平洋，也都秋波蕩漾起來了……

黃龍旗下的美國葬禮

一八七〇年四月二十三日，星期六，美國波士頓。

一場隆重的葬禮在這個城市舉行，成千上萬的人湧向街頭，為一位美國外交家送行。由軍人和員警護衛的靈車，覆蓋著中美兩國國旗——星條旗和黃龍旗，在當地消防隊樂團演奏的哀樂聲中，緩緩駛過街道。在舉行儀式的教堂牆壁上，也交叉懸掛著巨大的星條旗和黃龍旗，USA 和 China 是今天所有人議論的焦點。

遙遠的北京，大清國的中央領導核心、恭親王奕訢，雖然並不知道喪禮的確切議程，卻也用自己的方式在哀悼。一個月前，以同治皇帝的名義下詔，賜予死者一品官銜，給予家屬一萬兩白銀的優厚撫恤金。因為，這位美國外交官也是大清國的洋幹部，並且在為大清國出使俄國時，「捐軀於異國」（使團成員志剛語）。

他的名字叫蒲安臣。

伸手摸世界

在披掛上大清國的一品頂戴花翎之前，蒲安臣是美利堅合眾國派駐大清國的公使。一八六七年，蒲安臣完成了他在中國的六年任期，即將回國。此時，恭親王等正在苦苦物色一個合適的人選，率領大清國代表團遍訪各簽約國。

這一年，正處在改革開放初級階段的大清國，內亂與外患都暫時消弭了。除了將精力放在以軍事變革為核心的洋務運動之外，恭親王率領的本屆政府也著重調整中國的外交格局，與列強之間，不僅要「請進來」（當然列強都是不請自來的），更要走出去，除了「睜眼看世界」外，還要「伸手摸世界」。恭親王在寫給慈禧太后的報告中提到：「惟近來中國之虛實，外國無不洞悉，外國之情偽，中國一概茫然，其中隔閡之由，總因彼有使來，我無使往。」

而另一個更為重要的原因，與列強們簽訂的各項條約，又到了要續簽修訂的時候。根據以往的血的教訓，可以斷定列強們必然會提出種種要求，而中國如果不走出去實地調查，將無法制定應對之策，無法維護、保障和爭取中國的利益，甚至都無法定位自己的利益在哪裡。

「摸世界」的長期戰略動機，與準備修約的短期戰術動機，促使恭親王決心派團出訪。而現實困難是，以中國之大，居然「使才難覓」，即使要找出些精通外文的翻譯人才都十分困難，何況是講政治、懂政策、會韜略、通外文的外交人才。恭親王擔心，「若不得其人，貿然前往」，則反而「誤我事機」。另一個擔憂是，中國一直要求外國使節覲見皇帝和太后必須行三跪九叩大禮，遭到列強的強烈抵制，雙方只好暫時擱置爭議，列強外交官也因此無法按照國際慣例覲見中國元首，遞交國書，而都由總理衙門和恭親王代勞了。如果派出正式使臣，按國際慣例覲見了外國元首，那對方的使臣就可以要求對等待遇，這「叩頭」問題又將成為麻煩。

困難既然如此之多，出使又是勢在必行，恭親王便創造性地想了個新辦法：聘請洋幹部出訪。洋幹部們出訪西洋，本身沒有語言障礙，他們中的大多數人又已經在中國生活工作多年，熟悉甚至精通中國的語言和習俗，雙向溝通都可以很順暢。而且，請洋人出面，似乎有望避免列強們以此提出對等要求，他們總不至於也任命華人作為洋使來覲見中國皇帝，三跪九叩。這後一點當然很牽強，即使委任洋幹部出訪，那也依然代表大清，人家一樣能要求對等覲見，這在日後果然應驗了。這與其說是恭親王的想法，莫如說是恭親王以此來忽悠反對者們，摸著石頭先下水再說。

與所有不得不穩健從事的改革者一樣，恭親王在這件事上先做了個試點。一八六六年，恭親王和大清中央最為信任的洋幹部、大清海關總稅務司赫德，請假回英國老家長達半年。他建議恭親王派些人與他一道回去，實地考察西方的風土人情。恭親王立即採納了這一建議，派了赫德海關衙門裡的斌椿。斌椿當時在海關擔任秘書工作（文案），都六十四歲了，是個典型的「老秘」。因為出任了大清國這破天荒的「鬼使」，他得到了組織上的破格提拔，一躍成為正三品的省部級官員，這在政治上（其實是官位上）積極追求進步的大清幹部們眼中，還是值得的。斌老爺（赫德在日記和書信中對他的戲稱）耐著性子開始公費周遊世界，倫敦、哥本哈根、斯德哥爾摩、聖彼德堡、柏林、布魯塞爾、巴黎，但到後來他實在受不了了。按照美國人丁韙良的說法，斌椿對於別人每句讚揚西方的話，都要十倍地予以反駁，總歸是看啥都不順眼。幾經請示國內，恭親王終於同意斌椿在巴黎結束行程，放棄了計畫中的美國之行。當斌椿從西方那些「蒸汽和電氣帶來的驚心動魄」及「失禮與惡劣帶來的煩惱」（當時的美國史家馬士評價）中解放出來時，恭親王卻並沒有放棄進一步走出去的想法，但他似乎更堅定地準備選擇一位思想上沒有任何包袱的洋人。

外交創舉

赫德當然是首選，但他忙於海關這大清國最為重要的稅收管道，無法分身。幾經斟酌，恭親王選中了「其人處事和平，能知中外大體」，並且即將卸任美國公職的蒲安臣。

蒲安臣一八二〇年出生在美國波士頓，畢業於哈佛大學法學院，當了沒幾年律師後進入政壇，積極宣揚反奴隸制度，與後來擔任總統的林肯關係密切。三十五歲（一八五五年）那年，他當選為美國眾議院議員，聲譽鵲起。林肯就任總統後，於一八六一年任命蒲安臣為駐奧匈帝國公使，但當蒲安臣行至巴黎準備上任時，卻傳來消息，這一任命遭到奧匈帝國政府的堅決拒絕。原來，蒲安臣十分同情匈牙利的獨立運動。此時，第二次鴉片戰爭結束，恭親王代表大清國與列強簽訂條約，同意列強派遣使節常駐北京，林肯便將這一破天荒的職位給了蒲安臣。

這個面對國內的黑奴制度和國外的民族壓迫都十分好鬥的牛仔議員，卻在中國成了最受歡迎的彌勒佛。無論其動機如何，在大清國最為痛苦和孤獨的時候，他令看慣了列強臉色的恭親王和大清政府感覺到了溫暖。

恭親王選中蒲安臣，這不僅是對蒲安臣個人的認可，更是對美國的肯定。總理衙門一貫認為：「英法美三國以財力雄視西洋，勢各相等，其中美國最為安靜，性亦平和。」曾國藩也認為「米夷質性淳厚，於中國時思效順」。而蒲安臣在華的工作方針，就是要「用公平的外交，來代替武力，用公平的方法，獲得公平的結果」，積極推行「合作政策」，協助中國解決了一些棘手的外交問題，深得信賴。

在大清國外交部（總理衙門）為其安排的告別宴會上，恭親王等試探了他的意向，雙方一拍即合，

西方報刊刊載的蒲安臣使團銅版畫

一個外交史上的創舉便定了下來。

這一創舉，根據當時的海關洋幹部、後來成為著名漢學家的馬士記載，「震撼了北京外交界」。在上海出版的英文報紙《北華捷報》（*North China Daily News*）說：「這一決定，乍聽之下，不能相信……我們可以肯定地說，無論公佈得如何突然，蒲安臣的任命一定是經過長期的和縝密的考慮。」

應該說，這是蒲安臣個人事業的頂峰。此時，他年僅四十七歲。

美國「漢奸」

扛著黃龍旗出訪的蒲安臣，第一站就是他的祖國美國，最大的成就就是簽訂了中美《天津條約續增條約》，史稱「蒲安臣條約」。

這一條約包括了八項條款，主要是：保持中國的完整；中國控制自己的內地貿易；中國在美國各商埠設立領事館；相互不得進行宗教迫害；鼓勵中國勞工向美國移民；相互居住和旅行的權力；相互准許對方學生入學；不干預中國的內部發展。

這一在中國被後世的「主旋律」指責為賣國的條約，在很長的一段時間內都成為各界謳歌和歡呼的對象，認為這是中國與西方在平等基礎上簽訂的第一個條約，其中最有代表性的就是梁啟超，他稱讚「彼條約實為最自由最平等之條約也」。

這些不同的觀點，直接關係到後世對蒲安臣的評價：他或者是中國人民的友善朋友，或者就是帝國主義的陰險幫兇。而指責他為帝國主義走狗的主要依據，就是這一條約掀起了華工進入美國的高潮，隨即激起了美國國內的反華浪潮，這些華工普遍受到了迫害。

指責走狗的慷慨激昂者卻很少考慮：正是「蒲安臣條約」的存在，令美國各地的排華行動，面臨著法律上的巨大障礙，而排華的主力軍，正是以愛爾蘭裔為主的美國「工人階級」，他們在勤勞、安分、靈巧的中國工人競爭下，採取了暴力行動。美國政府在很多場合下，根據條約及美國國內法律，不惜動用員警甚至軍隊，武裝保護華工，與示威者爆發流血衝突。在反華者的巨大壓力下，國會數次通過排華法案，卻最終都擱淺在「蒲安臣條約」上，可以肯定那些排華者必定跳著腳大罵蒲安臣為「漢奸賣國賊」，直到「蒲安臣條約」期限過後，美國的排華才上升到立法層面。

「殉職」俄羅斯

蒲安臣使團承擔的是遍訪列國的任務。從一八六八年二月成行，直到一八七〇年一月蒲安臣被俄羅斯的嚴寒擊倒，他們一直在各國遊說，先後訪問了美國、英國、法國、瑞典、丹麥、德國、俄國，會見了各國元首。

根據同行的使臣志剛記載，病中的蒲安臣十分擔心與俄國的交涉，俄中毗連陸地數萬里，這遠遠超出了蒲安臣所熟悉的「海洋外交」，他既擔心「辦法稍差，失顏於中國」，又擔心「措語未當，貽笑於俄人」，於是「日夜焦急，致病勢有加無已」，終於在二月二十三日不治而亡。

這是第一個殉職在大清崗位上的洋幹部，消息傳來，恭親王立即請示慈禧太后，對蒲安臣給予了高度評價和優厚撫恤。俄羅斯在聖彼德堡為蒲安臣舉行了第一個葬禮，然後將他的遺體用專船運回美國。各國元首和政府首腦紛紛發來唁電，各國報紙也予以報導並配發了大量的評論。

當蒲安臣還在英國時，赫德曾給他寫信說：「有一個偉大的角色可以扮演：給中國十足的評價，對整個世界都是有利的，並且如果運用得當的話，對個人的信譽也是有貢獻的。」蒲安臣自己也說：「當這個擁有世界三分之一人口的最古老國家，第一次尋求與西方世界發生關係，並要請這個最年輕國家（指美國）的代表來作為一種變革的媒介，這個使命並不是能夠通過懇求得到或是拒絕得了的。」

可以說，他的哀榮，絕對不是來自他曾經的美國外交官身份，而是來自東方那條掙扎著想騰飛的巨龍，以及巨龍陰影下那個低調的運籌帷幄者——三十七歲的恭親王。

美利堅雪中送炭

星條旗飄揚在並不高聳的美國使館門簷上，使館所在的東交民巷附近都戒嚴了，首都衛戍區（步軍統領衙門）派出的警衛部隊早已封道淨街，順天府的衙役們則在周邊的小巷內巡邏。使館門前，站崗的美國陸軍及海軍陸戰隊士兵都換上了嶄新的軍裝和雪白的手套，持槍肅立，軍樂隊也已經整裝完畢。哨兵的槍刺和軍樂隊的鼓號，在北京的初冬陽光下閃閃發亮。

這是一八七〇年十一月二十日。午後一點，隨著鳴鑼開道聲，幾乘綠呢大轎在騎兵和步兵警衛部隊的簇擁下，呼嘯而來。美軍軍樂隊開始奏響歡快的中國樂曲，這是半個月前美國人前往大清外交部（總理衙門）參加宴會時，聽了記譜回來排練的。都說外交無小事，美國人為了今日的接待煞費苦心。

來訪的正是大清國總理、三十七歲的恭親王奕訢，他此行不是為了會見美國駐華公使鏤斐迪（Frederick Ferdinand Low，前加州州長），而是為了拜訪另一位更為重要的客人——剛剛卸任不久的美國前國務卿、在國際政治舞臺上有著巨大影響力的西華德。

美國（前）國務卿西華德，成為第一個訪華的西方國家領導人，令中國重拾大國感覺

雪中送炭

恭親王一下轎，就走向前去，托住西華德的胳膊肘，擁抱了這位六十九歲的美國政治家。在旁擔任翻譯的丁韙良向西華德解釋說，這是滿洲人接待朋友的禮節。然後，雙方熱烈握手，恭親王表達了對客人「久仰大名、如雷貫耳」的仰慕之情，客套一番後入座。美國公使鏤斐迪的夫人，則陪同女眷們進入內室。

這次會見，對大清國來說，意義非比尋常。此時的大清國，正面臨著嚴重的外交危機和被國際社會孤立的危險。上一年（一八六九年），法國傳教士在位於天津CBD的三岔河口地區建造教堂，進行了大規模強制性拆遷，大量民房包括地標性建築崇禧觀、望海樓均被夷平，在天津造成了極大的民怨。到了這年的夏天，法國天主教堂內所收容的中國兒童，因瘟疫大批死亡，教堂沒有妥善安葬，導致屍骸露野。此時，天津又接連發生拐賣兒童事件，被捕案犯隨口供認說是受教堂指使。為此，天津知縣劉傑於六月二十一日押解案犯到望海樓教堂對質，教堂則找來了法國領事豐大業（Henri Fontanier）保駕護航。豐大業居然當場向劉傑開槍，打傷了劉的隨從，激起

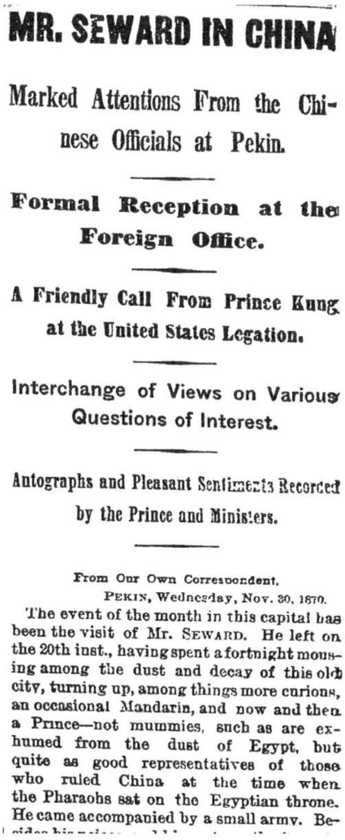

MR. SEWARD IN CHINA

Marked Attentions From the Chinese Officials at Pekin.

Formal Reception at the Foreign Office.

A Friendly Call From Prince Kung at the United States Legation.

Interchange of Views on Various Questions of Interest.

Autographs and Pleasant Sentiments Recorded by the Prince and Ministers.

From Our Own Correspondent.
PEKIN, Wednesday, Nov. 30, 1870.

The event of the month in this capital has been the visit of Mr. SEWARD. He left on the 20th inst., having spent a fortnight mousing among the dust and decay of this old city, turning up, among things more curious, an occasional Mandarin, and now and then a Prince—not mummies, such as are exhumed from the dust of Egypt, but quite as good representatives of those who ruled China at the time when the Pharaohs sat on the Egyptian throne. He came accompanied by a small army. Be-

1871年1月26日《紐約時報》用6行大標題，報導西華德受到恭親王接見的消息

眾怒。豐大業及其助手被當場打死，暴動民眾隨後殺死十名修女、二名神父、二名法國僑民、三名俄國僑民和三十多名中國信徒，焚毀望海樓天主堂、仁慈堂、位於教堂旁邊的法國領事館以及當地英美傳教士開辦的其他四座基督教堂。這就是轟動世界的「天津教案」，西方稱為「天津屠殺」（Tientsin Massacre）。

教案發生後，法國聯合了英、美、俄、普、比、西共七國公使，聯名發出了《致恭親王及各大臣函》，向大清政府提出「抗議」，法國還派出了五艘軍艦，在大沽口外進行軍事威脅。恭親王當時尚在病中，抱病參與善後，他主張一手軟一手硬，一方面要堅決鎮壓騷亂，對為首者實行嚴打；另一方面，對法國先禮後兵，法國真要打，中國就奉陪到底。在恭親王主持下，中央先後派了曾國藩、李鴻章兩人前往天津處理此案，最終雙方相互妥協，中國處決了二十多名「暴徒」，向遇難人員賠償損失，派遣特使到法國道歉。

天津事件解決當天（十月十八日），正是西華德到達上海的第一天。他在上海注意到，租界內的西方人極為恐慌，已經組織了民兵，發了武器彈藥，進行軍事訓練，隨時準備應對中國人的攻擊。幾乎所有的人都反對他此時北上京城，認為太過危險。美國駐上海總領事正是西華德的侄子熙華德（George Frederick Seward），在他的堅持下，駐紮在上海的美軍派出了大隊人馬護送西華德北上。《紐約時報》在事後的報導中說，西華德所率的衛隊人數，遠遠超出了條約中公使最多只能攜帶二十名隨從的規定，「但他並非公使，而是著名的政治家」。顯然，在當時特別孤立的情況下，大清政府也不在乎西華德衛隊的人數了，只要這位美國政治家能在北京露面，就是對中國最大的支持。

西華德的出訪日記詳細記載了在中國的每一次會見的細節，僅他和總理衙門的會談，就至少有三次。第一次是十一月八日，總理衙門為他舉行歡迎宴會，除恭親王因病、文祥因事之外，總理衙門其他大臣都出席了。這個宴會歷時長達四個多小時，令西華德大為感歎中國的辦事效率。第二次是總理衙門的二號人物文祥在十一月十一日到美國使館拜訪。文祥是當時國際公認的大清改革派代表，西華德認為中美能成功簽訂《蒲安臣條約》，與文祥的開放精神及大力推動是分不開的，因此主動求見。當時文祥正在「丁憂守制」（父母去世，官員必須停職守制二十七個月），便以私人名義拜訪了西華德。第三次就是恭親王在十一月二十日的親自回訪。從這三次會談的紀錄來看，絲毫沒有涉及天津事件，可以說，賓主雙方似乎刻意回避了這個敏感而痛苦的話題。對已經焦頭爛額的恭親王來說，美國人十分見機，不會「哪壺不開提哪壺」，這種「體貼」無疑是暖在心頭的。

美利堅帝國

恭親王在與西華德的會談中，感謝他在上一年對到訪美國的首個中國代表團（即蒲安臣使團）給予的熱情接待和在業務上的「精心指導」。其實，中美雙方簽訂的《天津條約續增條約》（「蒲安臣條約」），正是西華德的傑作。這份條約是自一八四〇年以來，中國與列強所簽訂的第一份平等條約，並且條約中明確規定了，美國支持中國的主權和領土完整，不干預中國的內部事務等。這份條約及美國政府對使團的高規格接待，為使團此後在歐洲長達一年多的訪問奠定了很好的基礎。這是中國在「睜眼看世界」後的第一次「伸手摸世界」，美國的態度令中國發現世界並非都是冰冷與可怕的。

席間，恭親王好奇地問起西華德的遇刺情況。作為林肯政府的第一要員，西華德在一八六五年四月十四日林肯遇刺當晚，也在家中遇刺，當時他因病戴著頜骨夾板，結果逃得一命。被刺客們看作是與林肯同樣重要的目標，這完全是因為西華德在林肯政府中扮演的重要角色。西華德曾經是黨內總統提名的

美國內戰後的漫畫，林肯內閣正在努力轉動國家機器

第一人選，但最後敗給了林肯。林肯當選後，西華德應邀出任國務卿。

即使在內戰的艱難環境中，西華德還是繼續在外交方面大展宏圖，將自己早在擔任聯邦參議員時提出的將美國建立成為「太平洋商業帝國」的計畫付諸實踐。

西華德早在一八五〇年代就提出，美國的競爭對手不在別處，而「在東方那些大陸和海洋上」，「太平洋和它的海岸島嶼以及海外的廣大土地」，正是「這個世界更偉大未來的主要舞臺」。當時的大清國已經成為美國的最大交易夥伴之一，與現在美國從中國輸入紡織品相反，一八五三年時中國就消費了美國紡織品出口總額的百分之四十，美國當年輸入中國的紡織品，佔其對華出口總額的百分之八十七。

西華德堅信，「政治霸權隨著商業優勢而來」，「太平洋上的貿易和商業就是世界的貿易和商業」，因此，美國只有佔領亞洲市場，才能「比迄今為止的任何國家都更加偉大」，而「戰艦絕不是能被派往國外的最成功的使節」，美國應當通過商業擴張來進軍太平洋和遠東地區。

美式黑貓白貓

正是在這樣的戰略思想之下，西華德實行了一連串基於實用主義的舉措，而絲毫不受其意識形態的影響。

在對美國周邊地區表現出咄咄逼人、志在必得的同時，西華德對於中國這個被他看作是有待拯救和改革的帝國，表現出十足的耐心和友好。他提出了對華「合作政策」，並最終在「蒲安臣條約」中得到體現。維護中國的主權和領土完整，第一次被寫入國際公約，這成為西華德與恭親王在各自國內取得的巨大政績。西華德的政策成為今後一個世紀美國對華政策的主旋律。

在對華友好，甚至對清政府的腐朽、腐敗予以容忍的同時，西華德對日本則採取了完全不同的炮艦政策。作為中美之間航線上的重要樞紐，一個閉關保守的日本，是美國絕對無法容忍的。早在一八五三年佩里（Matthew Calbraith Perry）率領美國艦隊打開日本大門的時候，西華德就是最堅定的支持者和推動者，他在回答參議院的質詢時，慷慨激昂地提出：「應該質詢的，不是為什麼要派遣遠征軍，而是為什麼遲至現在才開始派遣遠征軍。」

西華德為他心目中的「美利堅帝國」貢獻最大的一件事，就是在一八六七年，成功地以七百二十萬美元（相當於二〇〇五年的九千五百萬美元）從俄羅斯手中收購了一百五十二萬平方公里的阿拉斯加，相當於每英畝二美分。這一舉措被反對者們嘲諷為「西華德的蠢事」（Seward’s Folly），阿拉斯加則被稱為「西華德的冰窟」（Seward’s Icebox）或「北極熊花園」（Polar bear garden）。阿拉斯加併入美國版

1867 年美國用 720 萬美元收購阿拉斯加的支票

圖，使美國在太平洋獲得和英國在大西洋一樣完整的商業和海上霸權。西華德自己認為這是「向亞洲伸出了一隻友誼之手」，美國與中日兩國成了相距咫尺的鄰居。

在同一時期，西華德還主導美國獲得了中途島，從丹麥手裡買下了西印度群島，並積極進軍夏威夷，矛頭直指西班牙控制的菲律賓（最終通過美西戰爭獲得對菲律賓的控制），而在家門口則從哥倫比亞手中獲得建造巴拿馬運河的權利，將大西洋與太平洋的捷徑控制在自己手裡。

在這一連串開創了美利堅帝國萬世基業的行動後，改善中美關係在西華德的戰略中就擺上了議事日程。一八六九年，當他協助朋友格蘭特將軍贏得總統大選後，引退下來，開始了為期十四個月的環球旅行（一八六九年七月—一八七一年九月）。儘管這次旅行號稱是私人訪問，但實際上，美國政府將此當作了奉行擴張主義之後的一次國際巡迴演出，尤其是西華德的中國之行，幾乎成為一次準官方訪問，美國軍隊不僅為其提供了政府首腦規格的保護，美國駐華外交機構實際上也成為他的助手。

也正是因為如此，恭親王即使抱病在身，也堅持面訪西華德。

鼓勵中國走向世界

在恭親王與西華德的會談中，一個十分重要的話題就是中國應當派遣外交官常駐西方各國。恭親王明確地表示，他將全力推動派出常任使節，並堅信這將有利於增進中外瞭解和溝通。而在此前西華德與總理衙門的會談中，總理衙門的其他大臣對此不敢明確表態。在西華德與文祥的私下會談中，作為激進改革派的文祥也無奈地表示：中國的事情不能著急，改革必須穩步推進，否則會適得其反。

對於大清帝國的腐朽，西華德在這次訪問中有了切身的體會。十月十八日他在上海登陸時，就有幸看到了中國官員的招搖過市，鳴鑼開道、隨從如雲，還奇怪地「舉著各種顏色的傘」。西華德當場就對助手們評論道：「這就是帝國腐敗的證據……一個國家，就如同一個人，（不可）總是惦記著過去的榮耀，尤其是在已經無能去發揚光大時。」

總理衙門的歡迎宴會上，儘管《紐約時報》不厭其煩地報導了魚翅、燕窩等菜譜，來證明西華德在中國受到的崇高禮遇，但那一百五十道精美菜餚、長達四個多小時的吃喝以及中國官員們使勁乾杯拚酒卻回避公事的熱情，令他頭疼不已。

在西華德與恭親王見面前，他曾經花了數天時間遊覽長城，在長城腳下，他和美軍將領們大發感慨：為什麼這麼偉大的建築，最終無法阻止這個天朝帝國的衰退與墮落？

誰可託福

紐約河濱路（Riverside Drive）周圍都戒嚴了，八萬多人擁擠在道路的兩側。

清晨六點左右，十二輛裝飾華麗的馬車在員警和軍隊的護衛下，進入了尚未完工的格蘭特陵園（Grant's Tomb）。大清國特使李鴻章坐在第二輛馬車上，向歡迎的人群頻頻招手致意，在曙光的映照下，李鴻章身上的黃馬褂格外地燦爛。

這是一八九六年八月三十日，星期天。

1896 年，李鴻章訪問美國。

隨著淒婉的軍號聲，八位來自美國陸軍第十三師的儀仗隊員，向李鴻章和中國貴賓們行持槍禮。李鴻章緩緩地走向巨大的格蘭特鐵製靈柩，隨從們放上了月桂樹枝紮成的花圈。李鴻章肅立默哀，然後，出乎所有人的預料，他沉痛地對著棺木說道：「別了，我的兄弟！」

《紐約時報》在次日的報導中說，李鴻章的這句特殊悼詞，「非常令人感動」。「他的思緒回到十七年前與將軍親切會晤的場面，當時他們相談融洽，因為他與將軍一樣都曾為了拯救祖國而久歷沙場。」

《紐約時報》沒有注意到的是，十七年前，李鴻章與到訪的美國前總統格蘭特多次密談，請求格蘭特充當特使，調解中日因琉球群島主權發生的爭執。自那次事件後，格蘭特就被大清國政府和人民當作了仗義的朋友。

而這一切，都是恭親王的運籌帷幄。

總統訪大清

格蘭特訪問中國，是在一八七九年的初夏。當時，他剛結束了第二任總統任期，開始了為期兩年的世界大環遊，從暹羅（泰國）進入了中國境內，先後訪問了廣東、上海、天津，而後在六月三日到達北京。

這是第一位訪問中國的西方國家元首，也是繼九年前美國前國務卿西華德訪問中國後，到訪中國的第二位美國國家領導人。主持中央日常工作的大清總理、四十六歲的恭親王奕訢十分重視，在格蘭特抵達北京後不到兩小時，就派人前往其下榻的美國公使館問候。

次日（六月四日）下午兩點半，格蘭特

格蘭特是美國內戰的英雄，圖為其參加總統競選時的宣傳畫，描繪其光輝的戰鬥歷程

一行離開了東交民巷的美國公使館，在中國軍隊的護衛下，前往總理衙門。這天非常炎熱，氣溫足有一〇一華氏度（攝氏三十八點三度），中國首都的道路上塵土漫天、垃圾遍地，十分骯髒。

恭親王早已率領官員們迎候在衙門口。在歡迎的禮炮聲中，恭親王走上前來，與格蘭特寒暄見禮，美國駐華代理公使何天爵擔任翻譯。賓主相攙著走進一間寬敞但十分簡樸的會議室，桌上已經佈滿了精美的冷盤佳餚。

隨同父親格蘭特將軍訪華的格蘭特上校

恭親王請格蘭特坐在他左側的貴賓位置上，兩國隨從們一一按級別入座。恭親王便開始向美國客人一一分發他的紅色大名片，何天爵陪同在旁，向他逐個介紹美國代表團成員，恭親王與每人都親切握手。當介紹到身穿軍服的格蘭特將軍之子格蘭特上校時，恭親王停了下來，親切地詢問他的軍銜及軍裝上各種飾品的含義，還問了他的年齡、婚否、有無孩子，當他得知格蘭特上校只有一個女兒時，很同情地說：「你好可憐啊。」這句話令美國人詫異不止，事後補課才知道中國人對男孩的偏愛。

這次會見的主要「議程」，還是中國大餐。僕人們開始端上各種美味佳餚，燕窩、魚翅、熊掌、烤鴨等，美國人因剛在使館內用過午餐，誰也不餓，但依然饒有興趣地欣賞著這一「奢華的娛樂」。他們注意到，與廣東、上海和天津的官方接待不同，這次「國宴」還是相對簡單的，尤其是沒有過多的僕人川流不息。而恭親王很少動筷子，只略喝幾口燕窩，對魚翅之類的則是碰都沒碰。雙方都沒怎麼吃，宴會很快成了「煙會」，美國人吸起了雪茄，而恭親王則掏出了旱煙槍。

借助著翻譯，賓主之間開始交談，話題很快就轉到了中國的教育改革及自然資源的開發。當時，作為中國新式最高學府，同文館的教學已經在美國籍校長丁韙良帶領下，步入正軌。而在煤礦和鐵礦開發上，格蘭特表示出明顯的興趣，強烈建議中國應效仿英國，多多開發自然資源，向大國邁進。但對這個話題，恭親王似乎並不想多談，或者他似乎有難言之隱，倒是中國財政部長（戶部尚書）很感興趣，與美國客人熱烈討論起來。恭親王在旁聽著，一袋袋地抽著他的煙槍，並不時給格蘭特的盤子裡添菜，那菜「堆得都足以裝飾一棵聖誕樹了」。

美國人事後總結說，作為中國的權力核心，恭親王對於西方和世界大勢，十分瞭解，遠遠超過他的同胞們。但是，與李鴻章不同，他首先必須服從和服務於作為政權基礎的大清貴族，而這個團體十分保守排外，這就注定了恭親王「不可能如李鴻章那樣走得那麼遠」。在此次會談中，但凡涉及中國的改革和進步的話題，他都很少說話，而是格蘭特在侃侃而談，因此，美國人認為，真正能打動恭親王、觸動中國政府的改革建議，「必須來自中國內部，來自中國的人民」。

宴會之後，格蘭特將軍一行前往同文館參觀。學生們用嫻熟的英文致了歡迎詞，格蘭特則發表了簡短的講話，稱讚說：在如此古老的國家裡，看到了現代文明的進步以英語方式表達出來，這是他的世界環遊中最有意義的一件事。

琉球，琉球

國宴次日（六月五日），恭親王輕車簡從，前往美國公使館回訪。這一次，恭親王令美國人看到了他綿裡藏針的另一面，機敏、睿智，不達目的不甘休。美國人感慨道，恭親王代表著中國政壇的「勇氣」和「能力」。

話題圍繞著日本與琉球。

就在三個月前（一八七九年三月），日本利用中俄在新疆軍事對峙、中國無暇東顧的機會，下令將其已經實際佔領的中國藩屬國琉球「撤藩置縣」，正式吞併。此舉激起了大清國朝野的憤怒，中國駐日本公使何如璋提出了上、中、下三策：上策是派遣軍艦，盛陳兵威，表面上是前往琉球質問，實質上是要「示日本以必爭」；中策是據理言明，約琉球令其夾攻，「示日本以必救」；下策是與日本反覆辯論，或援外國公法（國際法）以相究責，或約各國使臣與之評理。恭親王等經過反覆權衡，決定採用何如璋提出的下策。就朝廷而言，此時百廢待舉，在琉球問題上採用敷衍拖延之策，實在也是有難言之隱。邀請在國際上享有崇高威望的美國前總統格蘭特為中國進行斡旋，就是此次恭親王回訪的目的。

恭親王向格蘭特介紹了琉球的情況。美國人記載道：「他的聲音是低沉和柔軟的，他的手勢（豐富得）更像一個義大利人，而不是中國人。在何天爵翻譯的時候，恭親王就靠在椅背上，拿起煙槍抽幾口。偶爾，他又想到了什麼，就會打斷翻譯，又急又快地解釋。特別在談到中國將為保衛主權而奮戰時，他會顯得十分激動，然後他會為插話而抱歉，讓翻譯繼續。有時，他會突然停住長句，說不能太長了，否則何天爵翻譯時記不住，大家就哄堂大笑。」

格蘭特表示，他目前並沒有官方身份，但他很願意以私人身份向日本天皇和日本政府轉達中國的關切。他同時表示，美國的對外政策就是公平正義，不會容忍日本對華的侵略。

恭親王說，美國對中國的深情厚誼，中國不會遺忘。他告訴格蘭特，在返程途中經過天津時，直隸總督李鴻章將就琉球事件的細節與他進一步交換意見。

格蘭特接受重託後，恭親王如釋重負，端起香檳，再次向格蘭特及美國貴賓們表示感謝，並為格蘭特的健康乾杯。格蘭特則回禮，為恭親王和中國皇帝陛下的健康乾杯。隨後，恭親王告辭，格蘭特親自將其送上使館門口的大轎。

在琉球問題上，中國人令人驚訝地顯露出了極高的效率。六月十二日清晨，格蘭特剛剛到達天津，還在美國總領事館吃早餐時就接到通知，李鴻章已前來拜訪。格蘭特立即要求美軍士兵列隊，並鳴放禮炮迎接這位著名的中國總督。

李鴻章詳細地向格蘭特介紹了琉球事件的前因後果。比恭親王更為咄咄逼人的是，李鴻章搬出了此前的中美條約，條約中明確約定：如果第三國對中美任何一國「有不公或輕藐的事，一經知照，必須相助」。格蘭特的助手楊格（J. R. Young）將軍說，根據琉球事件的情況，日本的確「輕藐」了中國，因此，協助中國進行調解，不僅是道義責任，也是條約責任。這一來，格蘭特的調停，不僅是私人外交行為，更上升為美國的國家外交義務了。

在第一次見面後，李鴻章就和格蘭特成了惺惺相惜的朋友。次日，格蘭特回訪了總督府，李鴻章準備的歡迎儀式排場遠超過恭親王的，甚至動用了「黃緞襯裡的轎子——在中國只有皇帝才能使用這樣的轎子」，可以相信，這樣的超規格接待，一定得到了恭親王的同意。幾天之後，根據李鴻章的命令，由天津稅務司、德國人德璀琳（Gustav Detring）出面，邀請各國駐天津領事和夫人，為美國代表團舉行了盛大的歡迎宴會。李鴻章破天荒地出席了這個有女士們在場的宴會，令外交官們大為驚喜。

「中國要自強」

離開中國後，格蘭特將軍乘坐美國軍艦「里士滿」（Richmond）號前往日本。日本之行，格蘭特已不單單是遊覽，而是肩負著恭親王、李鴻章和大清國的重託，以及美國對中國的條約義務。

日本人對格蘭特的到訪給予了最高規格的接待，對於琉球事件，在美國人的壓力下，日本再度顯露了外交方面的靈活手段，提出「分島改約案」，將琉球由中日兩國分割佔領，琉球南部靠近臺灣的宮古、八重山兩島劃給中國。

在格蘭特建議下，恭親王和李鴻章一度曾考慮接受，讓琉球國王在此二島上復國，但琉球國派駐北京的使節再三哭訴，此二島土地貧瘠，無法生存。於是中國提出了反對建議，要求三分琉球，北部歸日本，南部歸中國，中部各島則歸琉球王國，由中日兩國確保其獨立自主。日本對中國的建議堅決反對，並且搬出了中日兩國一八七四年簽訂的《北京條約》。當時，因臺灣土著殺害了漂流到臺灣的琉球船民，日本興兵問罪，中國在簽訂條約時為了推卸責任，寫下了「臺灣生蕃曾將日本屬民等妄加殘害」，間接認可了琉球人是日本屬民，這是恭親王和李鴻章外交生涯中的最大敗筆之一。

美國人一看這條約，也感無奈。而此時，沙俄在新疆加強了軍事威脅，種種跡象表明日俄兩國可能聯手對付中國。為了避免兩線作戰，中國不得不調整策略，同意以日本的提議為基礎，進行琉球問題的談判。

美國的調停失敗後，格蘭特將軍給李鴻章先後寫了兩封信，通報調停的細節，主題就是與其拜託美利堅，不如拜託自己。格蘭特寫道：「日本數年來採用西法，始能自立，無論何國再想強迫脅制立約，彼絕不甘受。日本既能如此，中國亦有此權力。我甚盼中國自強。」

而他的助手楊格更為直接，在寫給李鴻章的信中說道：「中國若不自強，外人必易生心欺侮。在日本人心中，每視中國懦弱，為所求無不遂者，彼看不起中國，則無事不可做。日本以為不但琉球可併，即臺灣暨各屬地動兵侵佔，中國亦不過以筆墨口舌支吾而已……中國如願真心與日本和好，不在條約而在自強，蓋條約可不照辦，自強則不敢生心矣！」

他更指出：「中國之大害，在弱之一字，我心甚敬愛中國，實盼望中國用好法，除弊興利，勉力自強，成為天下第一大國，誰能侮之？」

史料沒有記載，恭親王和李鴻章看到這幾封信後的反應，但是，琉球事件後，新式艦隊的建設就被提到了議事日程上。七年後，排名世界第八的北洋艦隊，就在日本長崎港亮劍，震撼日本朝野……

鳥巢鳥感覺

大凡有地位的老外，到了大清國，都會驚歎這真是個「鳥」國家。在主人們盛情的宴會上，總是有一道令老外們驚詫而不敢動刀動叉的東東：「鳥巢」（Bird Nest），即燕窩也。

老外們無法理解，大清國的領導幹部，外帶先富起來的一批精英人士，為什麼會這麼喜歡拾「燕」唾餘，乃至不惜千金、勞師動眾地強行拆遷燕子的蝸居，以將其吞噬。俗話說「宰相肚裡能撐船」，儘管大多數的「宰相」並無「撐船」的肚量，但吞噬小燕子的蝸居還是綽綽有餘的。

老外也無法免俗，雖不喜歡「鳥巢」，卻喜歡「鳥巢」帶來的「鳥」感覺。連堂堂的《紐約時報》，在美國前國務卿西華德、前總統格蘭特先後訪問大清國時，也很八卦、很阿Q地在版面上記錄了大清國宴請美國貴賓的菜單，當然包括「鳥巢」之類，以顯示美國領導人在中國受到了特別待遇。

西華德訪華是一八七〇年的冬天，作為有史以來第一個到訪北京的西方政府首腦級大腕，他受到了大清政府的盛情接待，國宴便擺在總理衙門。

說是國宴，其實並沒有國家元首出席。太后和皇帝照例是不見外賓的，迎來送往的瑣事一般都由主持中央日常工作的大清國總理恭親王接待。但不巧，總理恭親王病了，常務副總理文祥也病了，國宴遂由總理衙門的其他領導人集體主持。

主人們用「鳥巢」等富有大清特色的美味，同時填充桌面和時間。四個多小時的漫長會餐和一百五十道之多的菜餚，幾乎令美國人迅速對中華烹飪產生了審美疲勞。主人炫耀性地介紹各種怪異菜品的原料和烹飪方式，以此向客人展現天朝上國的偉大形象，同時頻繁地與客人「乾杯」，感情深，口口都要

美國畫師現場記錄的恭親王宴請格蘭特將軍的情景，似乎恭親王正在勸酒。這是除了那幾張正襟危坐的照片或畫像外，恭親王少數極為生動的形象展現

悶，令美國人幾乎忙悶過去。

美國人鬱悶的是，當他們想把話題轉到雙方共同關心的國際和國內話題時，主人們總是顧左右而言他，會場似乎貼著「莫談國是，只談鳥巢」的無形禁令。這頓飯令西華德等人對中國政府的運作效率有了極深的感受。

九年後（一八七九年），剛剛卸任的格蘭特總統在春夏之交到訪北京，成為第一位訪華的西方國家元首。這次，恭親王親自主持了在總理衙門舉行的歡迎宴會。

格蘭特是從暹羅（泰國）進入中國的，到京之前已經訪問了廣東、上海、天津等地，各地官員們對這位美國「民主」（「民之主」也）給予了熱情接待，令格蘭特對大清官場的「鳥巢」社交文化略微有底。

當服務人員開始端上各種美味佳餚後，美國人發現，這一「奢華的娛樂」要比廣東、上海和天津的接待簡單了許多。當然，「鳥巢」依然是不可少的。美國人注意到，恭親王幾乎只是略喝幾口「鳥巢」，而幾乎不碰魚翅等其他菜餚。

這次，因為有恭親王在場，與會的中國官員們便暢所欲言，與美國人交流改革開放。但是，恭親王只是勸酒、夾菜，幾乎沒做任何表態。美國人事後分析，恭親王因身份限制，很多事情可做不可說。

不僅西華德與格蘭特，從迄今所能發現的西方紀錄看，多數西方來訪者都是從中國政府那奢華的宴會中認識了「鳥巢」，景仰既久，卻依然敬而遠之。一位有幸參與過此種公款宴請的法國人，認為「鳥巢」之受寵，並非因其多可口，而只是因其昂貴，主人以此炫耀的，只是自己的好客與財富。

與餐桌上的「鳥巢」相比，老外似乎更關注大清國本身這只巨大的鳥巢。如同電影《阿凡達》所揭示的，在一個弱肉強食的叢林中，真理只有一個：誰的鳥大誰的巢就大，誰就是老大……

使臣覲見中國皇帝的銅版畫

1796 年西方畫師記錄的北海景象，一個「讓我們蕩起雙槳」的美麗湖泊

北京歡迎你

美國前國務卿西華德顯然並不喜歡北京，儘管受到了熱情的歡迎。

他發現，這座帝國首都那無比寬廣的大街，也與中國其他城市一樣「骯髒、混亂、令人作嘔」。各種車輛、騾馬和行人都鬧哄哄地擠在一起，泥土夯成的路上，晴天灰塵滿天，雨天泥濘遍地，兩旁的住家和店鋪都往路中間傾倒垃圾、汙水，而幾乎所有的河流都成了排汙道，臭氣熏天。

一八七〇年十一月八日，西華德坐在綠呢大轎上，在中國士兵們鳴鑼開道及吆喝申斥聲中，從滿街的攤鋪、賣藝者、設賭者中擠出了一條路來，前往總理衙門，他極其準確地意識到：這可「絕非行走在華盛頓的賓夕法尼亞大街上」。

從東交民巷的使館區，通往位於東堂子胡同（今建國門附近）的大清國總理衙門，這條大清帝國的「迎賓國道」，在幾乎所有來訪者的紀錄中，成為世界上最骯髒和最著名的一條道路。

大清政府和人民絕非故意怠慢遠方來客。

老外們很快就明白，全北京城，乃至全大清國，除了中央最高領導們生活、戰鬥和娛樂的樓堂館所之外，這個偉大的國家根本就很難找出比這條「迎賓國道」更為清潔的道路。

美國社會學家 E. A. 羅斯（Edward Alsworth Ross）在辛亥革命前考察了中國，他注意到「城市的街道狹窄、彎曲、凹凸不平、骯髒不堪、臭氣熏天……幾乎沒有維護城市公共交通的任何工具，街道為個體商販佔據，幾乎不能通行。店主們在貨架前設有櫃檯，用籃子和簍子組成的貨攤排列在街道兩邊，帶著勞動工具的手工藝人充塞其中，致使一條六英尺寬的街道擁擠不堪。如不是官方規定必須為來往的轎子留出通道，道路會更加狹窄」。

他也考察了日本，在那裡「人們絕對看不到在中國隨處可見的成堆的垃圾、糞便、汙池、泥坑」。他甚至堅信，在「至少三分之二」的中國國土上，旅行者很難找到一塊乾淨的地方紮下帳篷，更不要說各地旅館的骯髒、蝨子和惡臭了。

而在大清國第一個國際大都市上海，租界內「街道整齊，廊簷潔淨，一切穢物褻衣無許暴露」，華界內則「臭穢之氣，泥濘之途，正不知

1861 年《倫敦新聞畫報》所刊的版畫——冰上童趣與北京出租車

相去幾何耳」，人人「掩鼻而過」。

街道如此，居室也好不到哪裡去。美國傳教士、清華大學的主要推動者明恩溥，感慨中國人居然都不講究居室的採光，弄得室內總是十分陰暗。甚至在大清首富盛宣懷的豪宅，西方客人也吃驚地發現在那擺滿昂貴的古董傢俱的客廳裡，居然沒有足夠的窗戶，古老的傢俱反而顯得陰森森的。八國聯軍入侵北京時，高級軍官們有幸參與紫禁城一日遊，在驚歎其間的富麗堂皇時，他們也感慨這種華而不實的豪宅，實在不是舒適的居所。有趣的是，一位曾經訪問美國的大清道台表示，美國的監獄要比中國的衙門舒服多了——不知這位口沒遮攔的官員，回國後是否為這句話而被清理出幹部隊伍。

曾經長期在歐美生活的大清外交官張德彝認為，中國的髒亂大都是因為「在上者鄙此為瑣屑之務，不復為之經理，小民更安於卑汙，相率因陋就簡」，一掃帚將廟堂和草民都掃了進去。

上海的人民群眾卻似乎不同意這種看法。他們告訴日本訪客，這要怪洋人帶來了工商業，導致本地人都湧到外企（主要是繅絲廠）打工，不再關心農作，可惜了滿街的「肥料」。儘管「肥料」滿街的上海只能「掩鼻而過」，但上海大多數人民群眾還是一邊捂著鼻子，一邊罵著洋鬼子，一邊豔羨著租界內的整潔。

租界（或使館區）外飄過來的惡臭，成為許多西方人回憶錄中縈繞不去的中國氣息。這種熱烈歡迎，儘管帶著大清口臭，也沒有能阻止老外們一邊捂著鼻子，一邊紮根大清……

【延伸閱讀】鷹龍之戀：大清國與美國戰略對話

星條旗和黃龍旗在南中國的海風中獵獵飄揚。

演武亭前方的海岸邊，已經搭起了一座巨大的臨時建築，中西合璧，類似歐洲的凱旋門，又類似中國的牌坊。兩側一字散開的立柱上，對稱斜插著中美兩國國旗。牌坊的兩個主塔上，是兩國國旗，而中間的橫額上，則是燈泡組成的兩國國旗圖案，即使在夜晚，也能讓國旗熠熠生輝。

這是一九〇八年十月三十日，廈門。

在大清海軍「飛鷹」號驅逐艦的引領下，八艘塗抹著耀眼白色的美國戰艦，披掛滿旗，徐徐進港。在港內迎接的大清主力巡洋艦「海圻」「海容」「海籌」「海琛」，同樣披掛滿旗，此時開始整齊地鳴放十九響禮炮，美國軍艦則鳴炮還禮，炮聲震耳欲聾。

1908 年 11 月 3 日大清政府宴請美軍「大白艦隊」官兵的請柬

自一七八四年「中國皇后」號帆船成功開通紐約到廣州的航線後，中美兩國就開始了日益密切的接觸，兩國高層也不斷地以各種方式進行互動和溝通。雖然，因大清特色的體制局限，中國的國家元首或政府首腦無法訪問美國，但通過使節，兩國的高層對話幾乎從未停止過，兩國都在對方的國家戰略中扮

The Welcome Arches built for the Grand Reception to the U. S. Fleet, October 1908.

為歡迎美軍「大白艦隊」搭建的牌坊，頂上及前排立柱上均為兩國國旗

演了舉足輕重的作用……

到訪的正是美國歷史上第一支環遊世界的遠洋艦隊——「大白艦隊」（The Great White Fleet），以艦身塗抹白漆而得名。這是美利堅面向世界的第一次武力炫耀，而在亞洲，它的威脅目標就是日本。訪問中國的，是「大白艦隊」的第一、二分艦隊，集中了「大白艦隊」一半的主力艦。

唐紹儀本來期待的，是與羅斯福總統的戰略會談，一旦締結三國同盟，整個世界歷史將因此而改變……

一九〇八：中美德同盟流產

中國政府對「大白艦隊」的到訪十分重視，政治局委員（軍機大臣）兼總參謀長（軍諮大臣）毓朗親自主持歡迎儀式。

早在艦隊到來前的六月份，政治局委員（軍機大臣）兼外交部長（外務部尚書）袁世凱在接受《紐約時報》記者採訪時就指出：「我本人對於美國政府宣佈其正在善意地考慮

我們的邀請而感到高興，並且我確信，中國民眾也與我有同樣的感覺。眾所周知，中國已經被外國武力很多次地『訪問』過了，包括友好的和非友好的，卻從未有過任何一支外國海軍艦隊在此前認真考慮過我們的願望，或者友好地等待我們邀請。中國人民能夠通過美國海軍的友好訪問而理解到美國對中國的友誼和重視。我可以向你保證，你們的艦隊會得到我國的友誼和重視，將受到全體中國人民的歡迎。我希望不會有任何事阻礙這次訪問，中國人民把這件事當成我國對外關係的一個轉捩點。」

停泊在廈門港口的美國軍艦，允許大清民眾們上艦參觀，美國水兵們每天忙著接待腦後拖著大辮子的遊客們。

與此同時，美國的報章上也在連篇累牘地報導即將到訪的中國特使唐紹儀。公開的報導指出，唐紹儀此行是為了感謝美國歸還庚子賠款，並且就開發滿洲（中國東北）與美方會談，而實際上，唐紹儀還肩負著一個重要的戰略對話使命：響應德國皇帝威廉二世的號召，推動和建立中美德三國同盟，為此，美國總統希歐多爾・羅斯福（Theodore Roosevelt）將與唐紹儀舉行秘密會談。

三國已經為此開展了一段時間的秘密外交。主持外交工作的袁世凱認為，同盟不僅可以抵英抗法、防俄制日，更能保全龍興之地東北。德國的目的是為了對抗英日同盟，而美國則是對英、日、俄、法四國破壞美國的「門戶開放」政策不滿，同時遏制日本的崛起。「大白

Ambassador Tang, Who Held the Moukden Lid Do

By THOMAS F. MILLARD.

The Selection of This Special Envoy, Whose Nominal Mission try Is to Express China's Gratitude in Regard to the "Bo demnity, Is Believed to Have a Deep Political Signific

《紐約時報》整版報導唐紹儀訪問美國

艦隊」受到中國政府的熱烈歡迎，就是因為其目的之一就是向日本示威。此外，美國還做了一連串的動作：美國陸軍部長塔夫脫（William Howard Taft，不久擔任總統）訪華，重申美國支持中國的主權和獨立，堅定地奉行「門戶開放」的對華政策；羅斯福總統要求國會授權，向中國退還多收的庚子賠款；駐紮在菲律賓的美軍則已經做好針對日本的軍事準備。

中、美、德三國同盟似乎即將瓜熟蒂落。無處不在的日本間諜網，在唐紹儀尚未起程時就得悉了情報，並且成功地在唐紹儀途經日本時，將他拖延了一個多月。在這期間，日本加大外交攻勢，對美國多方讓步，認可美國提出的「門戶開放」，放棄對美國「排日」政策的杯葛，換來了美國對日本在東北亞特殊地位的認可。

十一月五日，唐紹儀從三藩市登陸美國本土，並沒有察覺日美的秘密外交。三天後，光緒皇帝和慈禧太后相繼去世。十一月三十日，唐紹儀抵達華盛頓。然而，就在這天中午，日美兩國簽訂了《羅脫－高平協定》，因帝后逝世守國喪而不得剃髮剃鬚的唐紹儀，被迎頭打了一悶棍，越發地形容枯槁。

三國同盟已經化為泡影，唐紹儀的使命從「戰略對話」降低為了「戰術對話」。到達華盛頓的第三天（十二月二日），他與即將卸任的羅斯福總統舉行了會談，主題只能圍繞著技術層面展開，雙方探討了美國向中國提供財政援助、協助中國進行金融改革的事宜，並就退還庚子賠款的具體辦法進行了探討。

一九〇九年一月二日，唐紹儀的靠山袁世凱因「健康原因」離奇而突然地退居二線。羅斯福總統收到電報後，當天就致信德國皇帝，認為袁的下臺，表明「中國人不管在內政還是外交上，都難以執行任何既定政策，我們除了和他們更為慎重地打交道外，沒有別的選擇」。總統在這封信中解釋道，他十分擔心三國同盟會被中國誤讀為美、德的擔保，從而刺激中國更為敵視日本，而美國和德國並不能在一場中日衝突中為中國提供任何支援。

一月八日，北京命令召回唐紹儀。同一天的《基督教科學箴言報》（*Christian Science Monitor*）則用將近整版的篇幅，刊登文章〈當代中國為年輕美國提供巨大機遇〉（*Modern China Offers Great Opportunities to the Young American*），將唐紹儀的照片與攝政王載灃的照片並列，並在導讀中用顯著的字體寫道：「袁世凱的命運關係到中國的外交政策以及中美關係的發展。」

羅斯福總統

不久，塔夫脫接任美國總統，在接見唐紹儀時，告誡他今後辦理外交務必注意保密。而《基督教科學箴言報》轉引日本高層的評論，認為唐紹儀使命的失敗，正在於低估了日本對美外交的能力和手段。日本搶在唐紹儀之前，與美國簽訂《羅脫—高平協定》，不僅成功地瓦解了中、美、德之間的戰略同盟構想，而且還成功地讓袁世凱在國內顏面喪盡，逼退了這位最令日本人忌憚的「反日派」。

唐紹儀黯然回國，這位哥倫比亞大學的高材生美國之行的唯一收穫，就是出席了其次女伊莎貝爾（Isabel）與新任駐美公使張蔭桓之子亨利（Henry）的婚禮。這個被全美各大報爭先報導的婚禮，絲毫也不能掩蓋唐紹儀的悲哀：他本來以為是能促成中國與美國，甚至包括德國在內的一場更為光彩奪目的聯姻的。

美國公使的「合作政策」，令中國在一片茫然中找到了戰略定位；當他轉身代表中國與美國進行戰略對話後，則奠定了之後近一個世紀的中美關係基調……

一八六八：中美同志加兄弟

中美之間，本沒什麼「戰略對話」。天朝大國，連日不落的大英帝國都沒看上眼，何況美洲殖民地這小小的「化外之地」。

美國獨立之後，竭力在經濟上擺脫英國的強力束縛。一七八四年，「中國皇后」號（Empress of China）帆船成功開通紐約到廣州的航線，掀起了到中國淘金的狂潮。從一七九一年到一八四一年五十年中，美國對華貿易額增長達六倍之多，很快就越過了其他國家，在西方國家的對華貿易中位居第二，僅次於英國。

第二次鴉片戰爭後，西方列強獲准在北京派駐公使。曾經擔任美國眾議院議員的蒲安臣，受林肯總統的委派，出任此職。

蒲安臣

美國當時的對華戰略，還是延續緊跟英法的一貫政策。美國國務卿西華德給蒲安臣的指令是，儘量與英、法等國「協商與合作」。「美國的在華利益，按我的理解，是和我所提到的兩個國家（英、法）一致的。無疑，英、法公使已按促進所有西方國家利益的態度行事。國務院指示你，要與他們協商與合作，除非有充足理由，個別情況可不與他們聯繫。」

此時，美國內戰打得如火如荼，根本無暇東顧，蒲安臣本人因此成為美國對華政策的主要締造者和實施者。他將「與英法協商與合作」擴大到了「與中國協商與合作」，要「用公平的外交，來代替武力，用公平的方法，獲得公平的結果」。他在寫給華盛頓的報告中說：「在我與中國當局的談話中，沒有一次不對他們提出這個不割讓主義。」這個在面對國內的黑奴制度和國外的民族壓迫都十分好鬥的牛仔議員，在中國成了最受歡迎的彌勒佛。無論其動機如何，在大清國最為痛苦和孤獨的時候，他令看慣了列強臉色的恭親王和大清政府感覺到了溫暖。美國史學家泰勒・丹涅特（Tyler Dennett）評論說：「這位美國公使在其任內對中華帝國對外關係的最大貢獻，就是在一八六三—一八六五年這一困難時期對合作政策的身體力行。」

在蒲安臣的主導下，美、英、法、俄四強國，在中國都奉行了「協商與合作」政策。當時英國公使布魯斯、法國公使柏德爾密（Jules Berthemy）、俄國公使巴留捷克（General L. de Balluseck），連蒲安臣自己，姓氏開頭字母均為B，所以，「協商與合作」政策又稱「四B政策」。

蒲安臣任內，以自己的行動給大清國展示了一個完全不同的「米夷」（當時還沿用日本翻譯，稱美國為「米國」）形象。一八六六年八月十八日，一艘美國武裝商船「舍門將軍」號（General Sherman）到朝鮮進行貿易，遭朝鮮拒絕，發生衝突，對峙十多天後，朝鮮軍隊發起火攻，「舍門將軍」號被焚毀，包括美國船長、大副在內的水手們全體被殺。中國官員一看事態嚴重，表示朝鮮雖是屬國，但中國無法對此負責。蒲安臣一方面要求美國亞洲艦隊司令派軍艦進行調查；另一方面，急電華盛頓要求阻止軍方可能的武裝報復，給中國留足面子和後路。這就是中美和朝美關係史上重要的「舍門將軍」號事件（General Sherman Accident），據說金日成的祖上就參與了這場「偉大的抗美鬥爭」，但未得到史學界的認可。

更具有深遠意義的是，蒲安臣將美國傳教士丁韙良翻譯的法學名著《萬國公法》（*Elements of International Law*，即《國際法原理》），作為禮物送給恭親王。恭親王大喜，以官方名義正式出版，並迅速運用於國際交往實踐，成功地處置了多起國際爭端。據說一位法國外交官憤怒地說：「是誰居然讓中國人洞悉我們歐洲的國際法？殺死他，除掉他，他會給我們造成無盡的麻煩的！」

早在一八四八年，福建巡撫徐繼畬在其《瀛寰志略》一書中，就對美國推崇備至：「合眾國以為國，幅員萬里，不設王侯之號，不循世及之規，公器付之公論，創古今未有之局，一何奇也！」而蒲安臣在中國所推行的「協商與合作」政策，令中國看到了一個充滿理想主義色彩的美國。美國迅速成為中國最為信賴的洋兄弟，並對中國的國際戰略調整起到了關鍵的影響。

在此後中國所經歷的歷次外交風波，乃至甲午戰爭中，美國都成為了中國首選的調停人。總理衙門認為：「英法美三國以財力雄視西洋，勢各相等，其中美國最為安靜，性亦平和。」曾國藩也評價說：「米夷質性淳厚，於中國時思效順。」薛福成則認為：「方今有約之國，以英法俄美德五國為強……美國自為一洲，風氣渾樸，與中國最無嫌隙。」

蒲安臣任內，曾經向總理衙門提交了一些備忘錄，希望中國改革自強，我們完全可以將此看作一種特殊的「戰略對話」。恭親王評價「其人處事和平，能知中外大體」，而後世曾在北洋政府擔任代理總理和代理總統的周自齊，認為「蒲安臣為人剛直坦易，而嫻辭令，明法律。恆以中國為守禮之邦，地大物博，必為全球第一大國，願為中國效力。所上條陳皆富強之要，切實可行」。可以說，在兩次鴉片戰爭和太平天國動亂之後，大清國政府幾乎將迷失在內憂外患的濃霧之中，蒲安臣的「合作」令恭親王等人找到了在當時的國情之下最能維護中國利益的定位，一場史稱洋務運動的改革開放因此開始大踏步推進。

一八六七年，蒲安臣完成了他在中國的六年任期，即將回國。恭親王代表中國政府正式邀請他「充辦各國中外交涉事務大臣」，代表大清國與包括美國在內的列強進行「戰略對話」。這一外交史上的創舉令世界驚歎。

大清特使蒲安臣出訪的第一站，就是他的祖國美國。他以一種特殊身份，與美國總統詹森、國務卿西華德進行了多次「戰略對話」，最終代表中國與美國簽訂了《天津條約續增條約》，史稱「蒲安臣條約」。

這份被梁啟超稱為「最自由最平等之條約」，受到了大清朝野的高度評價。維持中國的主權和領土完整，第一次被寫入了條約。條約的主要內容是：保持中國的完整；中國控制自己的內地貿易；中國在美國各商埠設立領事館；相互不得進行宗教迫害；鼓勵中國勞工向美國移民；相互居住和旅行的權力；相互准許對方學生入學；不干預中國的內部發展。

這一條約，奠定了今後近一個世紀的中美關係基調，成為中美各自國際戰略的重要基石。丁韙良評論道，中美關係的「行情」上下波動，而在蒲安臣這裡達到了頂點。

當蒲安臣代表中國在出訪俄國的途中病逝後，慈禧太后和恭親王給予了極高的評價和優厚的撫恤。美國政府則在其家鄉波士頓為他舉行了隆重的葬禮，他的靈柩上和道路兩側都同時覆蓋和懸掛著星條旗和黃龍旗。

美國史上比林肯總統還要偉大的國務卿，致力於建設美利堅的「太平洋帝國」，而跨過大洋與中國握手，正是這個新帝國的基石……

一八七〇：太平洋帝國崛起

蒲安臣的隆重葬禮結束不到半年，他的直接領導、剛剛卸任的美國前國務卿西華德就不遠萬里到訪中國。雖然這並非一次國是訪問，但中美兩國都十分重視。美國政府按照政府首腦的級別，為西華德提供了專船及衛兵，而主持中央工作的恭親王則和西華德舉行了重要的會談。

西華德訪華，實際上是通過高層會談，將蒲安臣已經奠定基礎的中美戰略合作關係，再進一步落實和深化。在京期間，他與總理衙門舉行了三次會談，其中包括與恭親王的正式會談，以及與總理衙門二號人物文祥的私下會談。

作為蒲安臣的「老闆」，西華德是中美戰略關係的最終拍板者。他的政治資歷，遠比林肯總統豐厚，但陰差陽錯的，本應是他囊中之物的共和黨總統提名被林肯奪走。林肯當選後，西華德出任國務卿，積極協助林肯對付內戰，並大力推行將美國建設成為「太平洋商業帝國」的計畫。他甚至還與林肯在同一天被刺，僥倖生還。

西華德的對華戰略，就是要與中國「協商合作」，通過商業貿易將美利堅打造成「太平洋帝國」，從而稱雄世界。西華德推動甚至主導了一連串的「遠交近攻」舉措，其中最為著名的，一是用武力打開日本的大門，只因為它橫亙在中美航線上，必須將其納入服務於中美關係的軌道；二是用七百二十萬美元從俄羅斯手中收購了一百五十二萬平方公里的阿拉斯加，相當於每英畝二美分，從而「向亞洲伸出了一隻友誼之手」。

在西華德與恭親王及文祥的會談中，他頻繁地提出，中國應當儘快派遣外交官常駐西方各國，因為，中國必將迎來學習西方的高潮，更多的人才將到美國、歐洲學習科學、外語、法律和經濟，加上大量的中國移民需要常駐外交官的保護和服務。

在官方紀錄中，恭親王並沒有與西華德「就雙方共同關心的國際重大問題廣泛而深入地交換意見」，而在私人記載中，這種跨越大洋的兩國高層會談，更像是拉家常和敘舊。大清國寥寥可數的幾次首腦外交，幾乎莫不如此。其實，所謂的「戰略對話」，是一個動態的過程，到了兩國首腦會面時，無非是定調子、把方向，在把酒言歡中確認共識。尤其大清國歷來奉行暗箱操作的政治傳統，與美國那些競選出來的公眾領袖完全不同，大清領導人並不善於亦不樂於在大庭廣眾下自我表達。文祥在私人會談中向西華德表示：中國的事情不能著急，改革必須穩步推進，否則會適得其反。丁韙良的回憶錄中，也記載了文祥此前常說的話：「你們西方為什麼急於推我們走？中國一旦啟動，會走得比你們希望的更快。」

西華德訪華期間，正值天津教案。他所不知道的是，負責處理天津教案的直隸總督曾國藩，身邊有個翻譯名叫容閎，提出了「留學教育計畫」。不久，曾國藩和李鴻章兩人聯名上摺，建議「由政府選派穎秀青年，送之出洋留學」，得到了恭親王的讚賞，隨即在上海成立了「總理幼童出洋肄業局」。兩年後（一八七二年），西華德就在報刊上讀到了首批中國小留學生抵達美國的消息。

李鴻章訪美掀起中國熱，美國一改那跟在「獅子」後面撿骨頭吃的「豺狼外交」，以炮艦政策躋身「獅子」行列……

一八九六：美利堅獅子王

一八九六年八月二十八日，中國特使李鴻章抵達紐約，對美國進行正式友好訪問。紐約萬人空巷，爭相目睹中國「副王」的英姿，從政界到餐廳，中國熱席捲全美。

當李鴻章踏上美國領土的那一刻，他就急切地問前來迎接的美方官員：克利夫蘭總統（Stephen Grover Cleveland）是否在紐約？何時能見面？

格蘭特前總統

三天後，專程從華盛頓趕到紐約迎接李鴻章的克利夫蘭總統，接受了李鴻章遞交的國書，雙方舉行了半個多小時的秘密會談。隨後，克利夫蘭總統為中國代表團舉行了盛大的歡迎宴會。《紐約時報》的報導指出，這場宴會的請柬是美國國務院專為接待國賓而特製的。午宴具有最正式的官方性質，而不能等同於普通的公務應酬。它與在華盛頓接待各國外交使節的規格完全一樣。這是有史以來中國使節在西方享受的第一頓「國宴」，這次訪問也是中國級別最高、最正式的一次國是訪問。

在觥籌交錯之中，其實是兩國戰略關係，尤其是美國東亞戰略的大調整。一年前結束的甲午戰爭，徹底地改變了東亞的力量平衡，中美雙方都在調整步伐。

之前，在大清國眼中，美國還是「最為公平順善」「好排難解紛」的唯一強國。奉行孤立主義的美國，在列強覬覦中國主權甚至領土的時候，將自己的胃口嚴格地控制在了商業領域，並時常能為中國「仗義執言」，深得大清國朝野的好評。自西華德以來，美國的干預主義勢力不斷膨脹，但在夏威夷政變中，美國卻第一次嘗到了濕手抓了乾粉糰的苦味，在國務卿葛禮山（W. Q. Gresham）的主導下，重回孤立主義的道路。

甲午戰爭爆發後，美國成為中日兩國唯一能接受的「調停人」（Good Office），美國的領事館成為中日兩國僑民在對方國家上的庇護者。而隨後上海間諜門事件的爆發，則引發了美國國內有關東亞政策的大辯論。當時，兩名被中國追捕的日本間諜，得到了美國駐上海總領事館的庇護，中國政府提出了強烈的引渡要求。為此，主張干預的美國駐華外交官與主張不干預的美國國務院發生了激烈爭論，在國務院的死命令下，駐滬領事館不得不將日本間諜移交給中國。隨後，中國處決了這兩名間諜。此事在美國國內引發激烈的政爭，國會內的擴張主義議員們甚至計畫提出對總統的彈劾，政潮洶湧澎湃。誰也沒有想到，上海間諜門事件將成為美國孤立主義的絕響，在巨大的民意壓力下，美國將徹底擯棄那跟在「獅子」後面撿骨頭吃的「豺狼外交」（Jackal Diplomacy），憑藉炮艦政策躋身「獅子」的行列。

李鴻章訪美後兩年（一八九八年），美國和西班牙在古巴、波多黎各和菲律賓爆發了激烈的戰爭，史稱美西戰爭。這場「人類歷史上第一次帝國主義戰爭」，成為美國走向擴張主義的第一仗。從此，美國在環太平洋地區尤其是東亞開始推行積極的擴張戰略，要讓太平洋成為美國的「內海」，讓「美國的法律、美國的秩序、美國的文明和美國的國旗，在迄今為止還是血腥而黑暗的土地上樹立起來。假如這是意味著將星條旗飄揚在巴拿馬運河上空，在夏威夷上空，在古巴和南海上空，那就讓我們歡欣鼓舞地面對而且實現它吧……」（共和黨議員阿爾伯特・貝弗里奇）。在攻佔菲律賓後，中國就成了美國的「鄰居」，美國就可以像對待墨西哥那樣對待中國了。提出海權論的馬漢（Alfred Thayer Mahan）認為：誰控制了中國，誰就掌握了未來。希歐多爾・羅斯福則指出：「我們未來的歷史將更多地取決於我們在面臨中國的太平洋上的地位，而不是取決於我們在面臨歐洲的大西洋上的地位。」

一八九九年，美國向列強提交照會，要求在中國實行「門戶開放」政策，美國承認列強在華「勢力範圍」和已經獲得的特權，要求「利益均沾」，並且要求維護中國的領土和主權完整，中國同時必須向世界開放……

一九〇〇年，義和團—八國聯軍動亂之後，美國發出了第二次門戶開放照會，宣稱美國將「保持中國領土和行政完整，保護由條約及國際法所保證於各友好國家的一切權利，保障全世界與中華帝國各部分進行同等的公平貿易的原則……」。

一九〇五年，中國憲政考察團訪問了美國及歐洲各國，為政治體制改革做準備。同年，為抗議美國排華，中國發生第一次抵制美貨運動……

一九〇九年，中美德三國同盟流產。中美軍事交流加深，美國向中國全面供應軍火。中、美、日三國在東北地區展開三角角逐。日美矛盾日益加劇……

一九一一年，中國爆發辛亥革命……

大清國的洋幹部、美國人丁韙良在他初版於一八九六年的回憶錄中，如此描述中國對於美國的重要性：「是中國，而非日本，激發了哥倫布的想像力，使他掉轉船頭向西航行，發現了美洲……誰敢肯定，美國在華利益，現在的和潛在的，無非是一種情感？難道情感就不能推動物質嗎？」

九年後（一九〇五年），他在為回憶錄新版撰寫的序言中，以這樣的句子結尾：

「二十世紀的前幾十年，我們將看到新中國的崛起，它注定要在世界大舞臺上發揮舉足輕重的作用，這難道還會有什麼疑問嗎？」

……

第六章　西域狂沙東海浪

琉球問題被不斷地擱置再擱置，中國的宗藩體系迅速瓦解，戰略緩衝地帶喪失殆盡。而這一切，都可以追溯到新疆大漠上的狂風。俄國與日本，從此雙雙成為中國最為兇險的敵人，儘管在不同的歷史時期，他們也會竭力在表面上輪流扮演出中國好鄰居的角色……

一八八〇年，大清帝國到了最危險的時候。北極熊和東瀛狼同時在西北和東南兩個方向發難，幫助清廷對抗過太平軍的英國軍官甚至發出了遷都才能挽救危亡的驚呼。

西北方向，沙皇俄國乘新疆叛亂之際，「主動幫助」中國從叛軍手中「收復」了伊犁地區，歷經十年卻並不歸還，而是索要高額贖金及大片土地。左宗棠率領西征平叛得勝之師，屯兵六萬，厲兵秣馬，與俄軍對峙，全世界的軍事專家都預料中俄戰爭將難以避免。

在這危急存亡之秋，大清政府的老朋友、曾擔任過著名的洋槍隊統領的戈登，受大清政府的邀請，到訪天津與北京。戈登認為中國並不具備抗擊俄國的軍事實力，至少要打五年以上的游擊戰才能穩住局面，因此必須做好遷都的心理準備，焚毀北京，堅壁清野。他同時也堅信，一旦遷都，則清王朝將會立即被漢人起而推翻。

東南方向，正在飛速崛起的日本，加快了吞併琉球的步伐，此時悍然宣佈將琉球撤藩立縣，改名為沖繩，下一步的野心就是朝鮮和中國臺灣。琉球國王派出的秘密使節，向中國政府「泣血」求援，要求中國儘快出兵。抗日情緒同樣充滿了大清朝野，主戰的奏摺雪片般地飛進紫禁城。

該雄起！應亮劍！在危機的刺激下，以恭親王為領導核心的大清，上下都充滿了激情的吶喊，但是，激情並非實力，口水絕非拳頭，大清國根本沒有兩線作戰的實力，只能在陸地與海洋、「塞防」與「海防」、「固疆」與「保藩」、抗俄與抗日之間，做出艱難的抉擇。

披著羊皮的熊

在耶穌基督誕生一八七〇年後，他的中國「弟弟」洪秀全在經歷了對酒、色、財、權長達十年的過度消費後，終於在南京城死去。一週後，「天國」的首都成為地獄，破城之後的湘軍在最高統帥部的默許下，用殘酷的大屠殺向北京發出了平叛勝利的「偉大」捷報。

以慈禧太后為核心的大清中央，並沒有多少值得慶幸與欣慰的。除了依然保持相當實力的太平天國餘部之外，遙遠的新疆也在此時發生了叛亂，叛軍勢力星火燎原，整個大西北被徹底震撼。叛亂最為嚴重的南疆地區，一時興起了多個割據政權，為了對抗終將到來的清剿，他們向鄰近的浩罕汗國求援。浩罕雖然不是浩瀚的大國，卻有著相當浩瀚的野心，其可汗立即出兵，由阿古柏率領，進入喀什噶爾。隨後，阿古柏鳩佔鵲巢，建立了自己的政權，國號「哲德沙爾」（即「七城之國」）。阿古柏開始迅猛地擴張，立即引起了俄國的警覺。

漫畫：法國攙扶著俄國熊行進

此時的俄國，正在享受著改革開放帶來的飛速發展。不久前廢除農奴制，成為這個國家步子最大的政治體制改革，不僅大大解放了思想，也大大發展了生產力。俄國的支柱產業是紡織業，原料的主要來源是美國。而美國的南北戰爭導致棉花難以出口，俄國的紡織業陷入停頓，經濟界強烈要求向中亞進軍，將中亞變成俄羅斯的棉倉。而在政治和軍事方面，俄國的宿敵英國以印度和波斯灣為基地，成功堵截了俄國南下的通道，在克里米亞戰爭（一八五三—一八五六年）中的失敗，也令俄國難以在巴爾幹半島擴張。

一八六三年，俄國控制下的波蘭爆發了聲勢浩大的反俄起義。為了鎮壓起義，俄國不得不調動一半的陸軍總兵力，心力交瘁，在歐洲已經難以採取攻勢，於是轉頭向中亞發展。富饒的南疆迅速成為俄國覬覦的中心，並且試圖以此作為橋頭堡，從大清帝國攫取更多暴利。

俄國的老對手英國也在新疆展開激烈的角逐。為了保衛作為英國最大殖民地的印度，英國必須在印俄之間建立緩衝區，因此，與俄國的頤指氣使不同，英國對阿古柏猛拋媚眼，既支持他對抗俄國，又試圖限制他過度地刺激中國。

對於俄國的傲慢，阿古柏幾乎採取了針鋒相對的對策，雙方在邊界線上劍拔弩張。強龍不壓地頭蛇，何況，阿古柏還得到了英國的強大軍援，並在英國協助下與土耳其建立了特殊關係，承認土耳其的「宗主權」地位。面對這樣的硬骨頭，俄國不敢輕易下口，轉而支援中國平叛，試圖用中國的力量來削弱阿古柏。這樣的國際政治夾縫，為阿古柏提供了足夠的施展空間，他借英抗俄以確保自己西線的安全，騰出手來全力向北、向東擴張。

一八六六年三月，阿古柏支持的叛軍攻陷了伊犁地區戰略重鎮惠遠城，隨後，相繼攻佔了庫爾勒、吐魯番盆地和烏魯木齊等。西陲警報頻傳，但大清國依然無暇西顧，在「先捻後回」的既定方針下，剿滅臥榻之側的捻軍成為首要任務。俄國卻沉不住氣了，頻繁向中國表示願意出兵助剿，但中國沒有表態。

一八七一年，心急如焚的俄國人舉行了一次專門的御前會議，討論新疆局勢，最後決心先下手為強，出兵搶佔伊犁，一則遏制阿古柏勢力坐大，二則佔據對華的軍事先機。負責新疆事務的俄軍將領克魯泡特金坦率承認：「肥沃的伊犁地區是向東延伸的一個堅固堡壘，併入俄國是相當有利的，不但非常有助於保衛我們的領地，而且還會使中國受到威脅。」

會後，俄軍向伊犁地區發動了攻擊，卻意外地受到了當地人近乎焦土戰術的激烈反抗，費盡九牛二虎之力方攻佔面積總共七萬多平方公里的土地。為了解除中國的戒心，俄國表示，對伊犁地區的佔領是臨時的，只待中國政府有能力收復烏魯木齊，就立即歸還，擺出了「同志加兄弟」的友好姿態。

此時，左宗棠已經率領大軍移駐蘭州，積極準備入疆平叛。隨著俄國在伊犁建立軍管殖民政權，南疆的局勢更為複雜。左宗棠因此確定了「緩進速決」的戰略，計畫用一年半左右的時間，完成籌糧籌款、整頓軍隊等艱巨的準備工作。

東海餓狼

就在俄羅斯鐵騎踏入伊犁的同時，在遙遠的臺灣，一場颶風帶來了一艘琉球國漁船，船上的漁民與當地的高山族居民發生衝突，五十餘名琉球漁民被殺，這就是所謂的「琉球漂民事件」。

琉球是一個島國，位於中日之間，從明代就開始向中國朝貢，成為藩屬。日本隨後也以武力強迫琉球入貢，形成了所謂的中日「兩屬」局面。中國對待藩屬，歷來只重面子不重裡子，只要稱臣納貢，一般並不干涉藩屬國的內政與外交。而日本就不同了，為了「布國威於萬里波濤」，積極向外拓展，第一目標就是攫取近在咫尺的琉球和臺灣。

俄軍攻佔伊犁當年（一八七一年），明治天皇親政，一改幕府時代將琉球作為外國對待的基調，重新定位其為日本帝國神聖不可分割的一部分。次年（一八七二年），日本政府正式設立了琉球藩，以便為最後吞併做準備；第三年（一八七三年），日本就宣佈琉球與日本府縣同列，受內務省管轄，租稅繳納大藏省。如同俄國為了解除中國的顧慮而宣稱「代為」收復伊犁一樣，日本人為了減少國際壓力，高調宣佈日本政府將完全承認和嚴格執行此前琉球與列強所簽訂的所有條約。

1930年代美國漫畫：中日兩國在相互敵視，連來自上蒼的手都無法分開

日本浮世繪：海軍軍官們研究進攻中國的戰略戰術

在日本吞併琉球的過程中，最大的難點就是獲得中國的認可，而「琉球漂民事件」正好提供了一個訛詐的機會。得悉事件發生後，日本政府如獲至寶，迅速擬定了「琉球處分」計畫，決心一箭雙鵰，在琉球和臺灣問題上同時對中國進行武力偵察。

日本的計畫是，以「琉球漂民事件」為理由，攻擊臺灣。但當時的大清帝國，改革開放（洋務運動）成果斐然，綜合國力大有提高，日本自身卻羽毛未豐，不得不先進行外交試探。一八七三年三月，日本政府派遣了六百多人的龐大代表團，由外務卿副島種臣率領，出訪大清國。此時，左宗棠在西北的備戰正在緊鑼密鼓地進行。

日本代表團確定的談判四原則是：一、如果中國宣稱臺灣為屬地，並且同意懲處肇事者，日本就只要求撫恤金及今後保護漂民的具體措施。顯然，這樣的前提還是中國承認琉球為日本藩屬甚至日本領土，僅此一點，日本就能大有收穫。二、如果中國否認臺灣為屬地，則日本將自行處置。這是日本最希望得到的結果，等於中國自動放棄臺灣的主權。三、如果中國既堅持臺灣的主權，又以各種方式推脫「琉球漂民事件」的責任，則日本將「論責處分」臺灣，如此，中日之間或將立即爆發武裝衝突，日本並無必勝的把握。四、日本代表團根據情況相機採取應變措施。

日本的外交試探，膽大而心細，但大清國的外交部門早就養成了「大事化小，小事化了」的太監性格，不敢針鋒相對地應對。面對日本的試探，大清外交部（總理衙門）居然推搪道：臺灣土著居住的「藩地」屬於「政教不及」的「化外之地」，所以，大清國對於「生蕃」殺人事件不能承擔任何責任。日本人大喜，認為這至少證明了中國承認臺灣的一部分土地是「無主之地」，中國主權並不涵蓋臺灣全島。

日本政府隨即調整計畫，將攻佔臺灣「藩地」列為第一目標，吞併琉球則放到第二位。一八七四年五月，三千多日軍從臺灣南部登陸，攻擊臺灣土著。大清政府一面加強與日本的外交交涉，一面積極整軍備戰，福州船政大臣沈葆楨出任欽差大臣，率軍趕赴臺灣，準備武裝抗擊日軍。

日軍在臺灣的「討伐」並不順利，受到了當地土著的堅決抵抗，加上時疫流行，減員嚴重。在列強的調停下，中日兩國半年後（一八七四年十月）簽訂了《北京條約》，約定日本從臺灣撤軍，中國向「日本國從前被害難民之家」支付撫恤銀十萬兩，日軍在臺灣所修的道路、兵營等，折款四十萬兩由中國方面「願留自用」。在這一條約的導語部分中，明確說明日本出兵的理由是「臺灣生蕃曾將日本屬民等妄加殘害」，「日本國此次所辦，原為保民義舉起見，中國不指以為不是」。至此，日本雖然在臺灣問題上沒有斬獲，但在琉球問題上取得了重大進展。日本代表團顧問、法國法學家巴桑納表示：「一八七四年日清兩國締結的條約，最幸運的成果之一，就是使清帝國承認了日本對琉球島的權力。」

中日《北京條約》簽訂後，隨著中國的注意力被新疆牽制，日本加快了吞併琉球的動作。

抗俄還是抗日

此時，琉球問題帶給大清帝國的刺激，遠遠高於新疆問題。如果沒有強大的海軍，連昔日羸弱的日本也敢於在太歲頭上動土！但是，擴建海軍的努力迅速被日益嚴重的新疆問題所阻斷。左宗棠的西北備戰已經基本就緒，只待一聲令下，便可以西征入疆。有限的財政資源和國防經費，究竟應該是滿足新疆的平叛，還是先興建海軍？一場有關「海防」「塞防」的大爭論在大清展開。

「海防派」以李鴻章為代表，他們認為日本是中國最危險的敵人，海防建設刻不容緩，而且，自乾隆年間平定新疆以來，每年都要花費數百萬兩餉銀經營塞防，效率低下，成本高昂。如今又要竭盡天下財力西征，不如聽從英國的建議，承認阿古柏政權，接受其稱臣入貢，將節省下來的塞防費用轉而建設海軍，對抗日本。

「塞防派」以左宗棠為代表，主張抗俄優於抗日，新疆決不可棄。左宗棠認為：「重新疆者所以保蒙古，保蒙古者所以衛京師，西北臂指相聯，形勢完整，自無隙可乘。若新疆不固，則蒙部不安，匪特陝甘山西各邊時虞侵軼，防不勝防，即直北關山亦將無晏眠之日。」放棄新疆，將令整個中國失去西部的國防緩衝地帶，只能導致今後的塞防成本更為高昂。而且，不戰而棄新疆，對於民心士氣及朝廷威嚴都將是沉重的打擊，也不利於加強海防。

日本和俄國是中國最凶惡的敵人，也成為禍害中國百餘年的罪魁。1904 年的美國漫畫，傳神地將日、俄對中國的「調戲」和侮辱表現了出來

俄國在1900年代的宣傳畫：要將日本小丑消滅

「塞防派」得到了更多的支援，當時的大清精英階層普遍將俄國看作是戰國時的強秦，危害最大。林則徐在伊犁「靠邊站」時，就曾嚴峻地指出，俄國「將來必為大患」。著名思想家鄭觀應認為俄國「尤為中華之所患」，提出「防英乎？防法乎？抑防俄乎？曰：防俄宜先」。薛福成則認為：「泰西諸國，畏俄忌俄，如六國之擯秦。據守海道，扼其咽喉。禦俄之水師不得縱橫四出，俄人亦以久居陸路，未騁厥志，輒思發憤為雄……俄非無事之國，不得於西，將務於東，此必之勢也。」

「海防」與「塞防」的選擇，對大清中央來說，是痛苦而艱難的。兩相比較，「塞防」似乎更為緊迫：

一、日本人的目標還只是琉球，而非臺灣。琉球遠在波濤之中，即使棄置，也還不傷根本，而新疆與內地山水相連，一旦失守，整個國防西線立即崩潰，無險可守。

二、琉球畢竟只是藩屬，關乎「面子」，並不直接牽涉到軍事或經濟上的實際利益，而新疆則直接關係到國家安全的「裡子」。

三、俄國與日本相比，威脅更大。俄國既不同文，更不同種，而且力量強大；日本同文同種、一衣帶水，而且力量還比較弱小，即使翻臉，也容易善後。

四、危機緊迫程度不同。新疆危機迫在眉睫，稍有延誤，則整個西北局勢就會糜爛，而琉球乃至臺灣危機，還在萌芽發展，對日以防為主。

日俄在遠東玩火，成了一種微妙的平衡遊戲

更為重要的是，新疆的叛亂既混合了種族矛盾，也混合了階級矛盾，其與太平天國的餘部及捻軍等都有呼應，當然是心腹大患。

幾經權衡，中央終於下定決心：在逐漸興建南北洋海軍的同時，國防重點向西北傾斜，全力解決新疆危機！

天山風雨

俄國宣傳畫：俄國向東擴展，把黃種人都當作戰利品捆綁在腰帶上或揣進口袋中

一八七五年，左宗棠受命為欽差大臣，統帥三軍，入疆平叛。左宗棠的方略，核心就是「攘外必先安內」，全力平叛，暫時不觸動對俄的伊犁問題。左宗棠的第一步戰略目標就是收復烏魯木齊，這既是俄國人當時答應的歸還伊犁的條件，也是穩紮穩打所必需的，「烏城形勢既固，然後明示以伊犁我之疆索，尺寸不可讓人」。

左宗棠在戰場上進展順利，一八七六年三月，其總部移駐肅州，不久便平定了天山北路，而阿古柏的前沿設在達阪城，雙方隔嶺對峙。

這時，阿古柏的支持者英國著慌了，其駐華公使出面調停，希望中國能考慮將阿古柏的「哲德沙爾」國作為屬國；英國外交部也在倫敦積極牽線搭橋，鼓勵前往求援的阿古柏特使與中國駐英公使郭嵩燾進行談判。不久，阿古柏病死，英國再度明確提出，希望中國給予「哲德沙爾」屬國待遇，但左宗棠表示堅決拒絕，認為英國無非「圖為印度增一屏障，竟公然向我商議，欲於回疆撤一屏障，此何可許」。左宗棠督促軍隊加緊進攻，順利收復喀什噶爾，只用了一年多時間，就基本完成了平叛任務，取得了晚清軍事史上罕見的輝煌勝利。

俄國人看傻了眼，此前畢竟許諾過，只要中國軍隊有能力收復烏魯木齊，就立即歸還伊犁。此時見中國軍隊平叛如秋風掃落葉，便開始反悔，將伊犁賴著不還了。左宗棠也早有準備，在平叛過程中，有將領就曾建議他趁著俄國與土耳其再次大戰的機會，直接攻取伊犁，但左宗棠認為師出無名，反遭其謗，故意留下伊犁孤城不打，而將伊犁周邊地區一舉收復，在外交上贏得了主動，在軍事上也擺出了威懾的陣勢。

俄國方面已無法拖延，遂開始與中國談判歸還伊犁的問題。由崇厚率領的大清國代表團於一八七八年底到達聖彼得堡。俄國要求，如歸還伊犁，中國必須補償俄國軍費，在通商方面給予特別優惠，同時還需向俄國割讓部分領土。崇厚不待國內批准，就以全權欽差大臣的身份，在俄國提出的《里瓦吉亞條約》（*Treaty of Livadia*，又名《中俄條約十八條》）等文件上簽字。如果根據這些條約，中國將只能收回一座孤城，而伊犁周邊的所有戰略要地，都將永久地割讓給俄國。

英國漫畫：俄國開動了絞肉機。注意椅子最邊上一個在抱肘獨處的人，就是中國

消息傳回國內，引起巨大的反響。張之洞就曾指出：「若盡如新約，所得者伊犁二字之空名，所失者新疆二萬里之實際……是有新疆尚不如無新疆也。」左宗棠說：「伊犁乃我國之領土，俄軍乘虛入侵，蹂躪我邊民，掠取我財物。我今索還土地，俄方竟然要我賠償軍費，如此強盜行徑，乃國際公理所不容也，此其一。俄方以劃定兩國邊界為名，行掠奪土地之實，雙方並未陳戰，一彈未發，我朝公然割地與人，此乃外交所不許也，此其二。俄方之所謂通商，其商人志在謀利，其政府意在廣設領事，深入我腹地，坐探虛實，此種通商，為我所不取也，此其三。」他提出，「如今之計，當先禮而後兵」，一方面重新談判，另一方面積極備戰，「訴諸於武力」，並且主動請纓。

全國上下抗俄熱情高漲，倒楣的崇厚一回國就被逮捕，從重判處死緩（斬監候）。中俄關係急降到冰點。感到顏面掃地的俄國，一方面在伊犁地區大舉增兵，尤其是增強炮兵；另一方面派出大量軍艦巡弋渤海和黃海，擺出可能攻擊華北腹地的架勢，戰爭風雲籠罩中國。

大清政府則一方面派遣經驗豐富的駐英公使、曾國藩的長子曾紀澤出使俄國；另一方面積極備戰，左宗棠親自率軍屯駐哈密，隨帶棺材，以示必死的決心，做好了和戰的兩手準備。

日本趁火打劫

中俄局勢一觸即發之際，東海再度告急。一八七九年三月，日本明治天皇下令，將琉球撤藩置縣，琉球王必須移居東京。琉球問題到了圖窮匕見的地步了。

中日《北京條約》簽訂後（一八七七年），日本就屢屢要求琉球廢止「對中國朝貢而派遣使節及慶賀清帝即位等慣例」，廢止藩王接受中國冊封的慣例，撤銷在福建的琉球館，貿易業務概歸廈門的日本領事館管轄，琉球今後與中國的所有交涉，一律交由日本外務省處分。琉球國王一邊與日本軟磨硬泡，一邊向中國求援。負責對琉球聯絡的閩浙總督何王景、福建巡撫丁日昌，在轉呈琉球國王諮文的奏摺中，認為琉球「地瘠民貧，孤懸一島，本非邊塞扼要之地，無捍禦邊陲之益，有鄰邦釁之憂」，對中國並沒有大的利益。只是考慮到琉球已經「恭順」了數百年，「何忍棄諸化外」，如果對琉球的求援「拒之過甚」，那麼列強可能會認為中國不能庇護屬邦，這將引起屬邦的離心離德。根據他們的建議，大清中央命令即將上任的首任駐日公使何如璋，到達東京後立即就琉球問題與日本交涉。

何如璋敏感地意識到日本終將成為中國的大敵，其之所

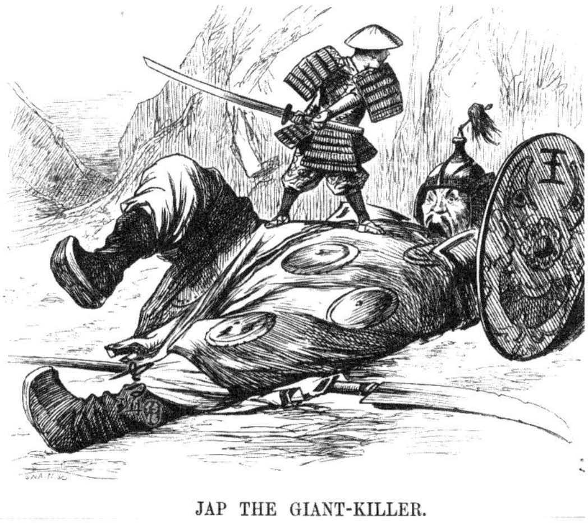

JAP THE GIANT-KILLER.

英國漫畫：日本小個子打敗了中國大個子

以多年來一直不敢吞併琉球，就是因為忌憚中國的反彈，「欲俟我不與爭而後下手」，如果中國不能旗幟鮮明地表態，「日人或惴我為棄琉球，疑我為怯」。而目前日本「國小而貧，自防不暇」，應該趁此機會據理力爭，甚至教訓一下日本。何如璋認為，與「如無賴之横」的日本是不能談友誼的，日本人「阻貢不已，必滅琉球；琉球既滅，行及朝鮮」，而且，琉球靠近臺灣，日本如果將琉球改設郡縣，就可以成為侵略臺灣的前進基地，而琉球人因得不到中國的支援，也可能「甘心從敵」，琉球人本就「習勞苦耐風波」，「他時日本一強，資以船炮，擾我邊陲，臺澎之間，將求一夕之安不可得」。因此，他認為，爭奪琉球的目的就是為了保衛臺灣，「為臺灣計，今日爭之患猶紓，今日棄之患更深也」，不必擔心與日本動武，該出手時就出手。

何如璋提出了上、中、下三策：上策是派遣軍艦，盛陳兵威，表面上是前往琉球質問，實質上是要「示日本以必爭」；中策是據理言明，約琉球令其夾攻，「示日本以必救」；下策是與日本反覆辯論，或援外國公法（國際法）以相究責，或約各國使臣與之評理。李鴻章及中樞機構經過反覆權衡，決定採用何如璋提出的下策。在朝廷而言，此時百廢待舉，在琉球問題上採用敷衍拖延之策，實在也是有難言之隱。

得到國內的指示後，何如璋即開始對日交涉，但他的態度還是十分強悍，在照會中寫道：「今忽聞貴國禁止琉球進貢我國，我政府聞之，以為日本堂堂大國，諒不肯背鄰交，欺弱國，為此不信不義無情無理之事。」日本政府認為，這樣的照會是一種「假定的暴言」，深深地傷害了日本政府和日本人民的感情，要求何如璋當面道歉，否則不再繼續商談。

事情至此鬧僵，談判轉到北京，由日本駐華公使與總理衙門直接商談。中央的主流意見也認為何如璋在態度上強硬毫無意義，「揣度中國現在局勢，跨海遠征，實覺力有不逮，若徒張聲勢而鮮實際，設或為彼覷破，轉難了局」。李鴻章在發給總理衙門的《密議何子峨（何如璋字）》密函中，認為何如璋辦理外交「歷練未深，鋒芒稍重」，並且與其副手也難以和睦相處，「出好興戎」，過於「冒失」。外交第一線的何如璋與外交決策機構之間，出現了嚴重的分歧。

一八八〇年，中俄在伊犁開始武裝對峙後，日本趁機吞併琉球，改為「沖繩縣」。李鴻章請出了美國前總統格蘭特，在中日之間居間調停。但日本人搬出了中日《北京條約》，證明中國早已承認琉球是日本所屬。格蘭特也無奈，其華裔隨員在發給李鴻章的信中，直陳「中國之大害，在弱之一字」，中國只有「設法自強，諸事可得自主」。

在格蘭特調停後，日本再度顯露了外交方面的靈活手段，提出將琉球由中日兩國分割佔領，琉球南部靠近臺灣的宮古、八重山兩島劃給中國。而中國則提出了反對建議，要求三分琉球，北部歸日本，南部歸中國，中部各島歸琉球王國，由中日兩國確保其獨立自主。日本對中國的建議堅決反對。

多次拉鋸之後，新疆問題再度進入關鍵階段，種種跡象也表明日俄兩國可能聯手對付中國。為了避免兩線作戰，中國不得不調整策略，同意以日本的提議為基礎，進行琉球問題的談判。

為保新疆失琉球

一八八〇年七月，曾紀澤到達聖彼德堡，開始了艱難的中俄談判。大清政府對這次亡羊補牢的談判準備相當充分：為曾紀澤配備了馬格里（Dr. Macartney）、日意格（M. Prosper Giquel）等熟悉中國國情的外籍專家；為保持電訊暢通，中央還特別撥款興建京滬電報線，原先只通到上海的國際電報終於延伸到了天子腳下；左宗棠大軍將伊犁地區團團包圍，一邊大練武，一邊搞屯田，逐漸轉化為生產建設兵團，左宗棠的親信胡雪巖則大舉採購先進軍火。

國際形勢也對中國相當有利。第十次俄土戰爭（一八七七—一八七八年）結束，俄國雖然取勝，但元氣大傷。除了英國積極反對俄國在新疆的行動外，俄國的盟友法國也表示反對，它希望俄國將對付德國作為重點。在整個歐洲，除了德國想渾水摸魚，鼓動俄國東進外，幾乎無人願意看到俄國在新疆有任何收穫。

在這樣的背景下，曾紀澤的外交斡旋進展順利。一八八一年二月二十四日，曾紀澤代表中國簽訂了《中俄伊犁條約》和

俄國宣傳畫：哥薩克巨人在逗弄著日本小爬蟲

《陸路通商章程》：領土方面，俄國向中國歸還伊犁，但割去了霍爾果斯河以西領土；軍費方面，由中國賠償俄國九百萬盧布（折合白銀五百餘萬兩）；貿易方面，俄商在新疆可以暫不納稅；邊民國籍方面，伊犁居民可以自由選擇保持中國籍或遷居俄國加入俄國籍。

儘管並不完美，但如此成果也已經難能可貴，左宗棠高興地表示：「中俄和議，伊犁全還，界務無損。領事只設嘉峪關、吐魯番兩處，此外均作罷論，則商務亦尚相安。吉林俄船撤還，松花江不許俄船來往。」他讚賞曾紀澤此行「於時局大有裨益，中外傾心」。大清海關的洋幹部、著名的歷史學家馬士認為：「外交之所以取得勝利，是因為帝國已經做好了動武的準備。」英國駐俄國大使德費倫（Lord Dufferin）感慨說：「中國迫使俄國做了它從未做過的事，那就是吐出了它已經吞進的土地。」

與此同時，左宗棠再次向中央提議在新疆建省，實行更為有效的管理，新疆終於廢止了實行數百年的軍府制度，開始了與內地相同的行政體制。湘軍名將劉錦棠出任首任新疆巡撫，自此，中國在新疆的主權維護更為扎實穩固。

在確保新疆問題順利解決的同時，大清政府在琉球問題上採取了拖延和擱置的策略。

日本與俄國最後終於爆發大戰，史稱日俄戰爭，或「第零次世界大戰」

當時，對日俄聯手的顧忌是中國的主流意見。陳寶琛等人認為，日本「畏俄如虎，性又貪狡，中國即結以甘言厚賂，一旦中俄有釁，彼必背盟而趨利」。李鴻章則進一步認為，利用中俄衝突謀取自己利益，不僅日本人如此，英、德、西、葡等國莫不如此，因此，「俄事之能了與否，實關全域」，對俄交涉成功，則各國都會暫時死心，對俄交涉若不成功，則各國都會「萌其詭計」。因此，李鴻章認為，「與其多讓於倭而倭不能助我以拒俄，則我既失之於倭，而又激昂失之於俄；何如稍讓於俄，而我因得借俄以懾倭」。他主張對日既不必像何如璋那樣強硬，也不必答應日本的瓜分琉球要求，而是採取拖延辦法：「今則俄事方殷，中國之力暫難兼顧。且日人多所要求，允之則大受其損，拒之則多樹敵人，唯有用延宕之一法，最為相宜。」張之洞也認為，對日應該拖延，「姑懸球案，以觀事變」，並且應當與日本訂立不得助俄之約，等到與俄國交涉完畢，再來從容料理對日交涉。左宗棠對此是贊同的，他認為高喊抗日，甚至要求渡海征日的建議，不僅「先蹈危機」，而且「虛聲震撼」，毫無意義。

李鴻章深刻地指出：「中國自強之圖，無論俄事能否速了，均不容一日稍懈。數年之後，船械齊集，聲威既壯，縱不必跨海遠征，而未使無其具，日本囂張之氣當為稍平，即各國輕侮之端，或亦可漸弭。」

平心而論，在當時的國際國內複雜局勢下，暫時擱置琉球問題亦可算是無奈之舉。但隨著國勢一日不如一日，擱置拖延便轉變成了放任，既成事實一旦形成，挽回的餘地更是狹小。

新疆問題解決後，大清國還來不及考慮琉球問題，法國人又染指越南。幾經延宕，日本的實力迅速增強，終成尾大不掉之勢。越南問題解決之後，朝鮮問題也成為焦點，最終連臺灣也淪陷於日本之手。琉球問題被不斷地擱置再擱置，中國的宗藩體系迅速瓦解，戰略緩衝地帶喪失殆盡。而這一切，都可以追溯到新疆大漠上的狂風。俄國與日本，從此雙雙成為中國最為兇險的敵人，儘管在不同的歷史時期，他們也會竭力在表面上輪流扮演出中國好鄰居的角色……

【資料】琉球與浩罕

琉球國，最初是指歷史上在琉球群島建立的山南、中山、山北三個國家的對外統稱，後來指統一的琉球國（一四二九—一八七九年）。琉球國的地理位置在中國臺灣和日本之間，曾經向中國的明、清兩代和日本的薩摩藩、江戶幕府朝貢。琉球國因其特殊的地理位置，以東北亞和東南亞貿易的中轉站著稱，貿易發達，號稱「萬國津梁」。

一八七九年三月三十日，日本兼併琉球王朝，琉球國滅亡。大部分國土改設為沖繩縣，北部諸島則劃入鹿兒島縣。

浩罕汗國，中亞地區的封建國家（一七一〇—一八七六年）。核心地區在包括浩罕、安集延、瑪律吉蘭、納曼乾等城的費爾幹納盆地。十九世紀上半葉，經濟生活和文化建設出現高潮。與附近牧區、中國、俄國等地的貿易關係密切。

一八七六年初，俄國吞併浩罕。

這組美國漫畫描繪了日俄兩國侵略中國的歷史。Port Arthur即大連，俄國將其稱為亞瑟港，而後成為通稱。

漫畫說明：

1. 日本通過甲午戰爭佔領了大連
2. 俄國人隨後通過「三國干涉還遼」，將日本人趕入了大海
3. 中俄簽訂密約，俄國人得以留在大連
4. 5. 6. 日本人臥薪嘗膽，悄悄地捲土重來，並在日俄戰爭中將俄國人趕出了大連

第七章　改革旗手

作為舵手，恭親王儘量地保持了中立的角色，從而可以盡可能多地團結「左」與「右」兩方面的幹部。儘管恭親王早已獲得了「鬼子六」的雅號，被人們貼上了「自由派」的標籤，但是，除了蔡壽祺之類投機鑽營的舉報者外，從來沒有任何一個持不同政見者對他的人品及政治品格有過懷疑。

蝴蝶飛飛曾國藩

快馬送來紅旗捷報，令恭王府、紫禁城乃至整個北京城陷入了狂歡的喜悅之中。四天前（一八六四年七月十九日），曾國荃所部湘軍終於攻入太平天國首都天京（南京），歷時十三年的太平天國燎原大火，基本被撲滅。

大清中央核心的「三駕馬車」——三十一歲的恭親王和二十九歲的慈禧太后、二十七歲的慈安太后，似乎考慮得更多的是如何消除另一個更大的隱患：手握湘淮百戰雄兵、腳踏東南膏腴之地的五十三歲的曾國藩。

逐鹿問鼎

千里之外，南京大屠殺剛剛退潮。長江航道上擁滿了開往湖南的各色船隻，據說那都是運載「戰利品」的。

曾國藩則忙於處置剛剛於昨天（七月二十二日）捕獲的太平天國忠王李秀成。這位太平軍中最天才的將領，隨後在大牢中寫下了洋洋數萬字的「親歷」，痛切地分析了太平天國的興亡。但恭親王及世人看到的「親歷」，卻是個被曾國藩刪改了的「潔本」——據說李秀成在「親歷」中勸曾國藩自己稱帝，恢復漢家天下。

權力的本質就是影響力。曾國藩其時已經成為大清國最有權勢的人物，同時也成為吸納各種資源的天然磁場。除了李秀成之外，還有很多人希望曾國藩「百尺竿頭更進一步」，「皇帝輪流做，明年到我家」，有條件要上，沒有條件創造條件也要上。在野史中，無法被證實，也無法被證偽的「勸進」故事，還有好幾個版本。

第一個版本：攻陷安慶後，曾國藩帳下大將彭玉麟被任命為安徽巡撫，在迎接曾國藩時，塞了個小紙條：「東南半壁無主，老帥豈有意乎？」曾國藩閱而變色，急說：「不成話，不成話，雪琴（彭玉麟字）還如此試我，可惡，可惡！」然後把信團起吞下肚去。

第二個版本：攻陷天京後，曾國荃和湘軍其他將領們，欲效仿陳橋兵變，製造第二個趙匡胤，給曾國藩來個黃袍加身。曾國藩聽說後，「彷徨無措，躑躅徘徊於室中者通宵達旦」，第二天告訴老弟說：「人家待我們還好，何忍出此？」

曾家子孫們也有類似的記載。曾國藩幼女曾紀芬就曾說，老家湘鄉的工匠唱民歌，歌頌她老爸，有兩句就是：「兩江總督太細哩，要到南京做皇帝。」

應曾國荃邀請，為湘軍撰寫英雄事蹟《湘軍志》的湖南狂生王闓運，據說也勸曾國藩問鼎中原。曾國藩什麼都沒說，以手指蘸茶水在茶几上寫了多個「謬」字，然後走開，讓王闓運自己領會。

王闓運是研究和販賣帝王術的專家，日後在晚清和民初大名鼎鼎的楊度，就是他的學生。楊同學在一首《湖南少年歌》裡，如此謳歌他的王老師：「更有湘潭王先生，少年擊劍學縱橫。遊說諸侯成割據，東南帶甲為連橫。曾胡卻顧咸相謝，先生大笑披衣下。」終王老師一生，其「銷售」業績都不理想，倒是楊同學青出於藍，成功推出了一個「洪憲皇帝」袁世凱。王老師晚年很鬱悶地自挽道：「春秋表僅成，剩有佳兒傳詩禮。縱橫計不就，空留高韻滿江山。」

防範曾國藩坐大，這幾乎是朝野上下一個公開的秘密。一八五四年，曾國藩率軍攻佔武昌，咸豐皇帝欣喜異常，要任命曾國藩擔任湖北省代省長（署理巡撫）。委任狀剛發出，軍機大臣祁雋藻就勸阻道：「曾國藩以侍郎在籍，猶匹夫耳。匹夫居閭里，一呼崛起，從之者萬餘人，恐非國家之福。」咸豐皇帝聞之心驚，立即追發一道聖旨，收回了前面的委任狀，改授曾國藩國防部副部長（兵部侍郎）的虛銜。

既要馬兒跑得快，又要馬兒不吃草，曾國藩在前線的處境一度十分艱難和尷尬，「無土無財，無位無民」，「武不能補千把外委之實，文不能轄府廳州縣之官」，更為頭疼的是，因為沒有地方官的頭銜，籌糧籌餉十分困難，備受掣肘。後來，乾脆借奔喪為名，撂了挑子在老家靜觀局勢。直到局勢日益糜爛，中央不得不同意賦予其地方實權，他才出來工作。

激流勇退

在曾國藩最有可能問鼎中原、逐鹿天下的巔峰時刻，他踩下了緊急煞車。

八月一日，曾國藩獲加太子太保銜，封一等侯爵，世襲罔替；曾國荃獲加太子少保銜，封一等伯爵。先後獲封的，除了湘軍系的人馬外，還有恭親王、文祥等中央大員，李鴻章、官文等其他前線將領，充分體現了榮譽屬於集體的原則。十四天後，他上奏請求中央同意裁撤湘軍，並且要求停解廣東、江西釐金，這等於是自覺交出了兵權和財權。

兩個月後（十月四日），年僅四十歲的曾國荃「病」了，由其大哥曾國藩代奏，請求提前「病退」。曾國荃的「病」，來得很及時，很講政治。

曾家兄弟自釋兵權之後，中央也給足了他們面子。曾國荃曾經謊報說，洪秀全的兒子洪天貴福在南京城陷時被殺，實際上突圍而走，最後左宗棠將其抓獲，中央下令就地處決，不必押赴北京獻俘，避免了曾家兄弟的難堪。

曾國藩對政治站隊向來敏感，信奉「君子不群」的原則，不主動拉幫結派。早在三年前（一八六一年），即恭親王和兩宮太后發動辛酉政變那一年，曾國藩很明智地拒絕了王闓運的遊說，躲過一場大難。根據王闓運之子王代功編撰的《湘綺府君年譜》記載，當時，恭親王、兩宮太后與以肅順為首的顧命大臣「八人幫」，形成了三足鼎立的微妙格局，同在熱河的肅順與兩宮太后已經多次發生正面衝突。作為肅順一手提拔和扶持起來的幹部，外人都堅信曾國藩與其關係密切。王闓運當時很為肅順所欣賞，他寫信給曾國藩，建議他領軍入朝，聯合肅順與恭親王，抵制太后的垂簾聽政，「親（指恭親王）賢（指肅順）並用，以輔幼主」。曾國藩不想蹚這渾水，「得書不報」。不久，恭親王與太后們叔嫂聯手，打倒肅順，王闓運失卻政治前途，對曾國藩「太息痛恨於其言之不用」。在政變後查抄的肅順文件中，曾國藩除了公文往來外，別無私信溝通，因此被恭親王認為立場堅定、是非分明，得免納入「肅黨」之列，躲過了一次政治大清洗。

恭親王和兩宮太后上臺後，實行「垂簾聽政」與「親王輔政」並行的政策。這個年輕的領導核心，在行政方面奉行「不折騰」的穩妥原則，對肅順執政時推行的大多數政策，包括引起很多滿族幹部不滿的重用漢人，基本維持不動。

令曾國藩大感意外的是，政變後十八天，新的中央核心就發佈上諭，命令曾國藩以兩江總督身份，統轄江蘇、安徽、江西三省，並掌管浙江全省軍務，還命令杭州將軍瑞昌幫辦。以一個漢人總督而節制四省，並且明確駐防將軍只能做副手，這一放權力度之大，創下了大清國的歷史紀錄。

曾國藩在家書中，對新的領導集體評價道：「京師十月以來，新政大有更張。皇太后垂簾聽政……中外悚肅。余自十五至二十二日連接廷寄諭旨十四件，倚畀太重，權位太尊，虛望太隆，可悚可畏。」

面對「可悚可畏」的局面，曾國藩十分「識趣」：多次奏請中央派出工作組到前線監軍；多次辭謝中央的獎勵，表示不打下南京，無顏受賞；甚至主動表示，組織人事任免大權仍應歸於中央統一掌握，地方大員不應越位；等等。

在曾國藩與中央的大量往來公文中，充斥了互相表白、肝膽相照的資訊。中國歷代的權臣，多數在起初並無不臣之心，但卻疏於或懶於溝通，不注意及時向中央、向領袖彙報思想動態，造成資訊不對稱，難免令人起疑心。上下一旦有了疑懼乃至防範之心，這種隔閡便不斷擴大，惡性循環，最後不是東風壓倒西風，就是西風壓倒東風，善終者寥寥。

征戰十年，曾國藩的湘軍成了全國最大的一個派系：在同治二年（一八六三年），全國八位總督中，有三人是湘軍將領；全國十五位巡撫中，有九人是湘軍將領，「至提鎮兩司，湖南北者，更不可勝數」。這種勢力和實力，是一把雙刃劍，既是曾國藩的功績成果，也是曾國藩的「大戾」源頭。他在家書中說：「古來成大功大名者，除千載一郭汾陽外，恆有多少風波，多少災難，談何容易。願與吾弟兢兢業業，各懷臨深履薄之懼，以冀免於大戾。」

帶刺的玫瑰

每個人都有自己的一把算盤。對於恭親王和兩宮太后來說，既希望能將曾國藩手裡的槍桿子繳械，又希望曾國藩能繼續發揮「餘熱」，至少不能立即退休，以免給人造成中央過河拆橋、卸磨殺驢的不良印象。

自覺裁軍後的曾國藩，依然受命帶兵圍剿捻軍，直到四年後調任直隸總督。直隸總督為疆臣之首，位極人臣，如此安排曾國藩，恭親王明顯是為了酬功，也為了他能在中央身邊工作，利用他在第一線所積累的多年經驗，為自己正在積極推行的改革開放（洋務運動）出謀劃策、保駕護航。

但也該他倒楣，一場天津教案開創了晚清教案的典型，夾雜在愚昧的百姓、蠻橫的洋人和顢頇的官員之間，曾國藩處境艱難，「詬詈之聲大作，賣國賊之徽號竟加於國藩。京師湖南同鄉尤引為鄉人之大恥」，湖南會館甚至將他的官爵匾額「悉數擊毀」，並開除其「名籍」（不再承認他是湖南人），一代「中興名將」「曠代功臣」，「積年清望幾於掃地以盡」，甚至「謗讟紛紛，舉國欲殺」。幸虧此時江南出了個「刺馬案」（清末四大奇案之一，電影《投名狀》之原型），兩江總督馬新貽被舊友所殺，遍佈兩江的湘軍舊部出現不穩定的跡象。恭親王趕緊讓曾國藩回任，順帶就把李鴻章推上了直隸總督的寶座。

以恭親王為核心的大清國年輕領導集體，能將曾國藩這樣的權臣駕馭控制住，其政治智慧和手腕不容小覷。但對於恭親王，曾國藩也在私下場合與其心腹幕僚趙烈文有過有趣的辯論。趙當時在上海看到了恭親王的照片，說：「（恭親王）蓋一輕俊少年耳，非尊彝重器，不足以鎮百僚。」

曾說：「然貌非厚重，聰明過人。」

趙說：「聰明信有之，亦小智耳。」他認為，恭親王身處「姬旦之地」（即輔佐幼帝的周公），「位尊勢極而慮不出庭戶」，只有些小聰明而已，國家的大難還是難以避免。

曾國藩大不以為然，他以恭親王的「勤政」「免徵」「免報銷」及處理官文幾件事為證，認為這些「皆非亡國舉動」，不存在「抽心一爛」的問題。

但在重新入朝之後，他告訴趙烈文：「兩宮（太后）才地平常，見面無一要語；皇上沖默，亦無從測之；時局盡在軍機恭邸、文、寶（恭親王、文祥、寶鋆）數人，權過人主。恭邸極聰明而晃蕩不能立

曾國藩成了中國近代史的「神」人，歷史地位遠遠超越了他的領導恭親王。
圖為曾國藩及其手書的「神」字

足；文柏川（文祥）正派而規模狹隘，亦不知求人自輔；寶佩衡（寶鋆）則不滿人口。朝中有特立之操者尚推倭艮峰（倭仁），然才薄識短。餘更碌碌，甚可憂耳。」幾乎一棍子橫掃當時中央的所有人，曾國藩的孤傲內心只有在心腹面前才表露無遺。

縱觀曾國藩的一生，其實主要只和兩個人互相糾葛：一個是洪秀全，另一個就是恭親王。這三個人都具備了南面稱帝的條件，卻走出了完全不同的人生軌跡。

洪秀全當了十來年的人間天王，最後去見了他的天父天兄，他的屍體被湘軍焚毀，骨灰塞入炮膛，發射到江裡，只留下瘡痍遍地的大半個中國。

曾國藩挾不賞之功，憂讒畏譏，處處如履薄冰，如臨深淵，終於實現了平安降落，美國史學家稱他是清代第一個得到善終的漢人將領。

受命於危難之際的大清總理恭親王，鞠躬盡瘁，死而後已，卻在收復南京的第二年（一八六五年）就差點被打倒。雖然在滿洲親貴們的支持下重新站了起來，卻永遠地失去了「議政王」的頭銜。

「親愛的，你慢慢飛，小心前面帶刺的玫瑰。」那隻名叫曾國藩的蝴蝶，終於沒被帝位這一帶刺的玫瑰所扎傷，平安降落在歷史的荊棘叢中……

春意盎然李鴻章

東方風來滿眼悲。

一八九五年的春天，對於恭親王、李鴻章及大清國來說，東風拂面格外冷。七十二歲的李鴻章即將起航前往日本馬關，與伊藤博文等進行談判。日軍的凌厲兵鋒，直指北京，談判一旦破滅，北京必將被日軍攻佔。儘管李鴻章早在十多年前就不斷地呼籲軍事改革必須與時俱進，否則北洋艦隊無法應對新形勢下的軍事挑戰，但總是遭到強有力的反對及強有效的掣肘，比如翁同龢掌管下的戶部，就在「大國崛起」的幻覺支持下，基本對北洋艦隊採取了「財政封鎖」政策。如今北洋艦隊已灰飛煙滅，李鴻章成為舉國皆曰可殺的罪魁，那些從來袖手旁觀，乃至暗地裡猛使絆子的新老憤青，愛國唾沫橫飛，密集程度如同前線的槍林彈雨。

六十二歲的恭親王則託了日本人的福。如果不是這個帝國到了每個人都被迫著發出最後的吼聲的危險時候，他還將如同這十年一樣，繼續待在政治冰櫃中。國難思良臣，家貧念賢妻，恭親王終於走出了後海邊那座華麗的「牛棚」，被「結合」進了中央核心參與決策。

冰凍了十年，之前那睿智、敏捷的恭親王似乎不再保鮮，但在這舉國群情洶洶的情況下，他率領軍機大臣們，在寫給皇帝和太后的報告中，鮮明地提出：「中國之敗，全由不西化之故，非鴻章之過。」

據說，李鴻章為此老淚滂沱，心甘情願地踏上了輪船，前往日本去完成那不得不完成的艱難的「賣國」任務。

泰山頂上一棵「蔥」

三十年了，大清國的第一波改革開放（洋務運動）最終被日本聯合艦隊擊沉。在這輪改革開放中，無論軍事、經濟各方面，李鴻章都被後世毫無懸念地當作了改革的旗手，而恭親王則在很長時間內被當作是一枚橡皮圖章，隨波逐流地捲在浪潮之中。造成這種印象，除了有意識的政治選擇外，更在於李鴻章曝光度高，類似於大清改革的新聞發言人和操盤手，而恭親王總是在幕後，不顯山，不露水，甚至還經常表現得有點怯懦、有點搖擺。

似乎美國人看得比中國人還明白，這樣的搭檔是黃金搭檔。或許，中國人即使看明白了，在很多時候也只能假裝糊塗，時間久了，或許就真糊塗了。美國史學家西格雷夫就堅信，李鴻章就是恭親王的「手」，他甚至大膽假設，李鴻章除了作為恭親王的實踐者之外，還幫恭親王幹了些「髒活累活」，比如可能的暗殺同治皇帝。

一個頗具中國特色的顯而易見的原因是，作為權力金字塔上的「老二」，恭親王的地位不允許他表現出任何「積極要求進步」的跡象，位極人臣，功高不賞，你再要求進步，老大就該犯嘀咕了：你什麼意思？什麼動機?!而李鴻章就沒有這種顧忌，他只要讓中央相信，自己雖然拿著槍桿子，但自己更是中央的一桿槍，就基本可以放開手腳，膽子更大一點，步子更快一點。同樣是美國人，格蘭特總統在拜訪了恭親王和李鴻章後，一針見血地指出：恭親王受地位所限，決定了他「不可能如李鴻章那樣走得那麼遠」。

恭親王執政期間，一個有趣的現象是：但凡要推出什麼改革措施，中央一般都先把問題和困難擺出來，徵求地方大員們的意見。如同文館所涉及的教育體制和幹部制度改革、建立阿思本艦隊時涉及的軍事改革等，都是將政策向地方大員和前線大員們事先交底，官員們則可以暢所欲言，不會出現扣帽子、打棍子的情況。這樣一種「官場內部民主」，的確令不同的意見得到了表達的機會，並且形成爭鳴，脫離了暗箱操作後，那些顯然是敷衍塞責的意見，在陽光下無可遁形。這令恭親王的改革總能比較穩妥地推進，既相當技巧地減少和化解了反對派的阻撓，又從反對派的充分表達中汲取了營養，完善了改革方案，更從不同派系的博弈中來瞭解和掌控改革的力度、分寸。在這樣的一個溝通過程中，作為舵手，恭親王儘量地保持了中立的角色，從而可以盡可能多地團結「左」與「右」兩方面的幹部。儘管恭親王早已獲得了「鬼子六」的雅號，被人們貼上了「自由派」的標籤，但是，除了蔡壽祺之類投機鑽營的舉報者外，從來沒有任何一個持不同政見者對他的人品及政治品格有過懷疑。這種穩健的政治手法，使恭親王在關鍵時刻，既能推動改革不斷前進，也能掩護激進的改革者從反對的聲浪中逃生。

身處風口浪尖，恭親王只是將自己定位為「泰山頂上一棵蔥」，而不是「一棵松」，這使他減少了被狂風掃蕩的機會，令泰山腳下的松樹們大為心理平衡，同時也不影響自己「會當凌絕頂，一覽眾山小」。在恭親王三起三落的政治過山車歷程中，沒有任何一次下臺是因

1901 年漫畫：李鴻章和慈禧重返故里，即流亡的慈禧回到北京

為他奉行了過「左」或過「右」的政策，而都是毫無例外地出於慈禧老大對他的訓誡——這種訓誡不是因為政見，而只是因為老二離老大的位置過於接近，老大必須時時敲打老二，注意自己的身份和地位。

恭親王的這種政治性格，成了總理衙門的部門性格。這個以改革為主要使命的部門，在不斷的利益調整中，不得不觸及既得利益者的敏感神經，同時還得顧及大清特色的政治體制和社會體制的承受力，時時左右為難，卻時時要做到左右逢源。這就注定了這個部門經常會受到「左」「右」兩方面的夾攻，裡外不是人，而這正是中國歷來改革者的主要下場。在它被來自「保守勢力」的炮火猛烈攻擊後，我們從歐美的史料中，幾乎很少能見到對它的正面評價。西方人幾乎一致批評這個部門在「保守勢力」面前的軟弱和妥協，其改革慢得像小腳老太一樣。

作為泰山頂上一棵「蔥」，恭親王和總理衙門以小步快跑的方式，畢竟還是在三十年的時間內，令一窮二白的大清國成為經濟意義乃至軍事意義（北洋艦隊世界排行第八）上的世界大國。「中國之敗，全由不西化之故，非鴻章之過」，這不只是為李鴻章辯護，也是在為自己辯護，為大清所有身處夾縫中的改革者辯護。

「養就心中一段春」

李鴻章上調到中央身邊工作，出任直隸總督，發生在一八七〇年的天津教案之後。曾國藩在處理天津教案上的進退失據，令中央相當失望，而原本恭親王是想借重曾國藩的大名和經驗，作為自己推行改革的主要助手。出於愛護幹部和解決問題的雙重目的，恭親王決心起用曾國藩的學生李鴻章，一則能令憂讒畏譏、暮氣日重的曾國藩平安著陸；二則也要在實踐中考驗考驗這個公開聲稱要和洋人「打痞子腔」、不能對洋人太過實誠的李鴻章。

李鴻章此前就顯露過遠比其老師更為靈活和果斷的手腕。在招降了蘇州太平軍後，李鴻章擺下鴻門宴，剁下了降將們的腦袋，屠殺了大量降兵，據說這就是日後一部名為《投名狀》的電影的創作靈感來源。儘管洋人們十分痛恨李鴻章這種「背信棄義」的行徑，但中央相信，這的確十分有效地解決了蘇州的後顧之憂。而在英國人阿思本率領艦隊前來大清打工，還在和大清政府談判指揮權時，李鴻章已經成功地從艦隊中高薪挖走了一些骨幹官兵充實到自己的部隊中，令英國人大為惱火。

這樣一個敢作敢為，同時也善作善為的人，終於成為恭親王十分默契的政治搭檔。自此，但凡中央徵求改革意見，李鴻章總是積極回應，而且視野開闊、思路敏捷、態度堅決，將一些恭親王不方便說、不能說，甚至沒想到要說的意思，都充分表達出來，既幫助恭親王引開了反對者們的炮火，又為恭親王提供了與反對者們討價還價的更大砝碼。一個悄悄地點火，一個大聲地放炮，默契和諧。李鴻章經常提交激進改革措施，並非其不瞭解中央的實際承受底線，而更是一種「求其上，得其中」的古老策略。

在建立海軍的過程中，恭親王和李鴻章已經確定了要發展遠洋攻擊型艦隊，而非近海防禦型艦隊，需購買新式巡洋艦、鐵甲艦，但卻依然由李鴻章出面提出報告，為沿

英國漫畫：李鴻章歡迎八國聯軍進入北京

海各省統一採購小型艦艇。這些小型艦艇到位後，並不分配到各省，直接就截留在了李鴻章的北洋艦隊之手。這樣，不僅擴大了北洋艦隊的預算，將各省名下的防務經費變相地納入北洋，而且悄悄地將各省的海防大權收歸中央，避免了海軍方面出現與陸軍相同的尾大不掉的局面。

其他在諸如興建鐵路、開採煤礦、發展電報等各項改革事業中，李鴻章均積極建言獻策，動則數千字的長篇奏摺，洋洋灑灑，並對保守派們的意見痛加斥責。這些建言，總是在提交給總理衙門後沒有反響。李鴻章自己透露，負責總理衙門日常工作的文祥，每次都是「且笑存之」，「廷臣會議皆不置可否」，而恭親王有時也表示無奈，說即使「兩宮亦不能定此大計」。後世史家常以此作為李鴻章發牢騷的證據，殊不知，這正是絕妙的政治雙簧，沒有李鴻章的屢次進言，恭親王拿什麼去敲打那些榆木疙瘩腦袋呢？而沒有恭親王的審時度勢、待機而動，李鴻章又憑什麼在官場上巋然不動，甚至不斷進步呢？這是改革者的無奈之處，也是其在夾縫中求發展的政治技巧。文祥曾經明確告訴熱心而著急的美國人，在中國特有的國情下，必須小心謹慎地選擇改革的步子、方向，否則，改革者自己將很快被犧牲，而改革則會被導向反面。

在大清的改革戰車上，可以說，李鴻章負責踩油門、按喇叭，而恭親王負責看地圖、踩煞車，不是為了減速，而是為了防止出軌。李鴻章有句名言：「受盡天下百官氣，養就心中一段春。」這不能簡單地理解成他的涵養和胸懷。他心中的「一段春」絕不是「百官氣」能養出來的，而是因為他明白自己的定位就是吸引「敵人的火力」，讓「百官氣」向我開炮，所以才敢放手一搏，不憚成為眾矢之的，以掩護恭親王、掩護慈禧太后、掩護中央，心裡有底如此，就像那冬天裡的一把火，自然春意盎然……

第八章　中央「一抬」

在晚清的改革乃至歷朝歷代的改革過程中，我們都能發現，改革者總是策略性地用現有體制的舊衣裳來遮掩不斷成長的改革軀體，儘管可能會衣不蔽體，也要竭力強調自己對傳統的傳承，以期結成最為廣泛的統一戰線，團結一切可以團結的人，減少阻力。

號令不出中南海

天還沒亮（「漏三下」），大清國總理、恭親王奕訢及財政部長（大學士管戶部）倭仁，帶同財政部的官員們，就在宮門外遞摺，請求兩宮太后召見。包括倭仁在內，戶部官員們都是兩眼通紅，哈欠連天，他們已是連夜工作至今。

如此鄭重其事，兩宮太后立即接見。奕訢和倭仁呈上戶部擬定的一份報告，太后看後稱善，命即頒諭宣示中外。

當這份文件用快馬遞往遠在江南的曾國藩、李鴻章、左宗棠時，曾國藩派出的信使也在向北京疾馳：他請求中央裁撤湘軍，停解廣東、江西釐金，自覺交出兵權和財權。

這是一八六四年八月十四日（農曆七月十三），離曾國藩的湘軍打下太平天國首都南京僅一個月。

1900 年八國聯軍入侵故宮所拍攝的照片

軍費報銷

辦完此事，恭親王的心中放下了一塊大石頭，輕鬆的心情絲毫不亞於一個月前得到光復南京的紅旗捷報。根據時人李桓（李黼堂）的記載，這份中央文件一發佈，「都中人士歡聲如雷，各部書吏聞而大駭，有相向泣者」，有人甚至將此稱為「同治朝曠典也」。

這是一份有關曾國藩軍費報銷的指示，涉及的費用高達上千萬兩。

根據大清國的軍費報銷規定，一切軍費開支必須造冊報銷，詳細羅列開支的細節，然後由戶部進行審計。但是，戰區物價飛騰，尤其是糧食蔬菜等給養，價格往往難以與戶部規定的參考價吻合，而士兵戰死、失蹤、新補頻繁，加上各級軍官們或者無暇做帳，或者猛做假帳，軍費報銷往往難過審計大關，一耗數年，「自帥臣以逮末僚，凡廁身行間，勻攤追賠，無一漏脫。存者及身，死者子孫，久迫追呼，非呈報家產盡絕，由地方官驗明加結具文諮部，不能完案」。因此，一個不成文的潛規則是，帶兵統帥在報銷時向戶部官員們私下進貢一筆「部費」，他們就會對帳目進行技術處理，保證能過關。曾國藩的湘軍還在南京城頭浴血奮戰時，戶部的書吏們就看到「復城之不遠也，報銷之難緩也」，「約同兵、工兩部蠹吏」，密遣親信到戰區各省，秘密地「與各該省佐雜微員中狙詐狡黠，向與部書串通又能為管庫大吏關說者，商議報銷部費」，「部費」的盤口也都開出了。

當時擔任戶部郎中的王文韶，向中央提交了《請免冊報私議》，建議中央免除冊報，以免各地借報銷的名義「徒滋擾累」。兼管戶部的倭仁十分讚賞，就拉著王文韶起草了一份詳細的報銷方案，將繁瑣的「造冊報銷」改革為簡便的「開單報銷」，即帶兵將帥只要提供一份開支清單即可。主持中央工作的恭親王對此也深表讚許。

恭親王所顧慮的，也和倭仁、王文韶及前線的曾國藩、李鴻章、左宗棠們一致：按照老制度報銷軍費，不可為、不能為、不敢為。軍事行動曠日持久，長達數年，帳目難以核查，此為「不可為」；鎮壓太平天國，中央基本不提供軍費，都靠各支部隊自行就地解決，從情理上說，如今要他們報帳似乎過於刻薄，此為「不能為」；而百戰餘生後的驕兵悍將，層層追查他們的經濟帳目，弄不好就會激出兵變，此為「不敢為」。

恭親王和兩宮太后都是明智的，在那份「都中人士歡聲如雷」的中央文件中，同意「所有同治三年六月以前各處辦理軍務未經報銷之案，準將收支款目總數分年分起開具簡明清單，奏明存案，免其造冊報銷」。

對於簡化軍費報銷程式，曾國藩在家書中說：「感激次骨，較之得高爵穹官，其感百倍過之。」他請求裁軍的奏摺，與中央宣佈新的報銷制度同日發出，這種巧合就是一種心照不宣的和諧與默契。

大清腎虧

恭親王和兩宮太后雖然成功地化解了湘軍尾大不掉帶來的高風險，但是，在戰爭中已經放手給地方的權力，已經很難收回。站在勝利的廢墟之上，大清中央才有機會低頭自省：自己其實成了廟裡的菩薩、宮中的太監，幾乎是中看不中用的擺設。

在「耶穌的弟弟」（洪秀全）下凡折騰之前，大清國是一個高度中央集權的國家，無論軍權，還是財權、人事權，都歸中央統一調度，一切行動都聽從和服從中央的召喚。比如在財政上，就是典型的計畫經濟，戶部統轄全國的開支，既是財政部，也是國家稅務總局，還行使著國家審計總署的職能。各省布政使司以及鹽運道、糧儲道等，都是戶部派出的人馬，由戶部垂直領導，獨立於地方督撫，監督和落實國家財政、稅收等工作。這種大一統的計畫經濟管理模式，最基本的要求就是穩定壓倒一切。而當太平天國將半個中國拖入戰火，尤其是攻佔了稅賦重鎮江南之後，大清的中央財政如同其國名一般，迅速成了兩袖「清」風。面對困境，中央只好動用最後一種資源——權力資源，下放權力「特殊政策」，同意地方截留稅收，就地籌款，「按年定數指撥解部」。從此，在欲望勃勃的「地稅」擠壓下，早已是黃臉婆的「國稅」只好偏居偏房。

地方督撫們，尤其是前線將帥兼任地方督撫後，幾乎成了擁有無限權力的「小皇帝」。如曾國藩，其麾下大軍實際上已成其私家軍隊，而並非之前的「國軍」，「兵歸國有」成了「兵為將有」，開創了近代軍隊「私營化」的先河。曾國藩本人還統管財政、人事乃至轄區內的外交事務，「凡湖廣、兩粵、閩浙等省大吏之黜陟及一切大政，朝廷必以諮之」，權勢之大，直逼清初的吳三桂及年羹堯。在曾國藩的示範效應下，各地督撫紛紛借機擴大手中權力，在他們的不斷要求下，甚至連司法上的死刑終審權，都下放給了省裡，中央放棄了作為國家機器重要象徵的「生殺大權」。唐代末年的藩鎮割據局面日漸成型，中央則逐漸被邊緣化，成為一種象徵工具而已。

雄起艱難

在鎮壓太平天國的過程中，不止一次地有人遊說曾國藩更上一層樓，乃至乾脆奪了江山自己稱帝。出於各種考量，曾國藩並沒有付諸行動，並且在戰後率先交出兵權。

西方報紙上的太平軍形象

幸運的是，中央與諸侯當時都是人才濟濟，沒有那種一根筋的二杆子，響鼓不用重錘，彼此心照不宣，花花轎子人抬人，才算從危機中平安地實現了軟著陸。曾、左、李等「中興名臣」順利交出槍桿子和印把子，由此奠定了「同光中興」的基礎，為大清王朝爭取到了寶貴的三十年和平發展時間，直到日本發動甲午戰爭。

大規模的改革開放（洋務運動）就在戰後迅速展開。此時，一個難題擺在以恭親王、兩宮太后為首的中央面前：痛定思痛，不改革肯定不行，但是，中央卻兩手空空，推進改革只能繼續依靠地方力量，而這又會導致地方權力的進一步鞏固乃至擴大。唯一穩妥的辦法，就是暫緩改革，待中央權威恢復之後再進行，但是，大亂雖然已過，小震不斷，內憂外患頻仍如故。不改革，禍在眼前；依靠地方進行改革，則或許還能突出一條生路。改革其實包含了兩個目標，一是拯救政權，二是拯救中央，答案是顯而易見的。

因此，儘管戰後中央多次想收回之前下放的權力，主要是財政權，比如恢復奏銷制度、撤除釐金等，卻遠不如收回最為敏感的兵權那麼得心應手。這固然因為地方督撫抗爭，但實質上還是因為中央自身硬不起來，必須依靠地方繼續推進改革開放。

在轟轟烈烈的首輪工業化進程中，各省先後建立了機器局等。但是，如同當年打仗一樣，中央財政空虛，只能放手繼續讓地方就地籌款。各省不僅截留國稅（京餉）、挪用軍費，甚至直接加捐加稅，乃至隨意動用國庫（藩庫）的資金。

在洋務運動中湧現的數十個新興企業及事業單位（學校等）中，真正得到中央財政全額撥款的只有天津機器局、吉林機器局等寥寥幾家，而諸如江南製造局、金陵機器局、漢陽鐵廠等關係國家命脈的重工業企業，都只得到了部分撥款，輪船招商局則乾脆在名稱上就寫明瞭「招商」二字，其餘的主要款項來源都必須依賴地方督撫各顯神通，自行解決。這在培養了地方上一大批能人的同時，繼續加大了地方的尾大不掉態勢。

更嚴峻的是，改革似乎到處開花，卻很少結果。中央調控的缺位導致中央無法在全域層面上進行有效的資源配置，各地督撫好大喜功、競相攀比，重複投資、重複上馬，再加上新型企事業單位既脫離了常規的紀檢監察體系（儘管監督效率極低）的視線範圍，又缺乏一整套的符合契約精神的法規約束，內部管理混亂，效率極低，導致有限的資源在改革的大旗下被浪費。如左宗棠創辦的福州船政局，每月「薪水工食」一項開支即達三點九萬兩，而船政局每月定額經費才五萬兩，高達百分之八十的經費是「吃飯」之用。儘管針對各項改革事業中的腐敗行為，舉報信、意見書不斷，但弱勢中央卻大多只能望洋興嘆。

美國著名歷史學家和政治學家巴林頓・摩爾（Barrington Moore）在其名著《民主與專制的社會起源》（*Social Origins of Dictatorship and Democracy*）中指出：中國近代的現代化努力之所以總是失敗，原因就在於中央政府太過軟弱，無法制訂有效的國家工業化計畫。

美國學者吉伯特・羅茲曼（Gilbert Rozman）在《中國的現代化》（*The Modernization of China*）中認為，如中國這般的國家，實行高度的中央集權，有助於力量的協調和資源的徵用以支援現代化的進程。而薩繆爾・亨廷頓（Samuel Huntington）認為，只有一個強大的政府，才能擁有足夠的資源動員能力，克服市場機制自身無法克服的缺陷，保證現代化過程中所必需的政治穩定。

恭親王主導的改革，從地方上先入手，繞開更為艱難的中央改革，先易後難，這自然是一種策略上的考量。但改革實際上的成本，就是犧牲了中央集權的權威資源。

英國駐漢口領事傅磊斯（H. Fraser）曾在一九〇一年寫信給《泰晤士報》記者莫理循：「現在還有誰人將總理衙門蓋章的護照看得像某個總督簽署的護照那樣有效呢？你大概還記得兩廣總督曾經告訴我，總理衙門只能向他提出要求，而不敢命令他。事實上，除了皇帝外，連軍機處也不能對一個總督下命令。在緊急情況下，像我們去年夏天見到的那樣，如果皇帝依照錯誤的奏章發下聖旨，總督也可以不服從。」

軍機大臣也公開承認：「今日之督撫，即前代之藩鎮。責任固不可不專，事權亦不可過重。」《東方雜誌》則描摹了地方坐大後中央的尷尬：「觀於吾國政府，朝發一令曰，宜率此而行，外省置之不顧也；夕下一諭曰，宜以此為戒，外省依然如故。查詢事件，則延遲不復；提撥款項，則藉詞抵抗。而自外省言之，有竭蹶之政策請於政府，不聞為之一籌畫也；有困難之交涉於政府，不聞為之一擔任也。」

恭親王推行改革，目的之一就是重樹中央權威，但改革的結果卻是權威渙散，號令不出中南海，威儀只限紫禁城。中央失去了對地方的財政、組織人事乃至軍隊的控制，這埋下了日後武昌城頭一夫作亂而江山變色的禍根……

改革的陽謀

一起小小的交通事故，似乎為大清中央的一場「路線鬥爭」畫上了句號：副總理級別的老幹部倭仁從馬上摔下來了，而且據說是故意的。

倭仁是文淵閣大學士、翰林院掌院學士，還兼著工部尚書銜，一人執掌著大清國中央的宣傳、文教、建設等大權，更為重要的是，他還是同治小皇帝的老師。儘管他是蒙古人，卻成為（或表現得如同）一名堅定的「傳統文化」的衛道者，在內憂外患激發出來的改革聲浪中，逆流而上，抵禦著從科學技術到制度文明等西方「低俗文化」的入侵。

這一年（一八六七年），倭仁已經六十四歲，究竟是什麼促使這樣一位老邁龍鍾的高級領導幹部不惜自殘呢？

西學根源於中國？

這場交通事故的背後，是一場起因於「北京外國語學校」（京師同文館）擴大招生的改革大辯論。而在這場辯論中，恭

英國畫師所繪《天津條約》簽訂現場

親王提出了一個驚人的論點，大大震懾了保守者們：西學根源於中國，學習西方就是學習古代中國。

幾個月前（一八六六年十二月十一日），恭親王上奏，建議同文館在講授外文之外，添設一館，專門講授天文、算學等西方科學知識，而且擴大招生物件，從以往只在八旗子弟中招募十三～十四歲的少年，改為面向所有滿漢舉人及科舉正途出身的五品以下京外各官。這一建議立即得到了慈禧太后的批准。一個月後，恭親王再度遞交了報告，建議將官方學術機構翰林院中的學者（庶起士、編修、檢討等）納入招生物件，因為這些人「學問素優，差使較簡，若令學習此項天文、算學，成功必易」。

成立於一八六二年的京師同文館是大清「外交部」（總理各國事務衙門）的直屬機構，也是大清國首家近代化幹部學校，待遇十分優厚，遠超之後的各級各類軍校等。所有學生每月都能領取十兩月薪，而且伙食、住宿、書本文具等，一律免費，每月考試合格者獎金就高達三十二兩。學校專門配了廚師，學生甚至可以隨時點菜送到寢室內。更為重要的是，根據規定，對於優秀學員，在幹部任用、提拔等方面一律從優。這樣的待遇，對於翰林院這個清水衙門中坐冷板凳的窮幹部們來說，當然是有吸引力的，而對於那些還未進入仕途的舉人們，更是充滿了現實誘惑。

但是，這一舉措卻隨即引發了一場激烈的爭論。首先提出反對的是山東道監察御史張盛藻，他高舉政治掛帥的大旗，認為「氣節」才是「自強之道」，而不是輪船和槍炮，只要有「氣節」，就可以無敵於天下，「以之禦災而災可平，以之禦寇而寇可平」。他認為，科舉正途人員是政權的接班人、幹部的預備隊，關鍵是加強政治理論學習和思想道德教育，「讀孔孟之書，學堯舜之道」，而完全不必去學習天文、算學之類的「機巧」，否則就是「重名利而輕氣節」。至於天文、算學，只需將它們劃歸欽天監、工部等相關部門管理，招收些能工巧匠即可。

張盛藻的奏摺一上，立即遭到上諭的批駁，慈禧太后的批示明確指出同文館就是「正途」，而天文、算學「本為儒者所當知，不得目為機巧」，此舉不過是「借西法以印證中法，並捨聖道而入歧途，何至有礙於人心士習耶？」

其實，這種反對意見，恭親王早已料到。在他建議將同文館招生範圍擴大到翰林們的奏摺上，就用長篇大論做了伏筆。他鮮明地提出「天下之恥，莫恥於不如人」，隨後，提出了「西學」其實就是「中學」的驚人觀點，認為「西術之借根，實本於中術之天元，彼西土目為東來法」，只是西方人「性情縝密，善於運思，遂能推陳出新，擅名海外耳」，因此，「法固中國之法也，天文、算學如此，其餘亦無不如此」。學習科技並非是學習西方，「中國創其法，西人襲之。中國儻能駕而上之，則在我既已洞悉根源，遇事不必外求，其利益正非淺鮮」。

恭親王的這套說法，無疑能相當有效地削弱反對的聲浪。一八九九年，英國人哈樂德•高思特（Harold E. Gorst）在回顧大清三十年改革史時，就認為恭親王此舉是耍了一記漂亮的「外交手法」。

其實，在晚清的改革乃至歷朝歷代的改革過程中，我們都能發現，改革者總是策略性地用現有體制的舊衣裳來遮掩不斷成長的改革軀體，儘管可能會衣不蔽體，也要竭力強調自己對傳統的傳承，以期結成最為廣泛的統一戰線，團結一切可以團結的人，減少阻力。當實際行為已經「右轉彎」，口頭卻依然高呼著「左滿舵」的口號，這是一種策略，也是一種無奈。根基於體制內的「改革」，講求的是妥協，有理也要讓三分，這與源自體制外的、顛覆一切、打倒一切、使用簡單直接的暴力手段清除反對力量的「革命」，是有根本區別的，革命講求的是「有理三扁擔，無理扁擔三」，自己永遠偉大、正確，錯誤永遠只屬於他人。改革與革命，雖然都是根本利益的調整，但在政治烹飪術上，一個是「慢燉」，即使鍋有點漏了，修補修補繼續熬，能將就則將就，不能將就的創造條件也要將就；而另一個則是「爆炒」，能不將就則不將就，即使能將就的，也要想方設法讓它不能將就下去，完全是砸爛舊鍋另起爐灶。顯然，從實際操盤的難度來看，改革的「技術含量」高多了，這也需要改革者即使在策略方面也要比革命者更為圓潤、老到。

「鬼子六」的「鬼計」

專攻裱糊的改革，令韜晦之術成為改革者的必修課，以確保自己成為先驅，而非先烈。恭親王就是韜光養晦、綿裡藏針的個中高手。一八六二年，他建議成立總理衙門，為了避嫌及減少可能的反對聲浪，他再三強調這只是個臨時機構，「俟軍務肅清，外國事務較簡，即行裁撤，仍歸軍機處辦理，以符舊制」。

這一次，當改革遭遇官方「包養」的知識份子的激烈反對時，他也同樣表現出了極為柔韌的姿態。在嚴詞駁回張盛藻的奏摺後，面對泰斗級的倭仁的反對，恭親王施展了太極拳法。

倭仁在他的長篇奏摺中，堅決反對「正途出身」的官員進入同文館，他擔心這些國家棟樑拜洋人為師，學習天文、算學之類的「一藝之末」，將導致「正氣為之不伸，邪氛因而彌熾，數年之後，不盡驅

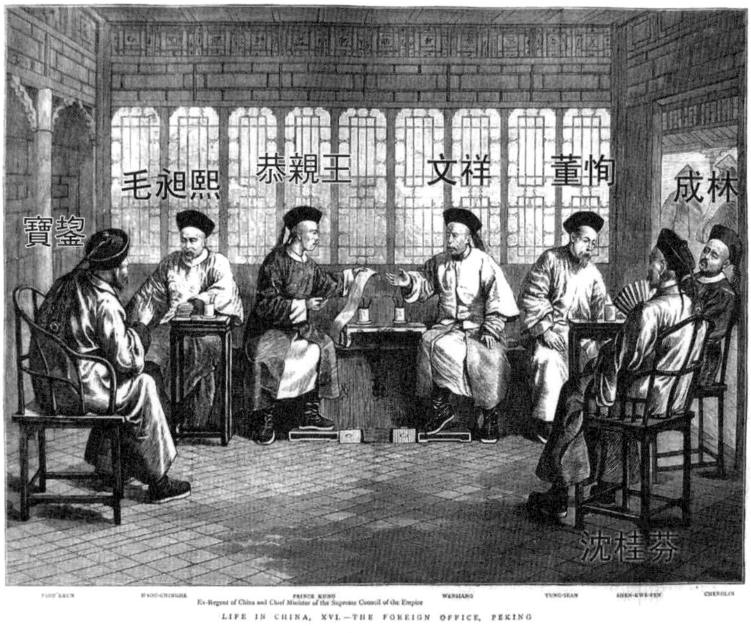

總理衙門大臣們在召開會議

中國之眾咸歸於夷不止」。而「立國之道，尚禮義不尚權謀；根本之圖，在人心不在技藝」，古往今來沒有聽說過有依靠著「術數」而能夠起衰振弱的。他同時認為，以中國之大，「不患無才，如以天文、算學必須講習，博采旁求，必有精其術者。何必夷人？何必師事夷人？」

倭仁的奏摺提交後，慈禧太后也不表態，批轉總理衙門答覆。恭親王等人隨即上奏，痛切批駁倭仁等空談誤國，二三十年來「議和議戰，大率空言無補」。他提出，既然倭仁有臥薪嚐膽之志，但這是「為其名乎？抑將求其實乎？」他借用左宗棠的話說，大清國辦事太難，「創議者一人，任事者一人，旁觀者一人」。又借用李鴻章的話說，一些崇尚空談的幹部，「無事則嗤外國之利器為奇技淫巧以為不必學，有事則驚外國之利器為變怪神奇以為不能學」。他認為，倭仁等如果「別無良策，僅以忠信為甲冑，禮義為干櫓等詞，謂可折衝樽俎，足以制敵之命，臣等實未敢信」，並且認為倭仁這一舉動對改革大有傷害，「不特學者從此裹足不前，尤恐中外實心任事不尚空言者亦將為之心灰而氣沮」。

恭親王的反駁是相當嚴厲的，但倭仁繼續抗爭，乾脆認為同文館請外籍教師本身就是「上虧國體，下失人心」，並認為國家振興之際，百廢待興，「應辦之事甚多」，何必因這一小事兒「群相解體」。

恭親王隨即開始轉換策略，一邊繼續指控「倭仁倡議以來，京師各省士大夫聚黨私議，約法阻攔，甚且以無稽謠言煽惑人心，臣衙門遂無復報考者」；另一邊乾脆來了招「請君入甕」，抓住倭仁原奏中的大話：「天下之大不患無才，如以天文、算學必須講習，博采旁求，必有精其術者。何必夷人？」大呼道：我們花了二十多年的時間，都沒找到這樣的人才，「倭仁竟有其人，不勝欣幸」，建議請倭仁立即保舉，另開一館。

慈禧太后照准，要求倭仁立即保舉精通天文、算學的人才數名，「另行擇地設館，由倭仁督飭講求，與同文館招考各員互相砥礪，共收實效」。

倭仁這下急了，趕緊解釋：「奴才意中並無精於天文、算學之人，不敢妄保。」中央卻依然不放過他，慈禧太后在上諭中要求他隨時留心人才，一旦發現此類人才，立即保薦，這等於給他套上了一個箍。接著，朝廷乾脆任命倭仁也為總理各國事務衙門大臣。長期在同文館任職的美國人丁韙良，對恭親王的這招請君入甕十分欣賞。他認為這是恭親王為了讓倭仁這個「老沙文主義者」能親自通過跟他所謂的「洋鬼子」打交道來長點見識。

恭親王的陽謀，倭仁當然能看清，他絕不願意出任這一「鬼使」，再三請辭，卻再三被駁，無奈，只好中途落馬——對於倭仁是否墮馬回避，學界尚有爭論，史料也有衝突，但可以肯定的是，倭仁的確是以病假的方式得以保持了「體面」。

對此，丁韙良惋惜地說，如果倭仁「不拒絕訓練，誰曉得這個老翰林會不會同樣徹底地轉變過來呢？」他總結出，總理衙門對付保守派的做法，就是「以內部摩擦避免外部反對」。總理衙門成員成林曾經向他解釋：「你知道，由於外來反對，總理衙門的籌畫有時擱淺。聰明的御史或有勢力的總督向皇帝進讒言，從而破壞我們最明智的計畫。這種情況下，恭親王雖感應對困難，但仍自有辦法。他奏請皇帝給他的反對者在衙門中安排位置。親王知道，反對者一旦進入了衙門，不久就會發現，親王的政策才是應對外國唯一可行的辦法。毛昶熙和沈桂芬就是這樣進入衙門的。」曾經是保守派一員的毛、沈進入總理衙門，真正挑起這千斤重擔後，幾乎立即實現了改變，不僅成為恭親王的忠實同僚，而且成為堅定的改革者和「總理衙門裡最好打交道的人」。

這次辯論中，倭仁雖然處於下風，但卻「死不悔改」，而這輪折騰的效果立即顯現：即使待遇十分誘人，同文館的天文、算學專業最後只勉強招收到了三十人，而其中的二十人在第二年就被淘汰。此時，日本已經派出了第一批學生前往西方。梁啟超日後感慨道，設立天文、算學館的計畫如果順利推進，則今後「中學與西學不致劃為兩途，而正途出身之士大夫，莫不研心此間以待用」，假以時日，必將有所成就，從而「用以更新，力圖富強，西方大國猶將畏之，而況於區區之日本乎」？

改革的大幕在東亞升起，恭親王一己之陽謀及手腕，能敵得過人家一國的陽謀兼陰謀嗎？

第九章　裸泳的年代

他們深切地認識到，大清國的改革，不是請客吃飯，不是做文章，不是繪畫繡花，不能那樣雅致，那樣從容不迫，文質彬彬，那樣溫良恭儉讓。改革就是利益重組，有時甚至就是赤裸裸的巧取與豪奪。

貓兒鬧大清

大清國畢竟是泱泱大國，在內憂外亂的夾擊下，再怎麼落敗，還是老鼠遍地走，而且肥碩得很，甚至越落敗，老鼠就越肥。

又多又肥的老鼠當然吸引了無數隻貓兒，不管黑貓、白貓，不管土貓、洋貓，也不管是公貓、私貓，都鉚著勁、變著法，想成為那隻能抓住老鼠的好貓。

當抓住老鼠成為檢驗貓兒能力的唯一標準時，貓兒們自然要解放思想，打破一切條條框框的牢籠。他們深切地認識到，大清國的改革，不是請客吃飯，不是做文章，不是繪畫繡花，不能那樣雅致，那樣從容不迫，文質彬彬，那樣溫良恭儉讓。改革就是利益重組，有時甚至就是赤裸裸的巧取與豪奪。

一部晚清經濟史，就是一場超級貓兒的海選PK，一場在潛規則甚至無規則下上演的大戲。

大清市井圖

貓兒嘉年華

最為活躍的當然是「公貓」們。大清國的經濟體制改革，最早走的就是「一大二公」的道路，國庫出資，官員坐莊，在奠定了中國最早的工業基礎的同時，也令一部分官員及其親屬迅速躋身為先富起來的一批人。大清國財政兩袖「清」風，沒有能力為不同官員不同花樣的改革支付學費，但靠山吃山，政府最大的資源並不是白花花的現銀，而是政策，腦門一拍，大筆一揮，推行「官督商辦」，政府畫圈，老闆掏錢，改革開放照樣做得紅紅火火。能進入這個圈子內的商人，自然也都非等閒之輩，個個能量都可直通「海裡」，其中的佼佼者便是胡雪巖，其政府公關能力之強，與官場結合之緊密，至今仍是中國人民學習的榜樣。官辦的純國企和官督商辦的半國企，一個最大的特點就是一切官僚化。史料記載，盛宣懷每次到機器織造局檢查工作，廠裡都要組織員工夾道歡迎和歡送，一如官場規矩，只是不知道是否會有節奏地呼喊「歡迎歡迎，熱烈歡迎」？

「公貓」們雖然公開捕鼠的工夫並不怎麼樣，但私下為自己偷腥的本事卻都不小。財務混亂，公私不分，是當時國企和半國企的最大問題，一邊高喊實業救國，一邊則將公款盡可能多地挪到自己兜裡。著名

外資企業作為「洋貓」，在這種貓賽中成為主力選手之一

思想家、機器製造局的鄭觀應，就挪用公款為自己炒股炒房，導致開工都被嚴重延誤。至於效率不高，浪費嚴重，更是普遍顯現。「模範總督」張之洞的漢陽鐵廠，從開始立項到投產，都是憑空想像的「政績工程」，證明了晚清改革的主旋律就是不斷折騰。更有甚者，「公貓」之公，還真是體現在了性別意義上，機器織造局的文件顯示，在相當一些企業幹部眼裡，工廠就是一座免費的麗春院，女工們儼然成了廉價的應召女郎，權力果然成了最好的春藥！

私貓們當然沒有公貓這麼高調和張揚。在晚清時期，大凡混得好的私貓一般都必須有些公貓朋友，或者乾脆是一套人馬、兩塊牌子。純粹的私貓，是基本沒有生存空間的。先天血統上的不足，令私貓們在包裝工夫上相當細膩，比如導致晚清崩盤的保路運動，表面看，是各地商辦鐵路公司的私貓們在民族大義激發下，不忍心看到洋人們以雄厚資本「侵佔」了我們的交通開發機會，所以對政府將鐵路建設權收歸國有表示反對，而骨子裡，無非就是嫌政府收購商股的開價太低，鬧得最來勁的四川鐵路，則乾脆是因為商人們希望政府來承擔原先主辦者挪用公款炒股而造成的損失，但政府不買帳，商人們便只好祭出愛國護路的大旗，「推動」「革命」了。

與土貓們相比，洋貓們的吃相要優雅得多，開口法制，閉口契約。但面對著大清特色的資本主義，洋貓也一樣是逐利的動物，在堅船利炮的「豪奪」已經不再時尚後，吸引中國官員佔乾股等「巧取」方式就成了他們的主要遊戲。美國總統胡佛，早年是一名礦業工程師，他的第一桶金，就來自幫助英商「巧取」中國的國有開平煤礦。他們設計將開平的老總張翼拉下水後，不花分文，就獲得了豐厚的開平資產。胡總統的這桶金，日後成為其政治上的一大麻煩，時時被反對黨拎出來示眾。而另一家更為著名的「福公司」，披「洋」皮，掛「洋」頭，骨子裡則是中外官商合營，馬建忠（招商局總辦）倡議、劉鶚（《老殘遊記》的作者）跑腿、李鴻章護航、義大利首相的兒子掛名，成功地繞過了外資不准進入礦業的禁令，以一個空殼皮包公司而獲得山西、河南的煤礦開發權，然後將股份出售給西方大財團，經手人均獲利豐厚。

叢林世界

在這場貓兒嘉年華中，「撬邊模子」（滬語，類似京腔的「托兒」）也沒閒著。著名的媒體《申報》，在大清國股市黑幕中，緊密配合莊家，以忽悠起來的理論武裝人，以包裝出來的輿論引導人，不露聲色地當了回股市「黑嘴」，成功地實現了「社會良心守望者」的市場化。

無論當權者，還是在野者；無論保皇者，還是造反者；無論遺老遺少，還是潮流青年，大清國晚年越來越強烈地表現出了「一切向錢看」的特點，金銀成為一切領域通行的硬通貨，「金本位」「銀本位」成為全社會的本位。即使身負「道德城管」重任的紀檢監察系統（諫台），也毫不猶豫地投身「貓兒捕鼠」的運動，那些義正詞嚴的彈劾及雷厲風行的查辦，也都無非是更為稀缺、更為昂貴的商品而已，待價而沽。

做貓還是做老鼠？這在晚清並不是哈姆雷特式的選擇題。做不了貓，就只能做被貓吞噬的老鼠，這是擺在每個人面前的唯一道路。因此，更為準確地說，那並不是一個貓兒的樂園，而更像一個弱肉強食的叢林世界。

華商不愛黃龍旗

一八七七年三月二日，一個令大清國人民備感振奮的消息傳遍了全國：大清國資企業輪船招商局於昨日正式兼併了美資企業旗昌輪船公司（Shanghai Steam Navigation Co.）。旗昌輪船公司有七艘海輪，九艘江輪，大量的躉船、駁船，共二十七艘，及碼頭、棧房、船塢、鐵廠等，都降下了星條旗，升起了鮮豔的黃龍旗。

這是在以恭親王為核心的中央領導下，大清國——不，是中國——有史以來第一次通過資本運作的方式，吞掉了一家大型外資企業。一貫喜歡嘲諷政府的《申報》，在這一天一反常態，發表了熱情洋溢的評論：「從此中國涉江浮海之火船，半皆招商局旗幟。」

最早提請中央考慮兼併旗昌輪船公司的太常寺卿陳蘭彬（之後他出任了中國首任駐美公使），甚至將其上升到「中外大局一關鍵」的高度。

自一八四〇年鴉片戰爭以來，大清國似乎好久沒有這麼揚眉吐氣，舉國上下太需要這個「利好」消息的刺激了。但是，卻有一群華人似乎並不為黃龍旗迎風飄揚而自豪，他們就是旗昌輪船公司的華人股東們。這些人不僅抗拒回到「祖國懷抱」，而且公然另組一家寧波輪船公司

1860 年代的大清商人

輪船招商局大樓

（Ningpo Steam Navigation Co.），註冊為美國公司，繼續扛起星條旗。他們低調得幾乎沒在歷史上留下多少印跡，弄得好像為了刻意躲避大清憤青們上綱上線的口水戰似的。

其實，旗昌輪船公司從來就不是嚴格意義上的美資企業，而只是披著一身「洋皮」的民營企業而已。在公司一百萬兩開辦資本中，華商的股份居然佔到了六十萬～七十萬兩。

華商在外企中普遍參股，甚至佔到大股，這在當時是一個十分普遍的現象。僅在航運業中，怡和洋行的華海輪船公司，第一批一六五〇股，華商佔了九百三十五股，其中，唐廷樞一人就佔了四百股；北清輪船公司，華商股份佔到三分之一。大量的華商散戶們集資購船後，更是紛紛掛靠在外企名下。滾滾長江東逝水，卻只載著兩艘船：一艘姓「外」，一艘姓「公」。

有學者統計，當時華商參股的外資企業至少有六十二家之多，資本金在四千萬兩以上，以保守估計華商佔股額四分之一計算，則這些披著「洋皮」的中資高達一〇〇〇萬兩以上。

中資大量湧入外企，這當然是資本的趨利因素造成的。

對於外商來說，進入中國市場後，出於拓展業務和佔據市場領先地位的考量，對資金總是處於飢渴的狀態，而相比從境外募集並引入資金，本地資金更加便捷、廉價。而且，儘管外商在堅船利炮和各種不平等條約的保護下，在大清國享有超國民待遇，但具體到每一個企業，在日常的經營和管理中，面對商場和官場上充斥著的大清特色的潛規則、顯規則，普遍暈菜，不勝負荷，只能依賴以買辦為主的中國合作方，而在股權上結為利益共同體，無疑是增強凝聚力的最好辦法。

而對於中資，尤其是剛剛崛起的民營資本來說，穿上一套「西裝」就等於撐起一把維權的「洋傘」：在一個公權對私權無度獵殺的環境下，一身「洋皮」就等於是一層鎧甲，可以遠離絕大多數的「大蓋帽」的盤剝。對於掛靠在自己旗下的中國小弟們，洋大哥總是很講義氣，甚至不惜動用外交乃至軍事壓力來維護自己的小弟。大清國那幾乎是工商業天敵的公權力，在「洋皮」面前立即疲軟萎謝。

在避險的同時，華商也發現，「洋皮」還能獲利。大清國給予外企的超國民待遇，首先就體現在稅收上，面對內地的層層關卡，繳納了海關稅的外企貨物便能一路暢行，而民營企業就必須見廟燒香，逢山拜佛，留下重重買路錢。這樣的「政策利差」，令外企們獲得了一個意想不到的財源：提供掛靠，然後從民資節省下來的稅費中抽成，坐享其成，而且，還能動用這些不請自來的廉價資本實行超常規、跳躍式發展。研究表明，當時幾乎每家外企後頭都有一大串掛靠在他們旗下的民企，「強龍」與「地頭蛇」郎情妾意、惺惺相惜。

到了一八七〇年代之後，大量湧入中國的小洋行，多是皮包公司，他們幾乎完全依賴中國當地的資本，而其自身的唯一資源，就是一身如假包換的「洋皮」而已。衡量各洋行買辦能力的一個重要指標，就是其在本土的融資能力。從這個意義上說，在所謂的西方外來經濟勢力中，其實幾乎沒有血統純粹的外資企業，更多的是「中外合資企業」，或者乾脆是披著「洋皮」的純粹民營企業。

有研究者將中日兩國同時期的企業發展做了對比，發現日本的企業家似乎更「愛國」，更有長遠眼光，也更能忍受一時的損失，而晚清的商人們多急功近利。造成這些差異的根本原因，就在於大清王朝根本無法如明治政府那樣，提供安全、公正、信用、廉潔等經濟發展的必要環境；相反，只有在政府力量所不能及的地方（比如租界），民營工商業才能得到喘息和發展。買辦們（中國第一批外企金領）之所以能積累起巨額財富，一個重要原因就在於他們是中國最早的一批不受國內腐敗官僚控制的商人。

旗昌華商們新組的小小寧波輪船公司，在星條旗的庇護下，自然可以繼續遠離大清國官員們那隻看得見的手，但卻難以逃脫動用國資進行價格「割喉戰」的那隻看不見的手。之前，旗昌輪船公司在與招商局的價格戰上慘敗，並非資本不厚、經營不善，企業實力再雄厚，奈何招商局背靠國家財政，「割喉戰」成了「超限戰」，只好投降了事，見好就撤。

一年之後，寧波輪船公司就敗下陣來，偃旗息鼓。它悄悄地走，正如它悄悄地來，揮一揮衣袖，連半點水花都沒有激起。在以「公」為姓的權力面前，資本的力量就是兩個字：可笑……

李鴻章吹起大泡泡

併購了美資企業旗昌輪船公司後，招商局實際上的董事長李鴻章倒有些鬱悶了。這是一場高舉民族主義大旗的資本兼併戰，定調很高。直隸總督兼北洋大臣李鴻章認為此「為收回利權大計」，「於國計商情兩有裨助」。而籌措了大部分收購資金的兩江總督兼南洋大臣沈葆楨認為：「歸併洋行，為千百年來創見之事……是真轉弱為強之始。」

一場本該是大漲中國人民志氣，大滅帝國主義威風的主旋律演出，劇本上明明寫好了「此處有雷鳴般的掌聲」，但卻出現了一些噓聲，甚至旗昌公司的原華人股東們在這大是大非關頭，表現出了極低的政治覺悟和民族感情，紛紛退場，重組一家美資公司。

媒體在喝彩之外，也出現了噓聲。旗昌本是件破舊的衣服，如今卻賣了個好價，美國人套現後不是正好可以換件嶄新的時裝嗎？（《清史稿》：「旗昌棄垂敝之裘，得值另製新衣，期於適體。」）當時，在招商局等的擠壓下，旗昌公司的經營每下愈況，年淨利潤從一八七一年的九十四萬兩一路下滑，到一八七三年的十點六

洋人對於中國人當街挑腳泡很驚奇：這居然也能成為一個行業？那捧著飯碗的客戶，邊吃飯邊挑腳泡，似乎很享受。李鴻章放上天的大泡泡，似乎比腳泡要高級許多，絕不會請人挑破

李鴻章麾下的金陵製造局，常被洋人們當作中國軍事工業的象徵。圖為金陵製造局的槍炮倉庫

萬兩，而其一百兩面值的股票，也從頂峰的兩百兩猛跌到一八七五年的六十兩，奔牛已經成為狗熊。招商局如果拿那筆併購鉅款去投資新的輪船，或許能將旗昌這條「落水狗」徹底打趴下。

兼併後不到數月，一份來自中央紀檢監察幹部（御史）董俊翰的報告，就引起了中央的重視。根據董的報告，收購旗昌其實是招商局的一個敗筆，固定資產添置過多過快，運力大躍進，一下子從一萬一千八百四十五點八十八噸上升到三萬零五百二十六點十八噸，看似紅火，但不僅前期耗資巨大，而且維護費用驚人，船多貨少，收取的運費甚至不夠開支，導致每月虧損五六萬兩。

董俊翰建議中央應該設立專門的大臣主管這一巨大的「國資」，或者乾脆停止官辦，完全民營，政府只起監管的作用，從而減輕國家的負擔。

李鴻章的回復是傲慢的，他先給中央寫了封短信，認為董俊翰是「少見多怪」，「凡創辦一事必有議其後者，多端指責」，並且感謝中央對新生事物的保護。之後，李鴻章上了一個長長的報告，全面否認了董俊翰的幾乎所有指責。但從李鴻章的報告中，也可以看出其從旗昌收購而得的是怎樣一筆資產：「擬令該局（招商局）逐加挑剔，將旗昌輪船年久朽敝者，或拆料存儲以備修配他船，或量為變價歸還局本。」但是，變賣船隻一定要注意不能給「中外流氓」，以免他們「減價相擠」。李鴻章否認收購旗昌輪船後，導致資產閒置，而將其責任歸咎於怡和、太古等外資輪船公司的價格戰，「若無外人傾擠，江面生意尚旺，船隻不至閒擱」。

李鴻章對招商局的種種維護，一個基本原則就是將其上升到國家利權，甚至「關係國體」的高度，從而將對招商局的批評或攻擊統統歸入對國家的不負責任之列，他甚至技巧性地回避出現「華商」二字，代之以「中華」。

最早建議中央兼併旗昌輪船公司的太常寺卿陳蘭彬，在那份主題為「自強必先求富」的奏摺中，第一次列舉了招商局對「民族」和「國家」的貢獻：招商局成立前，外資航運業在華年獲利七百八十七點七萬餘兩；招商局成立後，外資航運業在三年內才獲利八百一十三點六萬兩。簡單比較就可以得出：「合計三年中國之銀少歸洋商者，約已一千三百餘萬兩，將來擴而充之，中國可以自操其利。」

薛福成估計，招商局成立六七年來，將中國航運利權收回了五分之三（《籌洋芻議》），而李鴻章日後說：「創辦招商局十餘年來，中國商民得減價之益而水腳少入洋商之手者，奚止數千萬，此收回利權之大端。」

這些意氣風發的激情文字，或許能大長中國人民的志氣，但未必能大滅帝國主義的威風。在洋洋灑灑的慷慨陳詞背後，陳蘭彬們卻有意無意地忽視了一個最為基本的前提：作為招商局假想敵的「洋商輪船」，其實，大半還是披著「洋皮」的華商。招商局「為國」截下的那些銀兩，本就基本不會外流。

其實，在李鴻章請求恭親王設立招商局的報告中，一個很重要的理由就是，華商資本大量以假外資的名義出現，既導致國家尊嚴受損，又使華商易受外商要脅。李鴻章說：「近年華商殷實狡黠者多附洋商名下，如旗昌、金利源等行，華人股份居其大半。聞本利不肯結算，暗受洋人盤折之虧，官司不能過問。」成立輪船招商局，可以「使華商不至皆變為洋商，實足尊國體而弭隱患，尤為計之得者」。值得注意的是，李鴻章並沒有分析闡述何以「華商殷實狡黠者多附洋商名下」。也就是說，大清國的袞袞諸公們，其實自始至終都十分清楚，在星條旗和米字旗的護衛下，在金髮碧眼的洋人的背後，真正的競爭者卻是自己的同胞。

而更為吊詭的是，在這些為國企高唱的讚歌聲中，普遍只提營業額，而不提利潤，因為在那逐年遞增的營業收入背後，是連年的虧損。招商局將自己打扮成推動GDP不斷上升的英雄，一轉身又從國家的兜裡掏走大把銀子，去填補利潤敗血症的無底洞。

在高高舉起民族主義大旗的時候，招商局從中央拿到了特殊的政策。先是江蘇、浙江的漕米，然後擴展到長江中游地區的漕米，隨後，「滇之銅斤，蜀之燈木，江、浙之採辦官物，直、晉之賑糧，鄂茶、鄂鹽」等，均被其壟斷運輸。而且，李鴻章不斷地為招商局向中央伸手，要求提高運費，理由就是在「外商」的價格擠壓下經營虧損。

財政部（戶部）最後被逼急了，向中央提交了一份措詞嚴厲的報告，指責「招商局十餘年來，不特本息不增，而官款、洋債，欠負累累，豈謀之不臧哉？」報告認為，招商局的問題在於「不得其人，出入之經，不能講求撙節」，卻將虧損歸咎於諸如「海上用兵」（海戰）之類的外部原因。報告要求，招商局「既撥有官款，又津貼以漕運水腳，減免於貨稅，其歲入歲出之款，即應官為稽察」，應責成南北洋大臣，將「現存江海輪若干隻，碼頭幾處，委員商董銜名，及運腳支銷，分別造報」，這是清產核資。

「此後總辦如非其人，原保大臣應即議處」，希望從國企幹部任命的源頭抓起。但是，這份報告連一星水花都沒濺起。

招商局的經營，直到與外資的怡和、太古兩家航運公司「訂利益均享之約，始免互相傾擠，而其利漸著」。

一家打著國有旗號的行業壟斷者，最後不得不靠與自己公開反對的外敵結為寡頭同盟才得以生存，卻依然高喊著「利權」「中華」等政治口號，紛飛的唾沫濺滿了史冊，百年未乾……

誰動了恭親王的奶牛

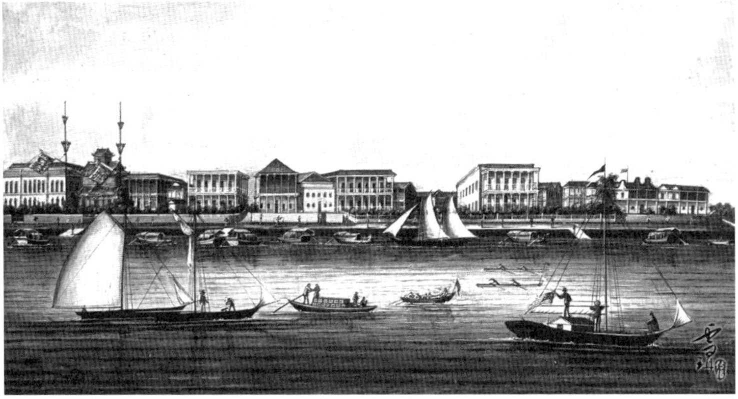

1860 年代的上海外灘

國企輪船招商局併購了外企旗昌輪船公司之後不久，兩份來自紀檢監察部門的報告，在大清中央國家機關內部引起了巨大的反響。

先是御史董俊翰發難。中央對招商局實行特殊扶持政策，獨家承運國家戰略儲備糧（漕米），這令招商局在國企的身份之外，又多了一層事業單位的性質。董俊翰指出，各級領導幹部借機大肆安插私人，推薦信在招商局的辦公桌上「函牘盈尺」，造成大量冗員，「求其能諳練辦公者，十不獲一」，甚至官員中也有人在公司內兼職，不幹活只拿錢。此外，招商局內開支浩大，浪費嚴重。

不久，翰林院侍講王先謙發起了更為猛烈的一擊。他在〈招商局關係緊要議加整頓摺〉中尖銳指出：併購旗昌輪船公司，並非什麼國企收購外企的成功商戰，而只是招商局高管層欺上瞞下、損公肥私的一個陰謀。根據王的報告，這個陰謀是由以下幾個環節組成的：

一、併購動議提交之前，招商局總經理（總辦）唐廷樞以彌補虧損為由，從北洋申請到了五十萬兩財政補助，全部用於收購旗昌

1900 年代的上海南京路

股票。這是典型的內幕交易，唐廷樞等人因此大撈一票。

二、招商局的主管上級、北洋大臣李鴻章對併購並不積極，因為其手頭可調動的資金十分有限。此時，招商局常務副總（會辦）兼黨委書記（上級選派下來作為「官督」代表）盛宣懷親自出面，遊說兩江總督兼南洋大臣沈葆楨，「詭詞慫恿」，說得天花亂墜，居然從沈那裡拿到公款百萬作為併購資金。

三、在併購過程中，招商局高層則從美方獲得了大量回扣（中金）。

王先謙同時指控，招商局早已出現資不抵債的嚴峻局面，帳面上的資本金及借款已達五百萬兩，但各項資產實際價值只有二百五十萬。當務之急，必須嚴肅查處招商局的領導幹部，「唐廷樞、盛宣懷蠹帑病公，多歷年所，現在仍復暗中勾串，任意妄為。若任其逍遙事外，是無國法也」。

王先謙指出，李鴻章近期已經上奏中央，計畫將投資在招商局的國有資金一百九十多萬兩，分五年提還，然後招商局將徹底改制為私營企業，「歸商而不歸官」。王先謙警告，此將使招商局這一最大的國企更為失控，造成國有資產大量流失。

這一指控，有理有據，上綱上線，立即引起了中央的高度重視。恭親王、慈禧太后親自批轉新任兩江總督兼南洋大臣劉坤一嚴肅查處。其實，王先謙的背後，閃動著的就是劉坤一的陰影，這是他與李鴻章鬥法的一招殺手。而王先謙提出的解決方案，其核心就是停止招商局的私有化進程，並且將其由北洋轉到南洋監管，從李鴻章之手轉到劉坤一之手。

劉坤一的調查，採取了拉一派、打一派的分化策略，對商人出身、有望收歸自己麾下的唐廷樞，他多方開脫，並評價為「招商局必不可少之人」，但對李鴻章的親信盛宣懷則採取了痛打落水狗的姿態，請旨將盛宣懷即予革職，並不准其干預招商局事務。

李鴻章則對王先謙的指控幾乎全部否定，並且一口咬定王先謙是被人收買了當槍使，「明係有人賄屬」。劉坤一在處理過程中對李鴻章主動拉攏，表示調查最好是由南北洋共同進行，但李鴻章毫不領情。他在交給中央的報告中，乾脆打開天窗說亮話，明確說招商局「所用多生意場中人，流品稍雜，原不敢謂辦理處處盡善。但此事由商經理，只求不虧官帑，不拂商情，即於中外大局有益」，這等於是擺出了死豬不怕開水燙的姿態。而且，他將王先謙的攻擊上綱上線，認為將嚴重影響改革開放的形象，令改革者寒心：如此「掇拾浮議，輒據無稽之詞，妄相牽掣，必致商情渙散，更無人起而善其後矣」。

這一事件，看似圍繞著招商局的反腐敗鬥爭，其實無非是以反腐為武器的權力鬥爭。李鴻章在大清改革開放中的地位，畢竟是無人能夠替代的，經過幾番回合，此事最後以盛宣懷調任別處而了結，其中所涉及的挪用公款進行股票內幕交易，蒙蔽沈葆楨出資及收受巨額「中金」等，都不了了之。

盛宣懷出局後，招商局在唐廷樞和徐潤等商人的管理下，推行所謂的企業化管理。當唐、徐二人在管理的藉口下，要求完全商辦時，曾經積極主張商辦的李鴻章卻大為起疑，並迅速將盛宣懷「以創始蒙謗之身，奉維持整頓之命」派回招商局清理清查。這一查，果然查出了大問題：唐、徐二人大量挪用公款，用於私人炒股、炒房地產。

李鴻章親筆批示：「……唐、徐二道，因開平、承德礦務，擅自挪移局本、息款八十餘萬，幾致掣動全域，實有應得之咎。即添造金利源碼頭及南洋輪船兩事，用款一百二三十萬之多，亦屬鋪張太過，毫無成算，直是銳意罔利貪得，自貽伊戚，危險之至。」指責他們鋪張浪費，揮霍公款。至於徐潤在上海炒樓，李鴻章認為他不僅挪用公款，而且利用招商局的信用擔保，從金融機構獲得貸款高達一百七十多萬兩之巨，如今不得不拋售套現以歸還公款，對公司的聲譽造成了巨大的損害，「似此罔利貪得不顧其後，殊為可恨」。

盛宣懷則揭出了更可怕的內幕：「不料總辦（唐廷樞）之蒙混糊塗至於此極也。商本二百萬，乃如開平拖欠八十餘萬，各戶往來拖欠七十餘萬，各局往來拖欠十餘萬，各局水腳拖欠三十餘萬，則局本已無著矣。其輪船、碼頭、棧房實估值本不及四百萬，僅足抵老公款九十六萬、新公款五十五萬、保險存款一百萬、客存客匯一百二三十萬，人安得不望而寒心。」而根本的原因在於，那兩位號稱要建立現代企業制度的「企業家」，「雨之（徐潤）早已不管局事，終日營私；景星（唐廷樞）亦只管造輪船、挪局款，其開平用項不下二百萬，自己亦並不看帳，一片糊塗，專說大話」。解決方案就是，請唐廷樞、徐潤兩人捲鋪蓋滾蛋，然後由自己進行清理整頓。

財政部（戶部）在一篇上交給中央的報告中，尖銳地指出招商局實際上已經成為腐敗的淵藪：「局中之侵蝕與局外之傾擠，所有資力頗虞虧耗。」「唐廷樞、朱其昂之被參於前，徐潤、張鴻祿之敗露於後……招商局十餘年來，不特本息不增，而官款、洋債，欠負累累，豈謀之不臧哉？」隨後，報告引出了其最為振聾發聵的警句：「稽之案牘，證之人言，知所謂利權，上不在國，下不在商，盡歸於中飽之員紳。」

在多方壓力下，盛宣懷被以反腐的名義重新召回招商局，從此在那裡紮下了根，直到一九〇三年離職。這個在招商局並無絲毫原始投入的大清幹部，直到去世都是招商局的最大股東，並且因此躋身中國富豪行列，其個人財富高達數千萬兩，僅在上海租界內的房產，價值就有近二千萬兩。

「白銀裹滿褲腿，汗水濕透衣背，我不知道你是誰，我卻知道你為了誰」。國企的奶牛終於哺育了一部分先富起來者，他們的頭上帶著耀眼的光環，據說他們都是為了國家和民族而在鞠躬盡瘁……

盛宣懷打「野雞」

盛宣懷要打「野雞」了，而且是聯合自己死磕了十多年的老對手怡和輪船公司（Indo-China Steam Navigation Company，英資怡和洋行 Jardine, Matheson & Co.麾下企業）、太古輪船公司（The China Navigation Company，英資太古洋行 Swire 設立）一起打。

這種變化有點讓人眼暈。因為，盛宣懷主持下的輪船招商局，高高舉起的正是經濟民族主義的大旗，要從怡和、太古這些外商的手裡，以「商戰」的方式奪回民族利權。如今，槍口一轉，敵人成了盟友。

「野雞」的說法，是太古輪船公司的董事總經理（大班）嚴吉迪（H. B. Endicott）發明的。他在一八九一年寫信給盛宣懷求和，希望聯手「設法驅逐走江海的野雞船，俾我三家可以獨佔其利」。

盛宣懷

這些「野雞」，就是獨立於招商局、怡和及太古之外的輪船。這些大多是「洋雞」，比如美最時洋行（Melchers）的「寶華」號，麥邊洋行（McBain）的「萃利」「華利」號，馬立師行（Morris, Lewis & Co.）的「金陵」號等。因為這些「野雞」的洋身份，盛宣懷打「野雞」的行為，被後世的一些學者視為對外商戰的一部分。

其實，這些「野雞」大多是「土雞」。在招商局成立之前，幾乎每家外資航運公司中，華商都佔了相當大的股份。招商局成立的動機之一，按照李鴻章的說法，就是要「使華商不至皆變為洋商，實足尊國體而弭隱患，尤為計之得者」。但是，招商局一亮相，華商們就發現自己被卡在夾板中了。根據政策規定，華商只能入股招商局，而不得自行成立獨立的民營企業，而且，中央宣示這一政策將維持五十年不變（即至一九二〇年代）。權衡之後，不少華商選擇伴獅（外資）同行，而非與狼（國企）共舞，因為，與獅同行，雖被盤剝，但契約受到尊重，並且在外國國旗的庇護下，受到的官方騷擾就很少。而入股招商局這類「官督商辦」的企業，不僅要貼銀子，還得繼續做孫子，伺候那些既不出資本，也不對國家負責的官商通吃的「督辦」們，同時還得應對外商的競爭，等於是兩線作戰。英國人赫德管理下的大清海關，就在報告中指出：「華商渴望自有輪船，這已是公開的秘密。某些掛外國旗的江海輪船，幾乎全係華商所有。」

經過三年的幕後討價還價，混戰多年的招商局、怡和、太古三家，終於在一八九四年達成了「齊價合同」，約定三方「務要同心協力，彼此沾益，倘有別家輪船爭衡生意者，三公司務須跌價以驅逐他船為是」。這是他們的第三個價格同盟，與之前那兩個短命的同盟相比，這一次，他們的親密關係保持了相當長的時間。

曾經並且仍然高舉「外爭利權」大旗的國企招商局，終於聯手外企，組成寡頭同盟，共同獵殺那些披著「洋皮」的「土雞」。

「獵雞」勇士盛宣懷，曾經以商戰民族鬥士的面貌亮相。

十一年前（一八八三年），作為中央專案組的組長，他受命進駐輪船招商局，清理清查總經理（總辦）唐廷樞、副總經理（會辦）徐潤的瀆職及腐敗案，決心大，措施猛。唐、徐二人被「雙開」，招商局被徹底納入大清政府的強有力領導之下，盯得牢，關得住，跟得緊。招商局自此廢除總辦一職，盛宣懷出任黨委書記（督辦），執掌大權。只設會辦的管理層，成為其實際上的秘書班子。日後盛氏羽翼豐滿，提出「國退民進」的建議，試圖進行類似MBO的改制，「官辦」成為「盛辦」，國有則成為「盛有」。

奪回了招商局的領導權，只是萬里長征走完了第一步。要讓招商局成為會下GDP金蛋的金雞，外樹政績，內得利益，盛宣懷面前的道路還很漫長、很艱巨。來自政府的關懷和支持，自然是最為有效的資源投放。招商局直接領導、直隸總督兼北洋大臣李鴻章親自批示：「當此局勢岌岌之際，必須官為維持，乃可日就起色。」

大清政府兩袖「清」風，但權力就是第一生產力，也是第一生產要素。官方下發一紙紅頭文件，招商局就住進了「財政輸血」這一高幹病房，儘管它患的是多種病毒引起的併發症，接受的卻是開小灶般的滋補療法：減稅、加價、增資。本就是獨家壟斷經營的國家戰略儲備糧（漕糧）運輸，得到了進一步的稅費減免；對招商局輪船運載的茶葉，減徵出口稅，免繳復進口稅；提高漕糧運輸的費率，並且不再收取海運局公費；同時，暫緩歸還官方投資款餘額七十七萬兩。

這幾招，招招大補，但招商局依然萎而不舉、舉而不堅。根據招商局自己的說法，那都是因為怡和、太古這兩個敵人太強大。三方貼身肉搏得十分慘烈，爭相殺價，三敗俱傷，而招商局雖然難以雄起，卻也撐住了，就因為背靠政府的大樹，不僅有大筆的壟斷生意，而且有財政上的巨大支持——大清國雖然沒有龐大的外匯儲備可供揮霍，但以一國之力去對抗兩個公司，那還是能夠遊刃有餘的。廝殺之後的結果就是三方和談，相逢一笑泯恩仇，把槍口對準更為弱勢的「野雞」們。

聯合獵殺「野雞」的行動，成效斐然。怡和與太古看到，在權力面前，資本最後還是低下那高傲的頭顱，而只要認可權力也是「生產力」，資本與權力就能永享魚水之歡。

而盛宣懷則欣慰地看到，通過獵殺「野雞」並與外商大鱷結盟，招商局的利潤額直線上升。招商局股票如同服了春藥，日益堅挺，從五十兩（一八九〇年）飆升到一百四十兩（一八九三年），並攀上了二百兩的大關。這既是可以向上級大書特書的政績，也是可以讓子孫受益無窮的財富。在「野雞」們紛紛倒下之時，持有管理層配股的盛宣懷們，成功地躋身大清國先富起來的孔雀行列，頻頻開屏，向世界炫耀自己那燦爛的尾部……

裸泳的奴家

潮水在退去，人們驚詫地發現，如胡雪巖、徐潤那般道貌岸然，愛作弄潮兒狀的偉大企業家們，也露出了水面下的半截身子，居然赤條條空空如也。

一八八三年，中法在越南對峙。法國軍艦開到了黃浦江口，將炮口對準了這座繁華的東方巴黎。這不僅改變了上海的物價結構，除了糧食等生活必需品價格飆漲之外，各色動產不動產幾乎集體跳水自盡，也改變了上海的富豪榜排名，江山代有才人出，一代更比一代狠。

令胡雪巖、徐潤徹底「走光」，搞得很黃很丟臉的，是一直拿著高倍望遠鏡和長焦鏡頭在窺伺機會的盛宣懷。盛本人就是因涉嫌裸泳而灰溜溜地離開了輪船招商局，他根本不相信在大清國還會有人真的按照規則，穿戴整齊再下海。

第一個被放倒的是胡雪巖。

與徐潤不同，胡雪巖之於盛宣懷，就是個「外敵」。胡總是左宗棠的跟班，而盛總則是李鴻章的小弟。老大之間的矛盾，當然就是小弟之間的仇恨。何況這兩人，一個來自杭州，一個來自常州，都是長三角經濟圈的地頭蛇，都是玩「政治經濟學」的高手，更要為地盤鬥上一鬥了。

開始的時候，胡總當然強大許多。盛總無非是國企的高級打工仔，胡總卻是富豪榜上的著名私營老闆，他在西湖邊建的豪宅，連同豪宅內圈養的十二房妻妾，都是人們八卦和垂涎的物件。胡總商業帝國的核心在於阜康錢莊。作為純粹的民營金融機構，阜康錢莊的核心競爭力卻是政府公關，能大量吸納公

美國畫師所記錄的一位中國官員的輝煌出行行列

款，幾乎成了第二財政部，尤其是獨家經辦為左宗棠西征而借的外債。

承辦國家外債，利潤似乎並不高，阜康錢莊還得為此向外資債權銀行承擔連帶擔保責任，風險著實不小。但這畢竟是大清國的國債，大清國可以常常失信於自己的子民，卻絕不願意（或許是絕不敢？）失信於國際社會。何況，承辦這麼大筆的國債借貸，早已深諳中國國情的外商，也在暗地裡給了可觀的回扣。如果在收支時間差上再多動動腦筋，就很容易多方截留，從而將公款變成阜康錢莊的現金頭寸。更不必說，這本身就是有力的「中央一抬」，給阜康在國際國內市場都做了個大大的廣告，無形資產增值不少。總之，銀行跑行銷出身的胡總，打算盤是基本功，不會算偏。

蛇大窟窿大，胡總向來愛玩空手道，如今守著個銀行，自然是要大展宏圖的。當時的生絲出口有巨大的利潤空間，胡總於是痛下本金二〇〇〇萬兩，爭購並囤積生絲。據說，他之所以如此放手一搏，一是為了解救被洋人們欺壓的蠶農，二是要為民族工商業爭口氣。實際上，就是要形成市場上的壟斷優勢。強龍難壓地頭蛇，在鉅額資金的支持下，在黑白兩道（胡是青幫的「空子」，差不多相當於其地下黨員）的保駕護航下，胡雪巖搶購生絲十分順手，幾乎搜盡了當年的新貨和此前的存貨。洋商們無貨可收，自然慌張，通過種種管道與胡雪巖進行談判。老外開出的價碼很痛快——加價一千萬兩！

面對洋商的「誘惑」和乞求，胡雪巖並沒有鬆口，理由卻非愛民或愛國，而是要求再加價二百萬兩。

雙方只好僵持。待到來年，新一輪的春蠶到死絲方盡後，胡總卻發現：不僅遙遠的義大利生絲大豐收，緩解了西方工廠的原料問題，而且法國軍艦開到了上海洋面耀武揚威，銀根全面收緊，手頭已難以籌措足夠的資金去收購新絲，而囤積的舊絲已經開始變質。

此時，早在暗中窺測多時的盛宣懷，實施閃電戰：啟動官場內的關係，將本應解送到阜康錢莊用於支付外債的公款，押後數日，雖然只有八十萬兩，但卻是外交大事。同時，動員大儲戶們進行擠兌，在市場上傳播阜康不穩的消息，結果硬生生慭死了並非資不抵債的胡財神。僅生絲一項，胡雪巖損失高達一八〇〇萬兩，隨即被「雙開」加「雙規」，革職、抄家，被徹底打翻在地。

扳倒地頭蛇胡雪巖之後，盛宣懷轉過身來收拾過江龍徐潤，儘管徐潤是盛宣懷在招商局時的老同事、老同志。

徐總先前就比盛總、胡總家闊多了。他十四歲進了外企打工，在英商寶順洋行（Dent & Co.，也稱顛地洋行）當學徒，後升為買辦，自己還涉足航運業、地產業、絲茶業、保險業、出版業等，搞得十分紅火。一八六三年，徐潤就已經在上海擁有「地二千九百六十餘畝，造屋二千另六十四間」，而且在天津、塘沽、廣州、鎮江等地有大量房地產。當時，他年僅二十六歲，比他大十五歲的胡雪巖，此時還在忙著事業的開拓；比他大十四歲的盛宣懷，則還在鄉下仰望星空，想著如何到大城市出人頭地。

房地產是個資金密集型行業，徐潤四處融資，從國內的錢莊到外資的銀行，大量貸款，以新債還舊債，進行滾動開發。這種現金鏈高度緊繃的遊戲，被法國人的軍艦輕易地毀滅了。上海房地產狂跌時，徐潤名下的房地產雖然市值高達三百四十多萬兩，但僅僅來自二十二家國內錢莊的貸款總額也高達二百五十多萬，負債率超過百分之七十三。債權錢莊公選出六名代表，徐潤也派出六名高管，「聯合工作組」

研究來研究去，決心還是拉新股東入夥。他們居然找上了日夜謀劃著重歸招商局、踢走徐潤的盛宣懷，真是與虎謀皮，也可見買辦出身的徐潤的確不會講政治、看風向。

盛宣懷四兩撥千斤，一出手就抓住了徐潤的命根子：徐潤炒房時，挪用了招商局的公款十六萬，數目雖小，但性質嚴重。隨即又牽連出徐潤以招商局信用擔保自己的貸款，涉及貸款金額居然高達一百六十多萬兩，這等於將國有資產也牽扯進了房地產泡沫之中。

在盛宣懷義正詞嚴的逼迫下，徐潤被迫將鎮江及上海永業里、乍浦路等處房產以低價抵償招商局欠款。徐潤被開除出招商局，同時革除開平礦務局會辦之職，賤價出售手頭的房地產，以歸還所有涉及招商局信用擔保的貸款，直接經濟損失高達近九十萬兩白銀。

最為鬱悶的是，法國人一走，他那些被迫「割肉清倉」以籌資的房地產，旋即升值十倍，高達二千萬兩白銀。

在一個人人裸泳的年代，權力作為第一生產力和第一生產要素，就是那決定令誰徹底「走光」的潮神。大清國實在並無企業家，只有「奴家」。「奴家」只能委身潮神的懷抱，以獲取那點傲立潮頭的機會……

第十章　帝國的出軌

改革開放已經成為大清國的中心工作，但卻並非主流的話語體系，腳穿新鞋子，口喊舊號子，依然是恭親王、李鴻章等改革者們的無奈選擇。包括鐵路在內的新玩意，都可以摸著石頭過河，但絕不可高聲嚷嚷，否則便會成為政治上的把柄，成為大清國最可自豪的先進的社會制度的敵人。

騎著毛驢上北京

百年前，追著鐵路兜售食物的人們

威妥瑪大叔騎著毛驢上北京，這令他十分鬱悶。大叔其實年紀並不大，在出任大英帝國駐大清帝國代理全權公使時（一八六四年）才四十六歲，只因為長著一臉英國人愛留的大鬍子，顯出一副「大叔」樣兒。

威妥瑪之前到過北京，但那時騎著戰馬或坐著英軍的軍用馬車。戰爭結束了，作為外交官，他只能和其他西方人一樣，騎著毛驢上北京。儘管所有的人都認為這實在不是件體面的事情，但別無選擇——毛驢是通往大清國偉大首都的唯一交通工具。

在美國使館舉行的某次晚宴中，他向美國傳教士、後來出任北京大學（京師大學堂）首任校長的丁韙良發出了抱怨。丁韙良寬慰他說：「希望你一直擔任女王陛下的公使，直到能乘著火車離開。」

威妥瑪很高興地說：「讓我們為此乾杯吧。」

威妥瑪是個不折不扣的漢學家，著名的「威妥瑪拼音」就是他的科研成果，大大提升了外國人乃至中國一般大眾學習中文的效率。但從他對毛驢的不滿來看，他似乎並沒聽說過「天上龍肉，地上驢肉」，騎著毛驢那差不多等於乘龍前進。他似乎更不明白，中國人之所以如此喜愛毛驢，其性情溫馴、刻苦耐勞、繁殖力強等特點，不正也是主人們性格的寫照嗎？

要想富，先修路；火車一響，黃金萬兩。這是包括威妥瑪在內，生活、工作乃至戰鬥在大清國這「同一個世界」的洋人們的「同一個夢想」。

威妥瑪上任前一年（一八六三年），年輕的恭親王已經開始主持大清中央的日常工作，大清國的改革開放正在徐徐展開。而英國也已經從窮凶極惡的洋鬼子變成了大清政府的好朋友，將幫助大清國改革、開放，乃至協助鎮壓太平天國暴亂，當作了自己的國際義務。

英國人向大清中央提出了一個雄心勃勃的鐵路計畫：以漢口為中心，南達廣州；東達上海；西經四川、雲南等省，直達印度；北由鎮江到京津。其實，怡和洋行早在一八四四年就設想將鐵路從印度的加爾各答（Kolkata）修到中國廣州。儘管關係密切得如同同志加兄弟，恭親王依然堅定地拒絕了這一請求。

同一年，英、法、美三國駐上海領事及二十七家在滬的外資企業，集體覲見李鴻章。李鴻章當時還沒調到中央混上中堂，只是個地方幹部，擔任江蘇省省長（巡撫）。外商們要求修建一條從上海到蘇州的鐵路，也遭到了李鴻章的嚴詞拒絕。

你有政策，我有對策。在大清國的紅燈面前，洋人們也學會了繞著走。威妥瑪騎驢上任後一年（一八六五年），北京城終於出現了鐵路。英國人杜蘭德在宣武門外的護城河邊，鋪了一段約五百多公尺的小鐵路，其上一臺蒸汽機車「迅疾如飛」。那與其說是交通工具，不如說是嘉年華裡的大玩具。當然，這絕非英國人吃飽了撐著的行為藝術，而是一次廣告促銷。滿以為「迅疾如飛」的火車一亮相，北京城內千樹萬樹的榆木疙瘩們就能突然綻開，但沒想到弄巧成拙。對這一新生事物，「京人詫為妖物」，「舉國若狂，幾至大變」，嚴重威脅到了安定團結的大好局面。首都公安機關（步軍統領衙門）雷厲風行，重拳出擊，緊急拆除了這段鐵路，及時地消除了社會不安定因素。

在後世的主流史家眼裡，彼時以恭親王、李鴻章為代表的大清政府，在鐵路建設上如同小腳老太太一般，膽子不夠大，步子不夠快，這正是其顢頇、愚昧的表現。但在那些看似無稽的「風水」等遁詞背後，恭親王、李鴻章們的主要顧慮，還是在於國家的經濟主權。鐵路這一「利權」不能輕易讓於外人，儘量保留到中國自身經濟恢復之後，自行建造。其實，同一時期大清國已經展現了對新生事物的熱烈追求和對主權的堅定維護。恭親王批准在英國一擲千金，購買了一整支新式艦隊（阿思本艦隊），後來又不惜賠本變賣，也不讓英國人控制槍桿子，以維護大清中央對這支裝備了世界上最先進軍艦的艦隊的絕對指揮權。

毛驢似乎戰勝了鐵路，當時洋人中的敏銳觀察者，卻並未附和著輕率攻擊大清國的顢頇、愚昧，他們已經嗅到了「風水」等荒誕外衣包裹下的大清經濟民族主義的內剛。

一位長期觀察大清政治的英國人高思特在一八九九年出版的《中國的進步》（*China in Progress*）中，搬出了英國鐵路初建時的種種顢頇行為為中國辯護，實在值得那些輕率非議先人的國人一讀：

「六十多年前在英國，當人們建議築造第一條鐵路時，全國吵鬧反對。如果那些喜歡嘲笑中國人害怕蒸汽機工廠和鐵路運營的人們能回憶及此，不是沒有好處的。

「那時英國人所提出的反對，比今天中國人所表示的厭惡，可笑得多了。中國人不喜歡他們的墓地受到侵害，或是他們風水的規條受到破壞。但是在英國，一個著名的律師居然說，狂風時，蒸汽機將無法運轉，即使『攪撥火爐，甚至增加蒸汽的壓力到鍋爐要爆炸的地步』，也是毫無用處的。醫學家說，隧道的暗淡與潮濕，汽笛的尖叫，機器的飛轉，都將給公共衛生帶來很大的損害。機車通過時的火花，將引起房屋火災。鄉紳們則擔心自己牧場上的牛將受到驚嚇而不再進食，母雞則將停止下蛋。許多人甚至擔心工廠所吐出的煙霧將使藍天從此變得暗淡無光（作者注：此點倒是矇對了，符合『綠色』理念）。這些荒謬可笑的擔憂，要是拿來和中國人所提出的沉靜的、十分有理的反對相比較，英國人可得自慚形穢了。」

高思特認為，在面對鐵路的「威脅」時，「中國一般人民的舉動是有理而適度的」，因為「當人們的生計受到威脅的時候，憤怒的示威再加上暴動，是不可避免的」。他建議歐洲人對比一下「和中國人在生活、文化、思想方式上有著巨大差別」，然後就會「對中國從一八六〇年到一八九五年之間的迅猛進步，實在不能不感到驚歎」。

而深深介入大清鐵路發展的另一英國人肯特（Percy Horace Braund Kent），在其一九〇七年出版的《中國鐵路企業》（*Railway Enterprise in China*，中譯本改名為《中國鐵路發展史》）一書中，大力肯定了恭親王和李鴻章們的主權主張：

「不幸，這一個計畫（作者注：指修建上海到蘇州的鐵路）雖經領事團重要人物的關說，卻遭到了斷然的拒絕。李鴻章明確地通知領事團說，只有中國人自己創辦和管理鐵路，才會對中國人有利，並且中國人堅決反對在內地雇傭外國人。同時，一旦因築路而強徵中國人民的土地，將會引起極大的反對。他更直率地拒絕居間將任何此類建議奏報朝廷。他甚至表示，他有責任反對外國人追求鐵路建設的特許權，這種特許權將使列強在中國取得過分的權利。」

騎驢看唱本，朦朧但堅定的主權意識，成為恭親王的京韻與李鴻章的徽調中的主旋律。

近二十年過去了，儘管威妥瑪在很多個清晨站在高高的城牆上，盼著鐵路修到他腳下，但直到一八八二年他卸任離京，他依然必須騎在馬背——這次終於不是驢了，顛簸著走向幾乎完全西化的天津港……

1900年代，鐵路終於暢通地修到了北京城牆腳下

大清「地鐵」

城市未必讓生活更美好，卻絕對讓生活更八卦，尤其在上海這樣的大城市。

「軋鬧猛」（愛看熱鬧），是圍城內的「城裡人」和圍城外的「鄉窩人」的極少數共同點之一。打從洋人到了上海這只「角」，就幾乎沒有斷過西洋景可看。只要是新鮮玩意兒，即使沒有組織上統一安排，「阿拉」們照樣紮堆欣賞，絲毫不會流露出保守顢頇的囧樣，難免令人會因此而確信大清改革真乃民心所向。

天后宮附近的蘇州河二擺渡北岸（在今河南北路和塘沽路口），矗立起了一座嶄新的西式建築，這就是日後人稱「火輪房」的所在。「火輪房」附近，一早就是人山人海了，一輛輛或中式或西式的馬車從城裡逶迤而來，車上的乘客們衣著光鮮，辮子梳得油光錚亮，在七月的烈日下散發著頭油的怪味。

這是一八七六年七月四日，吳淞鐵路試運行的第二天，一千名與外商有生意往來的中國商人，被邀請至此開洋葷。

而前一天的試運行，貴賓們則全部是駐滬的老外們。英國著名的《圖片報》畫下了當時的盛況：在用秸稈編成的圍欄外，鄉民們張大了嘴看著這頭鐵馬賓士，一個孩童躲在大人的背後，卻又努力從人群縫隙中觀看。

這是大清國第一條營運鐵路。這一改革的新生事物，似乎受到了大清人民的熱烈歡迎。七月三日，鐵路正式向公眾營業。《申報》記錄道：「到下午一點鐘，男女老幼，紛至沓來，大半皆願坐上中兩等之車，頃刻之間，車廂已無虛位，盡有買得上中之票仍坐下等車者。迨車已開行，而來人尚如潮湧至。」

但是，這卻是一條不折不扣的「地下鐵路」——沒有經過大清國政府批准的違章建築。

上海開埠之後，成為中國聯結世界的交通樞紐。但從吳淞口開始，黃浦江河道嚴重淤積，大型船隻無法直航上海港（外灘附近），而疏浚難度大、成本高。中國最大的交易夥伴是英國，其在中國外貿中所佔比重高達百分之七十。英國代理公使威妥瑪在一八六六年向中國政府請求，准許英商修築淞滬鐵路，以提升吳淞港與上海的物流通行能力，但此議未獲批准。

三年後（一八六九年），世界交通格局發生了革命性變化。蘇伊士運河開通，蒸汽輪船迅速取代飛剪船，投入東西方的航運，從倫敦直航上海的航程由一百二十天以上縮短到五十五～六十天。上海與吳淞之間的物流交通問題更為凸顯。

而在遠比上海落後的橫濱，美國人從日本政府獲得了橫濱—東京鐵路修築權，橫濱迅速崛起。美國歷史學家泰勒•丹涅特（Tyler Dennett）指出：「在大清帝國建築鐵路的再次努力，是受橫濱—東京建築鐵路的刺激的。」但列強的努力，在大清政府的堅決反對下，基本無效。

即使對於上海這樣的東方大都市來說，鐵路在這江南河網地帶也帶來了巨大的便利。圖為上海的河道

此時，直隸總督、北洋大臣李鴻章等大清改革的操盤手們，也看到了鐵路在國防與經濟建設中的戰略作用。

一八七五年年初，同治皇帝駕崩，光緒皇帝即位。李鴻章前往北京奔喪，拜見了大清總理恭親王，以「極陳鐵路利益」，請先試造清江浦至北京一線，以便南北轉運。此前，李鴻章曾經向中央多次「陳述」：「煤鐵礦必須開挖，電線鐵路必應仿設，各海口必應添洋學格致書館以造就人才。」

李鴻章如此焦慮，是因為外患並未消弭。俄國和日本一熊一狼，同時在西北和東南兩個方向發難。李鴻章提出，只有興建鐵路，才能加強西北和東南的國防：「自開煤鐵礦與火車路，萬國蹜伏，三軍踴躍，竟改驛遞為電信，土車為鐵路，庶足相持。」「南北洋濱海七省自須聯為一氣，方能呼應聯通。倘如西國辦法……有內地火車鐵路，屯兵於旁，聞警馳援，可以一日千數百里，則統帥當不至誤事。」

李鴻章甚至還提出，鐵路是商戰的關鍵所在，「軍國之大利也」。他分析道：「既不能禁洋貨之不來，又不能禁華民之不用……若亦設機器自為製造，輪船鐵路自為轉運……我利日興，則彼利自薄，不獨有益厘餉也。」

根據李鴻章寫給駐英國公使郭嵩燾的信，對於他的大聲呼籲，常務副總理文祥只是「目笑存之」，「廷臣會議皆不置可否」。而恭親王雖然「亦以為然」，但是卻擔心「無人敢主持」。李鴻章還建議恭親王，可以「乘間為兩宮言之」，恭親王說：「兩宮亦不能定此大計。」

文祥的「目笑存之」是讚許和無奈，這位開明、睿智而且極為廉潔的高級幹部，太瞭解官情、國情、社情了，不少西方人都記載下了他的改革思路：中國必須改，但必須穩步改，否則會事與願違。而恭親王與兩宮太后，更多地也是畏懼於倉促改革可能會再度激動民心，百姓久亂思治，這種涉及徵地、拆遷、移墳乃至改變風水的「猛藥」，再苦口，再有利，也可能會導致休克。大清國最怕的，就是休克後再也醒不過來。

幾番討論的結果，就是摸著石頭過河，停一停，看一看，鬱悶的李鴻章「從此遂絕口不談矣」。

老外們也在摸著石頭過河。與大清國三天打魚、兩天曬網的「慢摸」不同，老外們使勁在水裡倒騰。既然大清國堅決不同意，那自然就只好「上有政策，下有對策」，「看見紅燈繞著走」了。

最早想「繞著走」的是美國人。早在一八七二年，美國駐上海副領事布拉特福（O. B. Bradford）就開始「忽悠」大清政府，請求修建從上海到吳淞的一條「馬路」（Carriage Road），並在次年成功地拿到了土地批文。畢竟，「馬路」一詞，並未嚴格界定其上是否還有兩道鐵軌，足可以先瞞天過海，造成既成事實逼中國就範。但這一行為被美國政府阻止，因為在一八六八年中美兩國於華盛頓簽署的「蒲安臣條約」，明確規定美國不得干涉中國有關電報、鐵路等的建設。

美國的表兄弟英國卻並不受這樣一種條約義務的制約。美國人於是將這個項目轉讓給了英商怡和洋行。怡和洋行組建了一個項目公司——吳淞鐵路公司（Woosung Tramway Company），但為了繼續蒙蔽中國政府，他們同時註冊了一家掩護用的吳淞道路公司（Woosung Road Company），將「鐵路」一詞隱藏起來。

吳淞道路公司立即行動，開始修路，大清國的第一條「地鐵」即將誕生……

拆遷讓誰更美好

搞基建投資，尤其是搞那種在規劃上打擦邊球的基建投資，關鍵是要快。要在政府有所反應——或者說不得不有所反應之前，造成既成事實，才能鞏固勝利成果。這是建設具有大清特色的資本主義的一個訣竅。

英國人精於此道。要在明確拒建鐵路的大清國，建設一條上面鋪著鐵軌的特殊「馬路」，英國人知道其關鍵就是一個字：快。

從美國人手上拿到「吳淞道路」的專案建設權後，英國人首先將這條「馬路」所需的已被徵用的土地納入紅線，並在兩側挖掘深溝，把地先圈起來。為了爭取民意的支持，英國人努力做到「文明拆遷」和「文明施工」，為了不觸犯「風水」禁忌，英國人甚至不惜成本，將擋道的大樹移栽到附近，而不是一砍了之，據說這也是中國鐵路時興行道樹的開端。

英國人明智地將周邊的徵地拆遷戶們納入到自己的統一戰線中來。他們大量雇傭所徵地的村民，工資給到了每天二百文，「鄉人皆踴躍從事，毫無怨嫌」。

其實，當美國人最早從大清政府手上拿到專案徵地權時，反應靈敏的大清農民們就對這一重點工程給予了高度的關注，他們迅速提升了賣地的價格。推動這一項目的美國駐上海副領事布拉特福，在寫給上海市長（蘇松太兵備道）沈秉成的信中，就提醒他這個項目正在迅速推高沿線的房地產價格，那些被徵土地上的房屋價格「遠高於當時的市場價」。有西方研究者認為，這在令沿線民眾受益的同時，也同時「腐蝕」了這些曾經淳樸的民眾。

英國駐滬領事麥華陀（Waltter Henry Medhurst）向北京的代理公使威妥瑪報告，有一位當地民工告訴他，鐵路徵地之前，農民們都安心於種地的本職工作，但徵地開始後，農民們就不再安心種地了，而是想通過鐵路來快速脫貧致富。

一位名叫李昆榮的農民，與當地的村委會幹部（地保）相勾結，謊稱一塊公共土地屬於他的寡嫂，並以其名義租給了怡和洋行。為了把這個故事編圓了，兩位村委會幹部還把公共土地的紀錄做了竄改，將這塊「私人土地」的面積從零點八七一畝改為一點五畝，三人瓜分了收到的租金。此事後來被寶山縣發現，知縣馮壽鏡下令逮捕了李昆榮及兩位村委會幹部，三人都被處以笞刑，體質最差的李昆榮儘管受笞最少，卻在受刑後幾天死去，成為這場拆遷狂歡中的少數悲劇人物。

除了拆遷涉及的農民之外，吳淞鐵路還成為拉動當地旅遊業的槓桿。熱火朝天的建設現場本身，就成為上海一景，從本埠到百里開外，人們蜂擁而來看熱鬧。《申報》記載道，「觀眾」每天都能有上千，馬車、大轎、東洋車（人力車）生意火暴，而工地周圍也圍滿了水果攤、點心攤，彷彿趕集一般。

至此，吳淞「馬路」建設，不僅成為上海解決農村勞動力就業的平臺，也成為拉動GDP上升的槓桿，更是街談巷議的熱點新聞。吊詭的是，每天千人以上的「大規模群體性」聚集，似乎並未引起向來警惕而敏感的大清官方的關注，更甭提那工地上明晃晃的鐵軌，顯然與規劃批文上的「馬路」一詞完全不符。

是獵犬們疏忽了，還是被搞定了？大清國的第一條營運鐵路，而且是外商獨資鐵路，就在這種公開的「地下」狀態下，在疑似潛規則的保駕護航下，不斷向大海方向延伸。

吳淞鐵路通車後，不僅上海本地人趨之若鶩，而且還吸引了全國各地的人前來觀看這一先進的洋玩意兒。儘管這段僅僅十五公里長的路程費用不菲，頭等艙來回要二元，差不多是一石米的市價了，但「游火車」依然成為大清國一種「髦得合時」的休閒方式，至少一半的國內遊客選擇的是頭等艙和二等艙。大清國從來就不缺有錢人，尤其不缺有權而能夠弄到錢的人，儘管國家依然千瘡百孔，但這些先富起來的人們，努力與世界接軌，加入了休閒消費的國際化浪潮。大多數人從上海到吳淞絕無公務或私事，只是「白相」而已。在歐美作為大眾交通工具的鐵路，以「奢侈品」的光輝形象進入中國，拉響了叫春的嘹亮汽笛。吳淞鐵路迅速贏利，達到了每英里每週贏利二十七英鎊的水準，與倫敦持平，這不僅證明了英國人在打仗和經商方面兩手都過硬，更證明了大清國市場的巨大購買力。

大清商人的算盤，一點也不遜色於英國人。吳淞鐵路開通後，從上海小東門到被稱為「火輪房」的火車站，一些華商迅速投資興建了「計程車」線路，令英國人不得不為中國特色的智慧歎服。這些馬車車廂完全仿照吳淞鐵路的火車車廂，而馬車夫們則穿著清一色仿製的鐵路制服。

更多的人從鐵路開通後的房地產增值中受益。當兩江總督沈葆楨考慮將鐵路收歸國有乃至拆除時，鐵路的既得利益者中，一百四十五名有點頭臉的人士聯名簽字請願，要求保留鐵路。而要求拆除鐵路的人士們也組織了聯合簽名，進行針鋒相對的反擊。

至今，在中外不同的史書和論文中，相互對立的「民意」依然是支持各自論點的依託，拆遷究竟讓誰更美好，依然是個扯不斷理還亂的話題……

東方慢車謀殺案

STARTING THE FIRST RAILWAY TRAIN IN CHINA AT SHANGHAI – OPENING OF THE WOOSUNG LINE TO KUNGWANG

吳淞鐵路的運營引起世界的關注。這是吳淞鐵路全線貫通的當月，英國《圖片報》的報導

一八七六年八月三日，一起鐵路事故，令盛夏的上海險些成為中英戰爭的火藥桶。

早在上個月，上海的英文報紙《北華捷報》就報導說，中國軍隊已經在吳淞集結。英國公使威妥瑪則下令英國艦隊司令前往上海，配合英國駐上海總領事麥華陀。這都因為英國方面偷樑換柱，將規劃審批的吳淞「馬路」建設成了吳淞「鐵路」。

那年春節之後（二月二十日），中國方面發現，英國人建設的吳淞「馬路」上居然鋪上了鐵軌，上海市長（道台）馮焌光提交了嚴正的抗議，要求立即停止施工。但英國人只停了一個月就恢復了施工。雙方的爭吵立即升級，從上海提交到了南京（兩江總督駐地）及北京，成為一起嚴重的外交事件。

英國人強行修建的吳淞鐵路，採用滾動開發的模式，邊施工邊營運。七月一日上海－江灣段正式通車，吳淞鐵路進入「半程」營運階段，七月三日即開始對外營業。

沒想到的是，「半程」營運僅一個月，英國火車就撞死了中國行人。

倒楣的火車司機名叫大衛（David Banks）。中英雙方的文件都顯示，那天他的火車是正常行駛，即時速在二十四～三十二公里之間，用現代人的眼光來看，絕對是慢車。事發時，他看到前方路軌上有一個人在行走，就拉響了汽笛，那行人走下了路軌。但就在火車即將通過時，那人又突然走上路軌，大衛煞車不及，火車從那人身上輾了過去，當場身亡。

這是正史所載的中國第一起鐵路交通事故。吊詭的是，這位在最微妙的時刻，死在最微妙的吳淞鐵路上的受害者，卻根本無法查證身份，也無法在當地找到任何親戚朋友（也就是所謂的「苦主」）。英方輿論普遍懷疑，此人可能受雇於中國政府，以這種「自殺性襲擊」的方式激化矛盾，從而動員民意，阻止吳淞鐵路的建設和運營。

事故發生後，在官方的引導下，上海群情激憤。向來不大在乎草民生死的大清官方，此次一反常態地為民做主，堅持認為這是一起「東方慢車謀殺案」，吳淞鐵路本身就是「非法建築」，英方應對此事負全責，並且應將大衛交給中國審判，以謀殺罪「一命償一命」。英國方面則堅持根據領事裁判權進行審判，並且最終宣告這只是一起普通的交通事故，受害人本身應承擔全責，火車司機大衛無罪釋放。

上海市長馮焌光立即下令軍隊進駐吳淞鐵路沿線，並責令英國人立即停止鐵路修建及已經開始的「半程」營運。英文《北華捷報》則公開指責馮焌光等地方領導，故意在激發民眾對鐵路的憎恨。英國公使威妥瑪也下令，增調兩艘軍艦開往上海。

形勢開始緊張了。

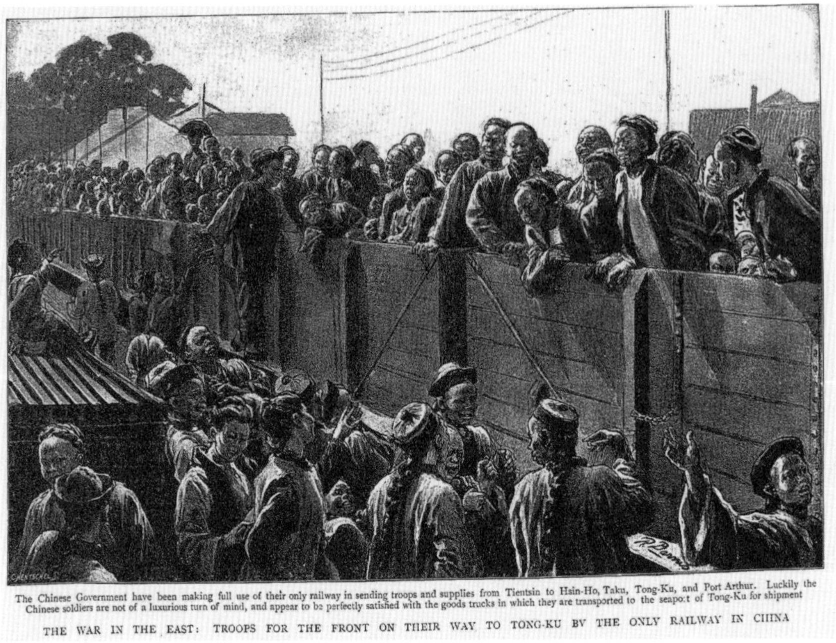

The Chinese Government have been making full use of their only railway in sending troops and supplies from Tientsin to Hsin-Ho, Taku, Tong-Ku, and Port Arthur. Luckily the Chinese soldiers are not of a luxurious turn of mind, and appear to be perfectly satisfied with the goods trucks in which they are transported to the seaport of Tong-Ku for shipment
THE WAR IN THE EAST: TROOPS FOR THE FRONT ON THEIR WAY TO TONG-KU BY THE ONLY RAILWAY IN CHINA

甲午戰爭前清軍用鐵路運送軍隊

其實，民眾對鐵路的態度，本身是曖昧的。無論是英文的《北華捷報》，還是中文的《申報》，都表明這段鐵路在徵地的初始階段，當時的上海道台沈秉成就相當積極地配合英方協調業主關係，成功地說服英方以高價收購土地和民房，並且將工程逐段包給當地鄉民，皆大歡喜。鐵路沿線的民眾因為拿到了豐厚的徵地補償款，並且能夠到英國人的鐵路公司裡打工，收入比起務農來說也算不錯，並不反對鐵路修建。

英國人也記載道：「附近的各個村子的人民中間，存在嚴重的反感，甚至於有準備用自殺的方式來進行這種反對活動的……種種攻擊鐵路的方式都被採用著」，「他們掘去軌間路基，把沙礫堆置鐵路線上，預期顛覆列車」。此類記載，以往多被主流史家作為「中國人民英勇反抗帝國主義」的證據，但這一結論要站住腳，必須首先排除其中極有可能的利益動因。這種對鐵路的「反感」，究竟是出於民族義憤、保守意識，還是只因為想在利益分配上爭取更好的籌碼？

在撞人事故後兩個月（一八七六年十月十一

日），據說行駛中的機車（為維持鐵路建設，機車本身依然運行以運送築路物資）飛濺出了火星，點燃了鐵路邊的茅草屋。數百名村民們圍住了火車司機爭辯，火車司機準備離開時，村民們上演了一幕令全世界目瞪口呆的「壯舉」：「男婦老稚八九百人前來攔阻，蜂擁而來，冀圖拉住（火車）。後覺機器力大不能敵，遂各釋手。車遂前行。」（《申報》）而被主流史家們忽視的是，吳淞鐵路公司此時已經學會了如何應對中國特色的群體事件，立即啟動危機公關，在中國官方介入之前就支付了賠償，將事態迅速平息。

與其說吳淞鐵路激起了「中國人民的反抗」，不如說它加劇了當地社會的分化。英國領事在報告中就指出：「農業人口和知識界一般對此表示惱怒與嫌棄，而據說廣大內地絲、茶市場，例如杭州、湖州和蘇州的商賈們，卻殷切期望得到這些便利。」

撞人事故當日，「半程」通車正好滿月，吳淞鐵路的旅客人數就達到了一萬六千八百九十四人。事故發生後，中英兩國陷入了激烈的爭吵，英方只好下令火車暫時停運，但建設照舊，並且在一八七六年十二月一日全線通車恢復運營，當月乘客量就恢復到了一萬七千五百二十七人，其中一萬五千八百七十三人是購買最低等的三等艙位的華人，而其中又有八千人所持的是雙程票。而從這一日至一八七七年八月二十五日徹底停運，吳淞鐵路共運輸旅客十六萬餘人。這些資料都表明，中國民眾在接受鐵路這一新生事物方面，並不都是保守而愚昧的。

吊詭的是，「東方慢車謀殺案」所激起的「民憤」，似乎與上海灘盛夏的江風一般瞬間消逝了。在中英雙方的史料中，除了雙方談判人員的討價還價外，都沒有任何有關「民憤」的細節記載，當然也沒有那位可憐的受害者及其家屬如何受到大清政府親切關懷的細節。

在面對鐵路時，那些看似矛盾的「民意」體現，其根源或許與政治覺悟、民族意識、開放精神都無關，而只在於一個詞：切身利益。

李鴻章下英國象棋

大清國的主力選手李鴻章，只好又去下國際象棋了，這回對弈的是英國人。

吳淞鐵路的一場車禍，令中英雙方的關係陡然緊張起來，甚至在上海出現了劍拔弩張的緊張局面。這令主持中央日常工作的恭親王和正在與英國進行交涉的李鴻章十分擔憂。

此時的李鴻章，正被雲南發生的一起事件弄得焦頭爛額。一八七四年年底，英國陸軍上校柏郎（Horace Browne）率領武裝探險隊深入緬甸，勘測從緬甸、越南進入雲南的通路。英國駐華公使威妥瑪派翻譯馬嘉理（Augustus Raymond Margary），經上海、四川進入雲南，前往中緬邊境與柏郎探險隊會合，探險隊隨即由緬甸八莫進入雲南騰越（今雲南騰沖）土司領地曼允。

柏郎探險隊的隨行英軍有一百五十名之多，這支武裝隊伍在雲南當地引起了極大的騷動。一八七五年二月二十一日，探險隊在曼允地方，遭到地方駐軍、騰越鎮左營都司的李珍國的阻止，馬嘉理出來交涉，在交涉過程中雙方發生衝突，馬嘉理及其四名中國隨員被擊斃。英國方面也有另外一種說法，說是馬嘉理當時已經完成了考察任務，和探險隊分手後，他率領自己的四名中國隨員返回上海，在經過騰越時被殺。後一種說法應該更為可信，很難相信如果馬嘉理還隨同探險隊行動的話，那一百五十名全副武裝的英軍會坐視自己的外交官被殺。

五顆血淋淋的首級，掛上了曼允城牆，在地方官員們為擊斃侵略者而高興時，千里之外的大清中央便得接過這個史稱「馬嘉理事件」（Margary Affair）或「滇案」的燙手山芋。

這可不是個好時候：法國陳兵越南，要求開放雲南曼允（也即馬嘉理被殺之地）；日本炮擊朝鮮江華島，中日衝突在即；在西北平叛的左宗棠也不順手，要求中央引進外資，用於西北練兵，對抗沙俄。恭親王內外交困，苦不堪言。

案發後，英中兩國均被震動。倫敦訓令駐華公使威妥瑪向中國方面嚴正交涉，並且派出了五千名士兵，集結在中緬邊境上，武裝示威。三月十九日，威妥瑪正式要求徹底調查、賠款、懲凶，並且免除在華英國商人在「正稅」及「子口半稅」以外的一切內地稅。

中英雙方的談判十分艱難，期間，威妥瑪多次以下旗斷交甚至武裝對抗相威脅，離開北京，跑到李鴻章轄下的天津，或者沈葆楨轄下的上海，弄得這兩位南北洋大臣不得安寧。

英國人也就是在這個時候，不顧規劃批文中的「馬路」二字，在上海建起了吳淞鐵路——一條帶著鐵軌的特殊「馬路」。而在鐵路興建的初始，威妥瑪就在上海，可以確信，吳淞鐵路也是其一攬子計畫的一部分。

耶誕節前（一八七五年十二月十八日），吳淞鐵路的第一批鐵軌到達上海港，耶誕節之後（一八七六年一月二十日），開始鋪下第一根鐵軌，到二月中旬時，完成了一英里的鋪設，二月二十日受到了上海地方官員的抗議。

此時，英國公使威妥瑪從上海回到北京，繼續談判。已經處理好對法國、日本和沙俄事宜的恭親王，由此騰出手來專心對付英國人。見中國政府不接受自己的苛刻條件，威妥瑪在六月十五日下旗離京，再度來到上海，擺出了不惜絕交

李鴻章 1896 年訪問英國時會晤英國前首相格拉斯頓

開戰的架勢。也正是在這期間，英國人在吳淞鐵路問題上，不顧中方反對，強行建設。威妥瑪要求英國遠東艦隊司令，在必要時武裝保衛這條非法的「地下」鐵路。而吳淞鐵路也在這緊張的大勢中開通了上海—江灣段，並投入了「半程」營運。

威妥瑪決裂離京，令大清中央十分擔心中英之間可能爆發戰爭。而此時正集中精力抓經濟建設的大清國，最需要的就是和平的國際環境。經過大清國的洋幹部、總稅務司、英國人赫德的斡旋，中英雙方同意在煙臺重開談判，李鴻章在七月二十八日被任命為全權大臣。

李鴻章和威妥瑪都沒有想到的是，六天後（一八七六年八月三日），剛營運了一個月的吳淞鐵路就輾死了一位中國行人，這令中英談判變得更為複雜。威妥瑪堅決要求，將吳淞鐵路納入馬嘉理事件的談判中一次解決。

李鴻章無奈，經請示中央後，派朱其詔、盛宣懷兩人前往上海，協助上海市長（道台）馮焌光，與英方代表梅輝立（William Fredrick Mayers，英國公使館漢文正使）及麥華陀（英國駐滬總領事）就吳淞鐵路進行談判。

四個月前，馮焌光與梅輝立就開始了談判，但沒能談攏。梅輝立在四月十日往上海前，曾專程到天津拜訪李鴻章，李鴻章提出的解決辦法是：由中國政府「照原值買回，另招華商股份承辦」，這樣，既可以保障「洋商資本不致無著」，也可以令「中國主權亦無所損，似是兩全之法」。但雙方在上海的談判並不順利，英國方面同意中國購回鐵路，但堅持購回後仍應由英國的怡和洋行繼續承包經營數年。而沈葆楨指示馮焌光，中方購回鐵路後必須擁有完全的處置權，這導致了雙方談判在四月二十八日破裂。

擔憂全局的李鴻章寫信給馮焌光，希望他能顧全大局，儘快與英國人就收購鐵路達成協議。此時，李鴻章「以夷制夷」的手段奏效，美、德、俄、奧等國公使突然集體到煙臺「避暑」，令英國人感到了巨大的壓力。中英雙方終於在九月十三日簽訂了《煙臺條約》。

吊詭的是，大清中央立即批准了這一日後被指責為「賣國」的條約，英國政府卻遲疑了：他們及列強突然發現，條約中有關租界內免收釐金一項，不僅對他們沒好處，實際上變相承認了中國政府在租界外對洋貨有徵收釐金的權利。這條規定加上對鴉片實行關稅與釐金並徵的條款，實際上是綿裡藏針的李鴻章給老外們下的一個套，「將要給英國商業的一個重要部門嚴重的損害」。英國政府只好請求大清政府重新談判，李鴻章因此爭取到了足足十年的時間，直到一八八五年七月十八日在中法戰爭的壓力下，才與英國簽訂了《煙臺條約續增專條》，而英國政府遲至一八八六年五月六日才批准。這等於說，在十年時間內，《煙臺條約》實際上是一紙空文，既沒「賣國」，還將很多棘手的問題長期擱置，令英國人自食其果。

李鴻章在煙臺給英國人下套的時候，朱其詔、盛宣懷到達了上海，標誌著北洋大臣李鴻章開始直接插手本由南洋大臣沈葆楨負責的吳淞鐵路的談判。《煙臺條約》簽訂後不到一個月（十月五日），中英雙方重開談判。談判於十月二十一日移到南洋大臣兼兩江總督的駐地南京進行。在沈葆楨的強硬堅持下，英國人最後放棄了承包經營的要求，雙方於十月二十一日達成協議：中方以二十八點五萬兩白銀的價格，回購吳淞鐵路，在中方支付完所有款項前，鐵路由英方繼續經營，中方支付完畢後，鐵路歸中方自主經營。

英國人拚命利用剩下的時間。吳淞鐵路於一八七六年十二月一日全線通車，在中國市場的熱捧下，進入了經營上的高速增長期，迅速躋身世界上利潤最高的鐵路之列。包括李鴻章在內，人們並不知道，在上海跑得越來越歡的「先鋒」號（Pioneer）等機車，卻在飛速駛向它們的終點……

大清鐵軌不平行

蜿蜒向前的鐵軌，時而平行，時而又不平行，大清改革這條特別鐵路，就是如此具有大清特色。難能可貴的是，習慣了摸著石頭過河的恭親王，駕著大清改革的機車，居然在這樣的鐵軌上也能調整輪距，照常行駛。

這一段，左邊的鐵軌叫作李鴻章，右邊的鐵軌叫作沈葆楨。在處理英國人偷偷修建的「地下」鐵路吳淞鐵路時，作為主要責任人的南洋大臣兼兩江總督沈葆楨，與後來參與的北洋大臣兼直隸總督李鴻章，出現了嚴重的意見分歧。

李鴻章最初並沒有介入。上海不屬於他的管轄範圍，而是沈葆楨的一畝三分地。根據大清國官場的顯規則和潛規則，越位插手對方轄區內的事務，是十分犯忌的。那時，李鴻章只是提些建議，贊同沈葆楨將此條鐵路收回，以維護主權。

但隨著李鴻章開始主導因馬嘉理事件而進行的中英談判，英方要求將吳淞鐵路納入談判的範圍，李鴻章便越來越深地介入了此事。

一八七六年四月十七日和二十三日兩天，英方代表梅輝立與中方代表馮焌光，密集舉行了六次會談。但在以保守著稱的江蘇巡撫吳元炳向馮焌光發出一道書面指示後，馮撤回了所有的讓步，談判破裂。在返京途中，梅輝立在四月三十日晚再度拜訪李鴻章。李鴻章對於上海談判的破裂十分失望，他表示贊同由英方承包經營一段時間，還起草了一個建議書交給梅輝立，但他再三強調這只是個人意見，因為他無法干預南洋大臣轄下的上海事務。

就在當晚，馮焌光給李鴻章的密信送到，李鴻章得悉了吳元炳的背後就是兩江總督沈葆楨，而沈的態度是收回吳淞鐵路後立即拆毀。次日（五月一日），在和梅輝立的再次會見中，李鴻章收回了自己的建議書，並且提醒梅輝立如果自己插手，反而會令沈葆楨採取更為強硬的態度。此事便不了了之，吳淞鐵路繼續施工，而英國外交官也驚奇地發現，直到七月份，總理衙門都沒有再就此事向英方發出任何提議。吳淞鐵路上海—江灣段也就在這種靜默中，開始了「半程」運營，直到八月三日軋死了一位中國人。

李鴻章全權負責對英談判後，在英方要求和中央的批准下，派出了朱其詔、盛宣懷到達上海，協助馮焌光與梅輝立談判。在國際壓力下，英國人不僅簽訂了《煙臺條約》，解決了馬嘉理事件，而且在一個月後也就吳淞鐵路達成了協議，由中國政府回購，全部款項付清後，英國人完全撤出經營。

毫無疑問，在這列強環視的多事之秋，中英爭端的和平解決，令以恭親王為首的中央領導核心大舒了一口氣。但是，吳淞鐵路以鉅資收回後，沈葆楨將其一拆了之，卻再度引起國際上的軒然大波。老外們能夠理解為了主權而收回鐵路，卻實在不能理解為什麼將鉅款回購的鐵路又拆除了。沈葆楨的個人品質受到了普遍質疑，從北京發往倫敦的英國外交報告，譏評他是「強驢般的自大」（mulish arrogance）和「耍小孩脾氣」（childish temper）。甚至在一八七九年沈葆楨去世後，《北華捷報》（十二月十八日）還指責他「有許多顯著的缺點」，最主要的就是個性狹隘、頑固，令其並不適合作為一名高級幹部。

沈葆楨

沈葆楨當然不是保守者。

早在擔任福州船政大臣的時候，他就以銳意改革的姿態引起廣泛關注。他接替左宗棠主持的馬尾船廠，與李鴻章的江南製造局一起成為當時改革開放的標杆企業。而在日本侵臺時（一八七四年），他以欽差大臣的身份前往臺灣，軍事上積極備戰，經濟上加快建設，大大加強了臺灣的向心力和海峽兩岸的凝聚力，在之後抵抗日本的侵略中作用卓著。他的馬尾船廠中就有專用的鐵軌，而他在臺灣更是修築了運煤的鐵路，這些都表明他本人與鐵路並無「私仇」。

沈葆楨與李鴻章兩人，在相當長的時間內，工作上配合相當默契。一八七二年，當江南製造局和馬尾船廠被指責為浪費國有資產時，李鴻章、沈葆楨在曾國藩的保駕護航下，並肩反擊。在一八七四年對抗日本侵臺時，兩人又是通力協作。隨後，李鴻章積極推薦沈葆楨接任兩江總督，正式成為大清國最有實權的領導核心之一。日本侵略臺灣與沙俄侵略新疆同時發生，引發了大清官場上「海防」與「塞防」的爭論，沈葆楨卻出人意料地站在了李鴻章的「海防派」一邊，反對其老領導左宗棠為首的「塞防派」。這其間固然有其防守海疆的本位主義，但也表明其與李鴻章在政見上相同。即使在吳淞鐵路協定達成後三個月（一八

圍繞著鐵路的民意總是撲朔迷離，到了 1900 年鬧義和團的時候，拆毀鐵路又成了「扶清滅洋」的主要任務

七七年一月），沈葆楨還提供鉅額資金，協助李鴻章轄下的輪船招商局收購美資的旗昌輪船公司，成就了大清國企經營史上最輝煌的一頁。

但在吳淞鐵路上，沈李二人卻表現了越來越大的分歧。沈的態度十分強硬，甚至當英國軍艦趕到上海進行武力恫嚇時，他還宣稱「兵輪何足慮，何日何口無英國兵輪耶？……兵輪恫嚇，吾輩勿聞之，不足措意。梅輝立此來必有數次強辯，吾輩能毅然不撓，彼亦自就範圍」。這令正在與英國艱難談判的李鴻章大為不悅，認為沈某人實在太不顧全大局了。

李鴻章雖然盡力避免過多干預這一本歸沈葆楨主抓的工作，但也毫不掩飾地希望沈不必過於強硬，「總期兩邊都過得去，始足見中英和好真心」。當時，大清國的中心工作就是經濟建設，需要一個和平的外部環境，韜光養晦，加速發展。尤其當法國、日本和俄國都紛紛覬覦中國領土時，吳淞鐵路的紛爭，就顯得相當次要了。

李鴻章雖然也是地方幹部，但實際上卻起到了副總理的作用，「當國」與「當家」顯然是不一樣的。在吳淞鐵路問題上，李鴻章並不介意收回後讓英國人承包，然後中方自營，他希望借英國人的「東風」推動一直受阻的中國鐵路建設。而沈葆楨堅持英國人必須完全退出。雙方打的旗號都是「主權」二字，但顯然，讓英國人承包經營並不喪失任何主權。沈並非當國之人，沒有李鴻章那般的不可承受之重，他的著眼點更在於「愛惜羽毛」。英國人在他的鼻子底下偷偷修建這條「地下」鐵路，令他的行政能力、個人威望等大為受損，他必須以一種戲劇化的誇張手法，乃至不惜矯枉過正，避免給政敵造成任何藉口。

此時，改革開放已經成為大清國的中心工作，但卻並非主流的話語體系，腳穿新鞋子，口喊舊號子，依然是恭親王、李鴻章等改革者們的無奈選擇。包括鐵路在內的新玩意兒，都可以摸著石頭過河，但絕不可高聲嚷嚷，否則便會成為政治上的把柄，成為大清國最可自豪的先進的社會制度的敵人。沈葆楨沒有李鴻章那種敢於「雖千萬人吾往矣」的資本和個性，他能做的也就是在紅燈面前假裝「寧左勿右」，先把自己晾乾了再說。拆鐵路是他的政治求生本能，拆了後又運到臺灣，則是他骨子裡改革派的基因推動。另一個往往被史家們忽略的細節是，沈葆楨在拆毀吳淞鐵路的同時，還將其中一臺名為「總督號」（Viceroy）的火車頭動了整容手術，將車身上的「總督號」三個漢字鏟去，這實在是再清晰不過的一種防護手段。

吊詭的是，李鴻章似乎對沈葆楨這種無奈之舉嗤之以鼻，他在寫給郭嵩燾的一封信裡說：「幼丹（沈葆楨）識見不廣，又甚偏愎。吳淞鐵路拆送臺灣，已成廢物。不受諫阻，徒邀取時俗稱譽。」老李的這一評價，實在有點刻薄。沈葆楨無非就是憂讒畏譏的被動防守而已，哪裡談得上是沽名釣譽的主動出擊呢？

郭嵩燾曾認為，晚清的幾位改革派大佬中「中堂（李鴻章）能見其大，丁禹生（丁日昌）能致其精，沈幼丹（沈葆楨）能盡其實」，這是很中肯的。屁股決定腦袋，立場決定觀點，實力決定行為，這似乎是顛撲不破的官場真理……

【附錄】
恭親王：絕版之外——雪珥答《中國經營報》記者問全文

【《中國經營報》記者】「絕版恭親王」系列告一段落，讀者通過恭親王這一晚清政壇二號人物，得以一窺清廷政局之堂奧以及清末改革中堅人物的堅守與無奈。作為將這一切呈現給讀者的人，你為何選定了恭親王這個人物，他的哪些性格吸引了你去探究？能不能談談你從開始關注到研究恭親王的過程？

【雪珥】二十多年前，我癡迷般地喜歡上了一本書，那就是尼克森的著作《領袖們》。這位美國前總統在書中如此描繪中國總理周恩來：「他是一個偉人，本世紀罕見的偉人。我感到惋惜的是，他生活在巨大的陰影之中，他總是小心謹慎地讓舞臺的聚光燈照射在毛澤東身上。」

尼克森當然不會明白，在中國的舞臺上，聚光燈必須也只能照在一個人的身上，其他人則必須謙恭地將自己湮沒在巨大的陰影下，明智地躲避著，或者耐心地等待著聚光燈。

那時，我剛剛到中國青年政治學院求學，在幾位師長的幫助下，給自己制訂了一個雄心勃勃的讀書計畫。當我讀完幾本講述洋務運動的書後，書中那著墨不多的恭親王，卻令我總是想起尼克森的這段評述。

謙卑、韜晦，在領導面前勇於並且善於自我批評，乃至自我貶低，在時機未到時靜如處子，在時機到來時動如脫兔，所有這些，也正是我在那所號稱「青年黃埔」的大學內所接受的官場入門訓練。

那位在風華正茂的青年時期就成為國家掌舵人，之後又被歷史貶低到無限小的恭親王，是否就是中國特色的從政之路的典型呢？我對此很感興趣，但這種興趣，只是一閃而過。從一九八七年赴北京求學，到一九九九年移民出國，這十二年間，中國大多數人都難以安寧地守著一張書桌了。恭親王，連同周恩來一道，被忙碌的名利追逐掃出了我的關注範圍。直到二〇〇二年我重新回國，並在從事房地產開發的漫長的六年間，為了抵禦孤獨和誘惑，重新提筆寫作，並將筆端伸向我最感興趣的中國改革史時，那個陰影中的人物才回到了我的腦海。

在我今年撰寫的恭親王專欄中，我不止一次地提到了那陰影中的人物的共同點：老二性格。恭親王曾經是有稜有角的，在「垂簾聽政」和「親王輔政」的「一國兩制」早期，權力的重心在恭親王手上。但在經歷了幾次碰撞後，他徹底找準了自己的定位——帝國的管家，而太后們才是真正的女主人。自此，那個神采飛揚、風度翩翩的恭親王就不見了，鬱鬱寡歡，憂讒畏譏，言詞謹慎（「謹言」卻未必「慎行」），成天忙於事務，只管埋頭拉車，不管抬頭看路，消極「抓革命」，積極「促生產」，「老二性格」在他的身上得到了充分的展現。

令我震撼的是，在參觀整修如故的恭王府時，我在百年的宮牆發現了一些四十年前的紅色標語，其中就有：

努力學習最高指示
忠實執行最高指示
熱情宣傳最高指示
勇敢捍衛最高指示

那一刻，我真感覺頭皮發麻，對歷史的無情和荒誕充滿了敬畏。那個從恭親王聯想到周恩來的離經叛道的念頭，又在腦海閃現。為什麼在如此多需要他操心的大事小事中，周恩來要將整修恭王府對外開放，作為自己交代給谷牧的三個遺願之一呢（請讀者自行查閱相關官方報導）？為什麼周恩來在「抓革命，促生產」的百忙之中，或多次來到恭王府，他真是為了發掘「大觀園」的原型，還是在憑弔什麼，或是想傳遞什麼資訊？

【《中國經營報》記者】作為體制內改革派的代表，恭親王身上似乎充分體現了一個體制內改革者對改革分寸的拿捏，在這一過程中，體現了其自身的哪些糾結和矛盾？這其中，有哪些是恭親王無法擺脫的歷史局限？

【雪珥】我們常說的所謂「局限」，其實就是觀察者以自己的標準，以當下的標準，乃至以自己在當下的利益訴求為標準，去丈量歷史人物所發現的那些不如意的地方。認為歷史人物都有「局限」，這本身有一個邏輯前提：歷史是在不斷進步的，「今」必勝於「昔」，「新」必勝於「古」。但是，歷史的吊詭之處在於，「今」與「新」往往就是「昔」與「古」的某種翻版而已，繞了幾十上百年的圈，抬頭一看，可能又是回到了起點。

任何人都有自己的無奈之處，所謂「勢禁形格」。所以，我更願意談論的是恭親王的「勢禁形格」，而不是他的「局限」。

我曾經很深地介入體制內的運作，幾乎零距離地觀察了浙江這個改革開放第一線在整個二十世紀九十年代的全面蛻變。我曾經提出一個很有意思但也很尖銳的觀點：浙江的發展，關鍵是受益於地方政府有意無意的不作為。改革初期一直到九十年代末，浙江並非一個官場的亮點和「要缺」。既非衝要之職，則官員們的首要思想便是「平安無事」，為求「平安無事」，便要自己少惹事，首先便是不敢提倡什麼敢為天下先的東西，不會湧現出什麼明星式官員，吸引輿論的目光和炮火。其次便是沒有能力消滅那些石頭縫裡蹦出來的「已為天下先」的新生事物，比如溫州這樣的「資本主義萌芽」，不是不想消滅，而是這樣的野草實在太茂盛了，要消滅就必須大動干戈，一大動干戈就要引人關注，就無法「平安無事」。這種官場本身的非主流性，導致在浙江的幾個改革發祥地，對草根改革的踐踏都很不徹底，敷衍了事，斬草不除根，這就在客觀上為小草的繁衍提供了極大的空間。這實際上形成了一種良性的「錢權交易」模式：權力對資本的維護，起初還談不上「保護」，而僅僅是「不傷害」而已。

主觀上不想折騰，客觀上無力折騰，順應潮流與時俱進，這其實也是恭親王發動體制內改革的基本特徵，也是恭親王能夠四兩撥千斤、舉重若輕而且保持自我低調的原因所在。中國近代改革史那些公認的改革實踐先驅們（康有為及洪仁玕之類的「口水改革家」不在此列），如曾國藩、左宗棠、李鴻章等人的背後，其實都站著一個低調的恭親王為他們保駕護航。尤其在早期的改革中，他們瞻前顧後、逡巡不前，恭親王就在背後推著他們。從中國歷史的傳統來看，曾、左、李等人都觸犯了官場上的最大忌諱：一是功高難賞，沒有他們的浴血奮戰，即使那位自稱是耶穌弟弟的洪教主沒能君臨天下，大清帝國至少也早已分崩離析、群雄割據了；二是權高蓋主，他們手握重兵，在中國最為富庶的地區集軍權、財權、人事權於一身；三是「非我族類」，在嚴厲實行種族隔離政策的清帝國，這是漢人第一次如此大規模地手握雄兵。換在以往任何一個朝代，曾、左、李等都不可能有善終，更不要說參與政權的建設並分享勝利的成果了。實際上，在戰後的重建和改革中，曾、左、李幾乎無時不受到政敵們的攻擊，有的時候，這種攻擊是直奔要害而來的，卻都在恭親王及慈禧太后的支持下被——化解。

晚清改革開放的總設計師，有人說是李鴻章，那是不準確的，李鴻章無非是前臺的操盤手兼新聞發言人，知名度高而已。真正畫圈、掌舵的就是恭親王。如果要畫一幅漫畫來解釋大清改革，恭親王就是把著方向舵、戴著望遠鏡的船長，而曾、左、李等則是拿著槳的水手。

改革與革命相比，難度更大。改革最難的，並非目標的確定。現行體制下存在什麼問題，只要不是瞎子和傻子，都一目了然，其中大多數的問題其來有自，積重難返。比「要改什麼」更重要，也更艱難的是「如何改」，也就是步伐、節奏、分寸的把握，以及各種利益團體的平衡，特別是對其中的既得利益者的安撫。這些既得利益者擁有強大的政治和經濟資源，處理不好就會成為改革的極大阻力。這就是恭親王作為改革當家人的艱難之處。

從民國開始，主流史學界多認為晚清的改革，膽子不夠大，步子不夠快，並且總是羞羞答答地不敢進行政治體制改革。這種評價就是典型的「不當家不知柴米貴」。改革的具體操作，首先必須有人，也就是操盤的團隊，還必須有機制去貫徹落實，但這就出現了巨大的矛盾。現有的幹部隊伍腐敗嚴重，行政體系運行艱難，而短期之內又無法重建一個行之有效的團隊和體制。李鴻章晚年自嘲為「裱糊匠」，其實，改革者的定位就是「裱糊匠」，因為他不可能什麼都推倒重來，那就不是改革，而是革命了。何況推倒重建的新屋子，其問題未必會比舊屋子少。這種無奈，也決定了改革是漸進的，是緩慢的，是摸著石頭過河，走一步看一步的。

其實，一個由體制內主導的改革，其首要目的當然是為了穩固政權，以達到「大治」，絕非「大亂」。這種改革的基本前提，就是推動並且維持安定團結的政治局面，這也是古今中外任何一個政權的基本政治訴求。那種對如火如荼的亂象的期待，其動機無非是渾水摸魚而已。先砸爛了一切再說，「越亂越好」「不破不立」，「破」了之後能否再「立」、如何再「立」並不重要，一切等老子手上有權了再說，這正是恭親王臨終前告誡光緒皇帝要多加警惕的。恭親王屍骨未寒，所謂的戊戌變法便閃電般登場，隨即又閃電般失敗，根本原因就是那些「口水改革派」們所要的只是砸爛舊體制，砸爛大多數人的鐵飯碗，卻並沒有足夠的能力和耐性去建立新體制，毫無民意支持。

恭親王的身份決定了他的改革出發點、立場及底線，那就是堅持和鞏固大清皇族對政權的領導，這是他不可能動搖的基本國策。許多改革措施在他手上無法進行，大到政治體制改革，小到鐵路建設，並非因為他顢頇、愚昧，而是作為當家人的無奈。操之過急，不僅無法凝聚改革所需的民心士氣，而且，只能給野心者提供渾水摸魚的工具。他最主要的助手、被西方公認為最堅定的改革者的文祥，就不止一次地告訴洋人們，如果操切行事，大清改革將走向反面。這在戊戌年和辛亥年的改革大躍進中都得到了驗證，改革淪為爭權奪利的幌子，真是「興，百姓苦；亡，百姓苦」。我在上本書《國運一九〇九》中涉及了不少此類細節。

「治大國如烹小鮮」，「小鮮」不是不能翻動，而是不能頻繁翻動，更不能任性翻動，否則就爛在鍋裡了。這個火候的掌握，或許就是對改革者能力和資源的考驗。

【《中國經營報》記者】恭親王的改革努力並未讓大清避免覆滅的結局，站在今天的視角來看，你覺得恭親王的改革為何沒能拯救大清，而以他為代表的體制內改革者在歷史上是否有帶領改革走向成功的機會？

【雪珥】對於一個政權來說，改革只能治病，卻未必能救命。在治療過程中，在手術之前，尤其是大的手術之前，必須要有預案，保護好心臟和大腦。而心臟和大腦，我認為就是改革者賴以行動的權威資源。我在上本書《國運一九〇九》中多次談到，清帝國的覆滅，不是因為其改革不夠快、不夠猛，而恰恰是因為改革超速失控。我會在即將開始的有關辛亥革命的專欄中，再細緻闡述這些看法。

如果我們以「裱糊匠」來打比方，裱糊匠的工作也是循序漸進的，從上房換瓦開始到更換房梁，有個漫長的過程。裱糊過程中，最重要的工作就是加固地基，隨時監測，尤其是不能因裱糊工作而掏空了地基。清末新政中，自一九〇六年開始政治體制改革，動作猛、幅度大，其實就是毀壞了地基，最後造成整體的坍塌。

恭親王這樣的體制內改革者，當然是有機會成功的，但需要他們隨時注意對自己要害部位的保護。恭親王在臨終前叮囑光緒皇帝小心康梁等「小人」，其實正是老成謀國之言。那種認為一旦改革，尤其是政治體制改革，就需要放開放開再放開，「寧右勿左」的極端想法，如果不是出於天真，就是出於某種別有用心了。改革從來不應是極端語言的遊戲，執行力在其過程中至為關鍵。

需要指出的是，不能因為政權的最終覆滅而否定了改革的作用。改革的作用，不僅及於當時的政權，更及於整個民族。發軔於恭親王的近代改革，超越王朝更替和種族的界限，對中國現代化道路的選擇具有深遠的意義。自恭親王之後，只要有相對安定的政治環境，即使是那些草莽出身的統治者，也會在自己的一畝三分地裡實行類似的改革，張作霖的東北、閻錫山的山西、馬家軍的甘肅，莫不如此。

【《中國經營報》記者】你通過對恭親王及清末改革成敗的回溯，一直在強調權威性是推動改革的前提，但改革本身就是對現有利益權力格局的調整，如何在這個過程中保持改革者的權威性呢？

【雪珥】改革是一種牽涉面很廣的政治和經濟實踐，不是坐在書齋中做點沙盤遊戲就能做到的，不是在領導講話中多用幾個排比句、在中央文件中多加幾個感歎號就能達成的。它涉及許多人的利益調整，既會產生受益人，也會產生受損人。最鬱悶的是，大多數人，包括大多數受益人也都在不斷抱怨，無人喝彩。改革完全可能出現這樣的結局，中國歷史上從商鞅開始，幾乎都是在大多數人群享受著改革的成果時，其宣導者卻被押上了改革的刑場，他們的作用要過很多年甚至很多世紀後才能被歷史所認可。

改革往往就如同在迷霧中行駛，沒有權威性資源作保障，不僅改革的路線、方針、政策難以落實，還會被官僚體系在執行中走樣，而且在面對激烈的利益衝突時，改革將嚴重受阻，中途夭折，甚至倒灌。

「治大國如烹小鮮」，改革者最艱難的就是把握火候。戊戌變法之所以成為一場兒戲，就是因為動機不純而分寸又太亂，幾個年輕幹部剛剛摸到權力的邊兒，就貿然地砸了上到中央各部委，下到各省的一大批幹部的飯碗，搞得人人自危，把幾乎整個幹部隊伍都推向了自己的對立面，這至少是政治手腕上不夠圓潤，缺乏技巧，也說明自稱「改革者」的那些人對自己的目標定位及達成途徑的盲目。恭親王的臨終遺言，並非反對改革，而是提醒光緒皇帝要慎重，欲速則不達。戊戌變法失敗帶來的最大影響，不是那個兒戲般的政治體制改革被喊停，而是光緒皇帝及整個中央的能力和權威受到嚴重損害。為了保住光緒帝的皇位，慈禧太后出面和稀泥，並且以冊立「大阿哥」的方式來安撫憤怒的既得利益者們，從而導致了「極左派」們的全面回潮，一路往左飛馳，直到釀成義和團的大動亂。國家在短短的兩年之內，就由戊戌的「極右」轉向庚子的「極左」，直到辛酉變法開始才回到正軌上來。但在這一大折騰中，帝國僅存的元氣即中央權威資源幾乎耗盡，從而點燃了十年後分崩離析的導火線。

如何維持和不斷增加權威資源，是對改革者能力、毅力和手腕的考驗。這方面，以美國政治學家亨廷頓為代表的學者們，有不少精彩的闡述，也在中國得到無數人的關注，受到很多爭議。我不是個政治學學者，沒有能力提供藥方，我只是個努力回到歷史現場的「記者」，希望通過自己的發掘，給大家提供一些細節而已。

【《中國經營報》記者】以恭親王為代表的王朝勢力推動的改革一定是漸進模式，以清末各種勢力的博弈態勢為例，在這種漸進改革路徑中，如何不斷地化解集聚起來的風險呢？

【雪珥】有利益調整，就必然有利益衝突。有的衝突是根本性的，比如幹部下崗分流，被分流的人當然不高興了，而這恰恰是晚清改革遲遲難以涉及政治體制的主要原因之一，不是「反動、腐朽」的清政府不肯放權、讓權，而是那些寄生在舊體制上的官僚們難以安置。精簡政府機構，這自始至終都是晚清改革的主要目標之一，但恭親王時代不敢涉及，因為國家剛剛從內憂（太平天國動亂）外患（英法聯軍入侵及中法戰爭等）中復甦，需要一大批幹部，哪怕是貪官汙吏或不稱職者。思想觀念不一致，這比較容易解決，恭親王就常將反對改革的「保守派」們直接安排到總理衙門工作，讓他們嘗嘗當家人的感覺，大多數人幾乎都成了徹頭徹尾的改革派。但涉及利益衝突，那就不是「換位思考」能解決的。

恭親王一死，戊戌變法就先拿公務員開刀，結果反彈力量大到差點端掉了光緒帝的皇位，這可不是什麼加強對領導幹部的政治思想教育就能解決的。直到一九〇六年袁世凱主持幹部人事體制改革，他這麼強勢的人物，最後也只能草草收場。實行憲政改革之前，慈禧太后徵詢出洋考察的載澤和端方等的意見，他們提出政治體制改革必須立即進行，因為它不僅利國、利民，而且利君，因為可以保障皇帝「世襲罔替」，但就是不利官，這是很精闢的見解。

從晚清的實踐來看，中央化解改革積累的風險，多採取延遲甚至取消改革的辦法。但放棄具體的改革措施，並不意味著舊有的矛盾得到解決，新舊矛盾越積越多，到最後終於積重難返。這也是選擇循序漸進的改革的代價，如果選擇劇烈的「休克」療法，或許能徹底解決一些問題，也有可能就此昏死過去成了植物人。

【《中國經營報》記者】恭親王與慈禧的關係是一個很有意思的話題，你如何定位？他們是中國傳統的帝權與相權的博弈嗎？他們之間的微妙關係又如何影響了清末改革的走向？

【雪珥】恭親王與慈禧就是政治搭檔的關係，我將此稱為「叔嫂共和」，其實就是「垂簾聽政」與「親王輔政」兩種並存的特殊體制，一種特殊的「一國兩制」。我們歷來只強調了「垂簾聽政」，卻忽視了「親王輔政」，這很容易導致對晚清政治運行機制的誤判，以為慈禧太后可以一手遮天。

恭親王與慈禧太后之間當然是有合作、有鬥爭。摩擦的存在，是古今中外任何一種合作模式必有的伴生品。一八八四年中法戰爭時，慈禧太后成功地將恭親王罷免，但還是必須換上醇親王負責「親王輔政」，而不能只搞「垂簾聽政」。

清代從多爾袞—孝莊太后「叔嫂共和」之後，到了末代又出現三段：恭親王—兩宮太后、醇親王—兩宮太后、攝政王—隆裕太后。從權力制衡的角度來說，這種「叔嫂共和」是最有效防止親貴篡權或外戚專權的設計。晚清五十年，三任皇帝幾乎都是少不更事的年齡，而且內憂外患嚴峻，但朝局卻沒有出現大的波動，既沒有出朱棣，也沒有出武則天，縱觀中國歷史，這是相當不容易的。「叔嫂共和」這種創造性的權力制衡設計，確保了晚清的政局不因「叔嫂」之間的矛盾而發生大的動盪。

【《中國經營報》記者】你的寫作，有一個國內學者無法取代的優勢就是對大量海外史料的掌握。通過你對一些海外史料的鉤沉，我們發現，清末的國際環境並沒有那麼險惡，而且西方列強似乎對中國的改革及改革者一直抱有某種期待，這是歷史的真實嗎？還是你矯枉過正的結果？當時的國際環境怎樣影響了清末的改革路線？

【雪珥】並非我矯枉過正，而是歷史本身已經被後世有意識地誤讀了。晚清的國際形勢，正如恭親王等人所分析的，只要自己處置得當，就很難出現列強「合而謀我」的局面。在恭親王的年代，列強中除了俄國和日本，幾乎沒有國家真正是對中國有領土野心的，當然，他們都在索取各自的利益。

後世總是批評恭親王和李鴻章等人的「以夷制夷」政策，但那些批評者似乎也沒有能力回答，作為一個弱國兼大國，除此之外還能有別的更好的辦法嗎？除日俄兩國之外，中國的穩定、富裕乃至逐漸強大，與列強的根本利益並沒有衝突，甚至還有促進。這也是列強之所以在太平天國動亂時，決心援助大清政府，而非那自稱是耶穌弟弟的洪教主的原因。可以說，恭親王執政後，中國爭取到了一個相對和平穩定的國際環境，第一輪改革開放（洋務運動）的三十年，就得益於這一時期的和平與均衡。

在當時的國際形勢下，恭親王等人的改革路線就是要成長為西方那樣的強國，同時盡可能地保留自己「最具有先進性」的社會制度和文化。這與日本明治維新的思路是完全一致的，區別只在於，大清國能動用的中央權威資源被迅速消耗，而日本卻通過尊王攘夷等，強化了中央的權威資源，迅速將改革的成果轉化為生產力、戰鬥力。

中國近代史固然充滿了屈辱，但我們不能因此抹殺這其中的轉機和相當程度的復興。在甲午戰爭之前，清帝國的國際地位和威望是在不斷上升的，在一些國際衝突中，清帝國似乎比後世的一些政權更具有亮劍的勇氣。而即使那些屈辱的不平等條約，也幾乎都是在清帝國血戰之後或兵臨城下之時被迫簽訂的，沒有一個是為了內鬥的需要而主動投懷送抱。民國開始，為了宣傳的需要，執政者總是要把清政府描繪成一團漆黑，以便顯示自己的偉大、光榮、正確。

【《中國經營報》記者】我們知道，你除了有公務員、商人、律師的經歷，還曾做過財經作家，今天你又選擇了一家財經媒體開設專欄，是否有某種媒體情結，為何在財經媒體刊載自己的歷史研究成果？

【雪珥】我開始近代史的寫作，至今已經五年多了。隨著讀者群的不斷擴大，我也發現在一些場合，包括紅牆之內和國土之外，在讚美聲或討伐聲中，我的文章和觀點有時被有意無意地誤讀了。研究歷史，資治通鑒是我的主要目的，我把自己的寫作模式又定位在「歷史現場記者述評」，有意識地強化了現場感和現實感，便於讀者自我「代入」，這些都促使我在選擇發佈管道上十分慎重，避免產生不必要的聯想。

曾經有海外媒體約請我開設專欄，開出了十分誘人的稿酬，但我謝絕了。不是我想和錢過不去，而是我不想被人當槍使。我有自己的生意，可以養家餬口，不必賣文為生，賺取版稅和稿酬被嚴格限定在「賣藝不賣身」。只有經濟上的獨立才能保證人格上的獨立，才能保持思想的貞潔。

我偏愛財經媒體，一是財經媒體比較務實，可以少捲入一些不必要的爭論之中；二是財經媒體的受眾群多是中產階級，有相當強烈的社會擔待。這一人群不僅是社會穩定的骨幹，也是社會發展的主力，這令我可以遠離那些裝腔作勢的八股混混以及少不更事的憤青們——儘管我並不討厭他們，但實在沒有時間伺候他們。

【延伸閱讀】

被誤讀的晚清改革

（二〇一〇年初春，雪珥回國做了多次有關晚清改革的公開演講，此文以雪珥在商務印書館北京涵芬樓書店的演講為主，結合其在北京電臺和廣東電臺的訪談，根據錄音，在儘量保留演講原貌的基礎上進行文字整理，並做了適當修訂。）

1. 地方離心才造成政權瓦解

幾乎所有的史料都證明了：清王朝、幾千年的帝制之所以在那武昌城頭一聲炮響，幾個潛伏在軍隊當中的黑道一鬧事之後，就土崩瓦解了，國家就毀了，這與革命黨是決然沒有關係的。事發時，孫中山還在國外洗盤子，他在吃麵的時候才偶然看到這則新聞。

為什麼幾個潛伏在軍中的黑道一鬧事兒，一個國家就垮了？因為國家本身已經四分五裂。清王朝作為那麼龐大的一所房子，它的基礎已經被掏空了。不用玉樹那樣強烈的地震，只要稍微有點兒風吹草動它就有可能垮。造成這一切的原因，並不是我們一直說的其改革不徹底，恰恰是因為它改革太快了，超速翻車。我們傳統的史家通常不認可這種觀點，或者說有意回避這種觀點。

政治體制改革的核心是什麼？是權力的再分配。大家都認為，當權的人應該把權力釋放出來，但是，權力分解後，是不是就能出現彼此制衡，大家都有發言權呢？未必。

1900 年美國《哈潑斯》周刊漫畫：「讓中國人擁抱文明，讓他們留下……」

放權有兩個不同的路徑，一是中央向地方放權，一是對過度龐大的行政權力進行約束，將其中的司法權、立法權剝離出來，互相監督。晚清的立憲改革，思路是非常清晰的，它的目標是建立三權分立。中國最大的特點就是行政權一權獨大。當地的知縣、知府，所謂的父母官，既掌握行政權，又掌握司法權，甚至在某種程度上有一定的立法權。憲政改革就是要對這種行政權進行約束。但在實踐過程中，日益成為中央向地方的放權，從一個中央的「大集權」變成十八個行省的「小集權」，行政權還是沒有受到足夠的監督，反而又造成了行政權上的一種分離主義傾向，地方日益離心，最為寶貴的中央權威喪失了。

2. 受潮的革命導火線

在當時大清國那樣的財政狀況下，一窮二白，改革和發展都需要國家有相當程度的集權，中央財政、地方財政、民間財富，不應該再分散。在這點上，最典型的就是鐵路的建設。恭親王的時代，修鐵路還是件驚世駭俗的新鮮事，義和團動亂也是以破壞鐵路和電報等「帝國主義的象徵物」為典型的外部特點。而到了一九〇五年新政改革後，一下子幾乎所有的人都意識到要想富先修路，這個富既是帶動地方的富裕，也是帶動建設者自己的富裕。中央政府此前就順應民意，允許鐵路大量民營。但事實證明，鐵路的民營造成了國家財富巨大的浪費，出現了很多「死路」「僻路」，更關鍵的是造成了效率非常低下，貪汙盛行。

引發辛亥革命的導火線就是四川的保路運動。保路運動喊的口號是不讓路權流失給老外，實際上它真正和中央發生爭執的是，民營的四川鐵路公司有二百多萬被老總拿到上海炒股票虧了，他們要求中央在收回鐵路時，拿財政來補貼他們這個損失。盛宣懷堅決不同意，反駁的文書中就說，中央政府拿的錢是全民的錢，我們沒有能力、沒有權力來補你的窟窿。

民營的十七個鐵路公司基本都是烏煙瘴氣，都比原來的國有企業更腐敗，因為沒有人監督它。國有企業至少還有官方的紀檢機構盯著，雖然它形同虛設，但「有一點」總比「什麼都沒有」要好些。民營企業什麼監督機構都沒有，就是那麼幾個領頭的人說了算。

四川公司和中央談不攏，董事會就要折騰，他們高高舉起的是民族主義的大旗。罵中央賣國，把路收回去是賣給老外，其實中央是借外資來推進鐵路國有，但這就成了賣國。川路的股東很多是地方的小地主，不明真相，為自己的血汗錢著急，加上革命黨利用這機會，派人到四川去把水攪得更渾，最好能把火點起來。然後，中央只好從武昌把端方的新軍調到四川去鎮壓，造成武昌空虛，暴動就成功了。

3. 權力下放煞不住車

清代的放權是從什麼時候開始的呢？是從太平天國動亂開始的。當時所有的人都認為，大清王朝這下子可能撐不住了，南方有太平天國，北方有英法聯軍，真的是內憂外患。咸豐皇帝又死了，兩個寡婦加一個年輕的親王，三個年輕人，恭親王最大，也才二十八歲，慈禧二十六歲，慈安二十四歲，三個年輕人頂起了王朝整個的基業。最終把內憂外患都處理好了，還開始洋務運動，把政權鞏固下來。

但是在鎮壓太平天國的過程中，中央除了權力外，別無資源。只好放權，讓曾國藩他們自己徵兵，就地籌糧籌款，這就造成太平天國打完了，軍隊方面尾大不掉，大量財權下放後，中央手裡的砝碼嚴重不足。

慈禧太后和光緒皇帝去世之前，政治改革的力度相當大，攝政王載灃當政後，基本保持了這個勢頭。中央一方面繼續下放權力，另一方面在地方搞分權，把司法權、立法權從原來的省長、市長手中分割開，在各個省建立諮議局，就是地方的「人民代表大會」，選舉產生一些地方領袖，來與地方官員形成制衡。各省諮議局成立之後，不斷與地方衙門出現矛盾。而當時中央政府幾乎是一邊倒地支持議會。地方的長官也是人精啊，在大清的官場上混到總督巡撫，那都是人中龍鳳，他們馬上就看明白了，紛紛向議會靠攏，憲政的旗子舉得比誰都高，民主的聲音喊得比誰都響。於是各省行政長官就開始與議會「共和」，這下子中央就被動了，這就像三國演義一樣，中央是一方，地方行政長官是一方，地方議會是一方。地方行政機構和議會合流後，不斷向中央要政策。廣東想在香洲搞個特區，就給中央打報告，要求特殊政策，比如稅收全免，比如公開搞黃賭毒。

在這樣的情況下，中央權力越來越分散。改革和革命最大的區別就在於，改革需要有權威的保障，改革如果沒有有力的行政資源去保障，你這改革措施怎麼推啊？恰恰是晚清政府，用自己對權威資源的放棄，來換取改革的推進，最後事與願違。中央放了很多的權力給地方，最終地方拿這些權力進行富國強兵的改革了嗎？最終的情況是，十八個行省變成了十八個獨立王國。

所以我個人相信，晚清的改革失敗，恰恰不在於國民黨後來所說的太慢了，而是太快了，導致失控。

4. 政治幫會化、痞子化

晚清的改革究竟是否保守，最典型的例子就是一九一〇年汪精衛刺殺載灃。當時大清國推行法制化，剛修訂了《大清刑法》，這種「恐怖行為」依法就是死刑。當時的民政部兼管公安的職能，部長善耆很開明，他就勸載灃，說你別殺汪精衛了。最後汪精衛免了一死，還在牢裡享受了優待，不打不罵不刑訊，還給報紙看。

若干年後，汪精衛在南京當行政院長，有知識份子要求更多地分享政權。汪精衛說，不行，我們的政權是國民黨的革命先烈拋頭顱灑熱血用腦袋換來的，你得拿鮮血來換！他完全忘了自己的腦袋當年是誰留下來的。

大清王朝覆滅之後，中國傳統的政治遊戲規則沒有了，政治幫會化。同盟會是什麼，就是幫會呀，這也是我們以前老嘲諷的資產階級革命依靠對象有問題。另外一股政治勢力康有為，也是幫會啊，在海外徹底幫會化了。中國從此進入了漫長的幫會政治和痞子運動。什麼叫痞子運動？就是其實毫無信仰，卻拿信仰做工具、做武器，忽悠人，不擇手段，去實現某些人，或某個團體的私利。

地方已經離心，中央已經失控，幾個幫會分子一場譁變就造成了整個國家的土崩瓦解。這種「革命」也是很具有中國特色的。但是，國家沒有發生內戰，因為還有一個「強人」——袁世凱。

這些年我一直在反思，辛亥革命的偉大意義究竟在哪裡？我認為，辛亥革命最大的意義就在於——它不「革命」，也就是我們以前所批判的「革命不徹底性」。你想想，在一個王朝覆滅之後，勝利者竟然沒有對失敗者趕盡殺絕，勝利者之間的不同派系也沒有立即打仗，這在中國是非常難得的。但是這種局面在宋教仁被刺殺之後就結束了。當時，國民黨一口咬定宋教仁是被袁世凱刺殺的，但現在看，最有可能的指使者就是被孫中山稱為「民國長城」的陳其美，這個人連自己的同志也是說殺就殺了，甚至幕後還有更高層。包括袁世凱在內，大多數的人都要求通過法律管道解決這個事件，但孫中山拒絕，非要用槍桿子解決。辛亥革命難得的勝利果實，五千年來難得的民族和解和政治寬容，就是在這個「二次革命」中被付之一炬的，之後法律和說理就不再是主旋律了，槍桿子說話才算數，憲政改革徹底靠邊站。

5. 知識份子猛開藥方

一八四〇年之後，很多知識份子孜孜不倦地探求救國的道路。魏源寫出了《海國圖志》，我們現在都知道這本書，但是，當時在中國，《海國圖志》根本就不是暢銷書，很多人都沒聽說過。日本有一個改革者，叫做高杉晉作，是明治維新時著名的奇兵隊隊長。這個人二十三歲時（一八六二年）第一次到了大上海，逛書店，要買魏源的《海國圖志》。書店老闆沒聽說

大清的電報局

過，但是《海國圖志》當時在日本是暢銷書。他又要買陳化成、林則徐的兵書，也沒有。老闆給他推薦《佩文韻府》之類。人家去買救國救民的書，我們卻推薦那種高考指南、公務員指南之類。於是高杉晉作又對書店老闆談起國家大事，老闆依然表現得對任何「夷狄」很不屑。這事對高杉晉作刺激很大，他感歎中國知識份子陶醉於空言，不尚實學，「口頭盡說聖賢語，終被夷蠻所驅使」，而他的使節團中的一名下層武士峰潔，在滬上目睹清軍狀態後，便聲言：「若給我一萬騎，率之可縱橫南北，征服清國。」

大清國的知識份子的確提出了一些救國的方案，但中國人的特點就是藥方滿天飛，神醫遍地走，誰也不服誰，最搞笑的甚至認為中國之所以落後，是因為我們使用漢字，而非拼音文字。於是，很多知識份子就去研究拼音方案，搞出了好幾十種，卻很少有人去研究如何改進兵器。

在那樣巨大的外部壓力下，中國知識份子本應該成為社會的穩定力量和引導者，但卻全然亂了陣腳，非常浮躁，搞什麼都是大躍進。每個人都宣稱自己找到了真理，只要聽我的，中國就能立馬得救。那些搞拼音方案的，甚至認為只要用拼音，輪船就能比國外造得高，槍炮就能比國外打得準。這樣浮躁，相互就開掐，救國的路線之爭，最後成了野心和權力之爭，雅的、俗的，都無一例外地成了痞子。

6. 小丑式的「改革派」

主流的史家都認為康梁二人是改良主義者，而當年的改革開放總設計師恭親王，卻在臨終前再三叮囑光緒皇帝，遠離他所說的康梁「小人」。

有關康梁的早期改革，我們得到的材料幾乎都是假的，是康梁出國後偽造的。研究戊戌變法的嚴肅的歷史學者，在這方面已經發表了大量的論述。

康梁為了在海外獲得市場，刻意將慈禧太后和光緒皇帝描寫成中央的兩個司令部，一個是保守的、腐朽的，一個是改革的、進步的，以便為自己加分。在他們逃亡初期，日本、英國的外交官就向國內報告，這兩人尤其是康有為沒有他自己說的那麼重要，基本上是忽悠。兩國當時的態度，無非就是先收留個吃閒飯的，說不定哪天就能作為對中國政府打出的一張牌。

在海外，康梁和孫中山完全是競爭關係。國民黨說，華僑是革命之母，這也是一廂情願。康有為這樣的「反革命」，籌錢也是靠華僑，那豈不成了華僑也是「反革命」之母？華僑固然是愛國的，但大多數人不關心政治，整天忙於三刀（菜刀、剃刀、剪刀），討生活。

康梁到了海外，不稼不穡的，那就要想辦法圈錢，康聖人就偽造了一個衣帶詔作為道具，整天在那裡拜，高喊勤王，動員華僑捐款。當然，也動用幫會手段。比如，當時兩廣在吸納華僑資金回國投資，但華僑回國投資必須先獲得康有為的同意，「未入黨不准招股」。只要沒經過保皇黨的認可，任何人回國投資就成了「叛逆」，而不給保皇黨上貢，則會被當作「入寇」。他的同志葉恩，後來就公開揭發他，「視美洲之地為其國土，美洲華僑為其人民，華僑身家為其私產」。

籌到的錢都拿來幹嘛了？我們只知道，康有為逃亡出去時身無分文，後來當了教主後就成了富豪，走到哪裡都換一個二奶，而且還在全球到處投資地皮。他在杭州西湖邊買下地皮，還強娶了一個足以當他孫女的小姑娘做妾。我不想評論他的愛情生活，我只是關注，這些高級愛好都是十分花錢的，這些錢是哪裡來的呢？

7. 革命不是請客吃飯

同盟會在海外，首要目的也還是籌糧籌款維持日常營運，時機成熟了，才雇傭些幫會人員回國搞點恐怖活動。這是我們之前對這類「資產階級革命」的普遍蔑視和批判。

幫會出身的革命者，的確是沒有任何條條框框約束的，怎麼有效怎麼整，怎麼快捷怎麼整，充分體現了革命現實主義精神。李鴻章曾動用過孫文去暗殺康有為，酬金是十萬兩，孫文答應了，當然，最後沒行動。

八國聯軍攻下大沽炮臺這天，李鴻章派廣東賭王劉學詢去香港海面接人，接誰？接孫中山。他們倆約定在廣東舉行秘密會談。孫中山的想法是鼓動李鴻章做大總統，兩廣獨立。這一年，同盟會在日本人的大力扶持下舉行惠州起義，策應日軍登陸並佔領廈門。但日本內部局勢變了，山縣有朋下臺，伊藤博文重新出任首相。伊藤博文是個穩健派，他嚴令日軍從廈門退出，不得支援中國的反叛勢力，並且將孫文從臺灣驅逐。斷了日援，惠州起義就失敗了。孫文派人到上海去找劉學詢，讓他出資，孫文在親筆信裡說：請大哥捐點錢，作為回報，你來坐江山，可以直接稱為大皇帝。

這是記載在國民黨的正規黨史裡的，他們解釋說，這是偉大的總理的革命策略，蒙賭王一下，蒙點錢出來。但後人看到的，的確是革命者要擁立一個大皇帝的海誓山盟。

8. 讀書人豈可下崗

保皇黨、同盟會或許真有些理想，只是選擇了幫會道路和痞子手段。但大清國絕大多數的知識份子，最大的理想依然是擠進公務員隊伍。

晚清改革失敗的原因之一，在於它沒有給大量的知識份子留後路。寒窗十年，忽然高考被取消了，公務員考試也沒有出現，大家最後要憑推薦函。原來還是科舉面前人人平等，現在只能去找關係。

有條件的就去日本留學，去了幾萬人。中央有政策，你去日本多少年，得一個什麼文憑，回來就對應一個什麼級別。留學成了就業的捷徑，加上成本低，路途近，就一窩蜂去了。日本人也很聰明，辦了很多野雞學校，速成的，賺外匯。一個奇怪的現象是，很多留日學生從日本回來後，還是不會說日語。學會了什麼呢？學會了喝酒，學會了穿馬靴，佩著劍，學會了口口聲聲鬧革命。不大會念書的留日學生回來後，幾乎成了職業造反派。會念書的留美學生回來後，幾乎都成了建設者。留美學生的選拔門檻很高，要考試，除了漢文一門，其餘數學、化學、物理全部用英文考。清華大學，就是留美學生的預科學校。

科舉之外，知識份子進步的另一條路線也被堵上了，那就是捐官。捐官當然是壞的，但有其政治方面的作用。雍正皇帝就講得赤裸裸，讀書人那麼多，公務員崗位就那麼幾個，國家就必須給那些落榜者留條補救的路，至少在金錢面前人人平等，這樣才能減少在社會上積壓大批有文化的失業者。有文化的失業者，當然是導致社會不安定的最可怕因素。洪秀全就是這樣，讀書讀成半吊子，看他寫的那些敕令就知道他的水準，但高考落榜後沒有出路，最後弄出一場驚天動地的大事件來。當年如果洪秀全家裡有點錢，給他捐個官，或許歷史也就不同了。

晚清政治體制改革，大家都說賣官不好，中央就下令停了。早期捐官只是虛銜，給個級別，給個政治待遇而已，方便自己到公堂不必下跪，不會被脫了褲子打板子。但後來就開始賣實職，那就成了生意了，買官不是富豪們的業餘愛好，而成了將本求利的生意，負面作用更大。政改開始，要建立廉潔、高效的政府，一刀切，把這個給停了。

按下葫蘆起了瓢。科舉和捐納兩條路都停了，一大堆知識份子或準知識份子下崗失業，鬱悶在胸，成了社會的不穩定因素。幸好此時要建有文化的軍隊，新老文人都很受歡迎，這群心懷不滿的知識份子就又握上了槍桿子……

這就是社會的失控，改革者自己走得太快、太猛了，改革力度過大，實際成了革命，改革代價的承受者們就成了社會的離心力量。

9. 你死我活

晚清改革最終失敗，演變成了革命，乃至綿綿不絕的革命。這樣的結局對我們究竟有什麼樣的啟示呢？辛亥革命十分偉大，因為它居然在王朝崩潰的廢墟上實現了民族和解和政治寬容。

中國人骨子裡有一種改朝換代的意識，如同項羽看到秦始皇威武的儀仗過去，就覺得做男人應該像他那樣，要取而代之。在環境允許的時候，特別是晚清改革開放的時候，政治寬容度是很大的，很多人的欲望被激發出來了。這種慾望不像西方那種經過很多很多年的積累以後，有邊際，這種慾望是沒有邊際的，它是建立在你死我活的基礎上的，是踩著別人的屍體、鮮血至少是肩膀上的，建立在這樣一種基礎上，它就會導致不斷的折騰。大家都跟著行情在變，這會兒我們時髦憲政就拚命喊憲政，時髦共和就拚命喊共和，都在變。萬變不離其宗，都以知識份子為主體，核心的目的就是奪權，我來坐皇位，我來做領導者的位置，我做了是不是比他做得好，那是下一步的事，等我坐上再說。到我上去一看，哎呀，好像是比較困難嘛！

改革被革命中斷後，就開始鹿鼎記。革命是什麼，革命就是解決誰坐金鑾殿的問題。這個問題當然主要，但更重要的是民生問題。什麼醫療、住房、教育、社會保障等等，這些問題不是靠革命就能解決的，也不是靠革命就能消除的，最後還得靠改革，靠建設。但前提是，不能總想著我來當老大，而且要把前老大給滅了。以革命的思維推行理想，在推翻上一個狼人的同時，它的基因就會潛入你的身體，你就成了下一個狼人。

中國有種受害者萬能的情結，每個人都願意將自己受的害放大，同時將自己對他人的加害縮小。文革結束後，似乎只有巴金一個人在說：「我要懺悔！」其他人都推說是受了蒙蔽、裹挾等，似乎自己還是天使。耶穌曾說，如果你自認為無罪，就可以拿石頭砸死那個妓女，結果所有人都放下石頭默默離開。但是在中國，最有可能出現的是，大家繼續一哄而上，拿石頭砸死那個倒楣的妓女，然後回家說我只是被裹挾了一次而已……

歷史，

中國史

帝國政改

恭親王奕訢與自強運動

作者 雪珥
發行人 王春申
副總編輯 沈昭明
編輯部經理 葉幗英
責任編輯 馮淯
封面設計 吳郁婷
校對 鄭秋燕
印務 陳基榮
出版發行 臺灣商務印書館股份有限公司
地址 23150 新北市新店區復興路43號8樓
電話 (02) 8667-3712 傳真：(02) 8667-3709
讀者服務專線 0800056196
郵撥 0000165-1
E-mail ecptw@cptw.com.tw
網路書店網址 www.cptw.com.tw
網路書店臉書 facebook.com.tw/ecptwdoing
臉書 facebook.com.tw/ecptw
部落格 blog.yam.com/ecptw

局版北市業字第 993 號
臺灣初版一刷：2015年 2 月
定價：新台幣380 元

ISBN 978-957-05-2983-8

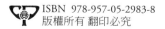

國家圖書館出版品預行編目（CIP）資料

帝國政改：恭親王奕訢與自強運動 ／ 雪珥著.
-- 臺灣初版. -- -- 新北市：臺灣商務, 2015. 02
面 ； 公分. --（歷史，中國史）

ISBN 978-957-05-2983-8（平裝）

1.晚清史 2.通俗史話

627.57 103026108

廣 告 回 信
板 橋 郵 局 登 記 證
板橋廣字第1011號
免 貼 郵 票

23150
新北市新店區復興路**43**號**8**樓
臺灣商務印書館股份有限公司 收

請對摺寄回，謝謝！

傳統現代　並翼而翔

Flying with the wings of tradtion and modernity.

讀者回函卡

感謝您對本館的支持，為加強對您的服務，請填妥此卡，免付郵資寄回，可隨時收到本館最新出版訊息，及享受各種優惠。

■ 姓名：________________ 性別：□ 男 □ 女

■ 出生日期：________年________月________日

■ 職業：□學生 □公務(含軍警) □家管 □服務 □金融 □製造
□資訊 □大眾傳播 □自由業 □農漁牧 □退休 □其他

■ 學歷：□高中以下（含高中）□大專 □研究所（含以上）

■ 地址：________________________________
____

■ 電話：(H) ________________ (O) ________________

■ E-mail：________________________________

■ 購買書名：________________________________

■ 您從何處得知本書？

□網路 □DM廣告 □報紙廣告 □報紙專欄 □傳單
□書店 □親友介紹 □電視廣播 □雜誌廣告 □其他

■ 您喜歡閱讀哪一類別的書籍？

□哲學・宗教 □藝術・心靈 □人文・科普 □商業・投資
□社會・文化 □親子・學習 □生活・休閒 □醫學・養生
□文學・小說 □歷史・傳記

■ 您對本書的意見？（A/滿意 B/尚可 C/須改進）

內容________編輯________校對________翻譯________
封面設計________價格________其他________

■ 您的建議：________________________________
____

※ 歡迎您隨時至本館網路書店發表書評及留下任何意見

臺灣商務印書館 The Commercial Press, Ltd.

23150新北市新店區復興路43號8樓 電話：(02)8667-3712
讀者服務專線：0800-056196 傳真：(02)8667-3709
郵撥：0000165-1號 E-mail：ecptw@cptw.com.tw
網路書店網址：www.cptw.com.tw 網路書店臉書：facebook.com.tw/ecptwdoing
臉書：facebook.com.tw/ecptw 部落格：blog.yam.com/ecptw